教育部人文社会科学重点研究基地重大项目"统一战线的发展与社会主义协商民主制度化建设"结项成果（项目号14JJD810016）

PHILOSOPHY

人民日报学术文库

统一战线的发展
与社会主义协商民主制度化建设

李俊　蒋锐｜著

人民日报出版社

北 京

图书在版编目（CIP）数据

统一战线的发展与社会主义协商民主制度化建设 /
李俊，蒋锐著 . —北京：人民日报出版社，2024.3
ISBN 978 - 7 - 5115 - 8191 - 4

Ⅰ. ①统⋯ Ⅱ. ①李⋯ ②蒋⋯ Ⅲ. ①统一战线工作
—研究—中国②社会主义民主—民主协商—政治制度—研
究—中国 Ⅳ. ①D613②D621

中国国家版本馆 CIP 数据核字（2024）第 025806 号

书　　名：统一战线的发展与社会主义协商民主制度化建设
　　　　　TONGYI ZHANXIAN DE FAZHAN YU SHEHUIZHUYI XIESHANG MINZHU
　　　　　ZHIDUHUA JIANSHE
作　　者：李　俊　蒋　锐

出 版 人：刘华新
责任编辑：曹　腾　高　亮

出版发行：**人民日报**出版社
社　　址：北京金台西路 2 号
邮政编码：100733
发行热线：（010）65369509　65369527　65369846　65369512
邮购热线：（010）65369530　65363527
编辑热线：（010）65369523
网　　址：www. peopledailypress. com
经　　销：新华书店
印　　刷：三河市华东印刷有限公司
法律顾问：北京科宇律师事务所　010-83622312

开　　本：710mm×1000mm　1/16
字　　数：237 千字
印　　张：16.5
版次印次：2024 年 3 月第 1 版　　2024 年 3 月第 1 次印刷

书　　号：ISBN 978 - 7 - 5115 - 8191 - 4
定　　价：95.00 元

序

呈现在读者面前的《统一战线的发展与社会主义协商民主制度化建设》，是李俊、蒋锐同志共同主持完成的教育部人文社会科学重点研究基地重大项目的最终成果，是一部从统一战线的视角研究我国的社会主义协商民主的佳作，也是一部深入阐述习近平总书记关于加强和改进社会主义协商民主建设重要论述的好书。

习近平总书记在庆祝中国人民政治协商会议成立65周年大会上的讲话中指出："社会主义协商民主，是中国社会主义民主政治的特有形式和独特优势，是中国共产党的群众路线在政治领域的重要体现。"并就我们如何全面认识"社会主义协商民主是中国社会主义民主政治的特有形式和独特优势"这一重大论断进行深刻阐述，提出了"在中国社会主义制度下，有事好商量，众人的事情由众人商量，找到全社会意愿和要求的最大公约数，是人民民主的真谛"；"协商民主深深嵌入了中国社会主义民主政治全过程"；"社会主义协商民主是中国共产党的群众路线在政治领域的重要体现"等重要观点。① 这些重要论述为我们理解、研究、践行社会主义协商民主指明了正确方向、提供了根本遵循，也充分说明研究社会主义协商民主具有重要的现实意义。

我国理论界、学术界兴起研究协商民主的热潮源于2007年《中国的政党制度》白皮书对"选举民主"和"协商民主"的概括。一是国内相

① 《习近平著作选读》第1卷，人民出版社2023年版，第268—275页。

关研究机构和部分学者对协商民主的翻译和介绍，如陈家刚编《协商民主》、俞可平主编《协商民主译丛》（8卷）等。二是将协商民主与当代中国民主政治建设联系起来，建构一种内在的逻辑，并深入探讨其对于中国政治发展的意义和价值。例如，林尚立等认为，中国政治发展的现实条件、承担的历史责任和基本政治理念，共同决定了在中国民主政治发展的程序选择必须以协商为价值偏好；中国民主政治建设必须以发展协商政治为取向。陈家刚等认为，在进一步推进竞争性民主的基础上，大力推进协商民主是中国民主政治发展的明智的战略选择。三是开展了当代中国协商民主的具体实践的研究。这些研究主要集中在地方立法机构、行政机构决策过程中的协商会、座谈会、听证会，基层治理中的"民主恳谈会"、居民论坛、乡村论坛，中国共产党领导的多党合作和政治协商制度，互联网公共论坛等。

随着党的十八届三中全会通过的《中共中央关于全面深化改革若干重大问题的决定》中对社会主义协商民主定性的表述，习近平总书记关于加强和改进社会主义协商民主建设重要论述的展开，人们认识到中国的协商民主不同于西方协商民主，是扎根于中国大地的内生性民主，学者们逐步深入研究协商民主产生于社会主义中国的历史逻辑、理论逻辑、现实逻辑，探讨建构具有中国特点的协商民主理论话语体系。在如何建构具有中国特色的社会主义协商民主理论体系上，不同的学者有不同的研究视角，从更好地把握社会主义协商民主的内生性和它在我国社会主义民主政治中的特有形式和独特优势而言，我认为，李俊、蒋锐同志从统一战线的视角研究我国的协商民主，无疑是一种符合我国实际的研究路径，反映了作者对中国民主政治建设实践的历史自觉性和社会主义协商民主制度化建设的问题意识，也契合了党的十八大以来党和国家关于党的建设和民主政治建设的新目标和新要求。因为，统一战线作为中国共产党凝聚人心、汇聚力量的政治优势和战略方针，是中国共产党的政治学，它与社会主义协商民主有着共同的理论来源和价值诉求。从历史的发展看，统一战线是社会主义协商民主的实践源头和政治前提。李君如在《协商民主在中国》一书中也同样认为："我们今天的政治制度及其形式都是从统一战线发展而来的""不懂得中国共产党领导的统一战线，就不懂得中国政治"。我国协商民主的实践又为统一战线嵌入国家制度和治理体系提供了重要平台，进一步拓展了统一战线的发展空间，使统一战线、多党合作和政治协商向广泛多层制度化发展。

《统一战线的发展与社会主义协商民主制度化建设》是一部立足中国共产党统一战线的历史发展实践，运用马克思主义民主政治理论，特别是习近平总书记关于加强和改进社会主义协商民主建设的重要论述，在科学评价统一战线在我国革命、建设和改革中的地位作用的基础上，比较系统阐述统一战线推进社会主义协商民主的学术著作，形成了具有内在逻辑性的体系结构。

该著作由8章和结语组成。第一章主要是通过对统一战线、社会主义协商民主理论之内涵、关系的分析，阐明中国特色的统一战线与社会主义协商民主理论的有关概念、原则与内容，为中国特色的统一战线与社会主义协商民主理论提供学理支持。第二章侧重于历史脉络的分析，既从理论原点上阐述了中国共产党统一战线理论与马克思主义阶级和阶级斗争观点在中国广泛传播的关系，并对其所植根的中国社会经济结构和阶级阶层结构进行了理论分析，又结合不同时期的统一战线理论、政策与实践，分析了中国民主政治发展的脉络，从而提升了对统一战线与协商民主发展的纵向把握。第三章主要是通过比较统一战线与协商民主的价值追求、理论与实践来源、文化基础、组织形式等，分析统一战线推进协商民主有其政治逻辑和历史逻辑及内在关系。第四章从协商主体、协商内容、协商平台、协商程序、协商结果的转化等方面具体分析统一战线推进协商民主发展的优势，这是一种功能性的分析。第五章是基于历史和现实的发展，总结统一战线与协商民主制度化相互促进的基本经验，这是对两者关系认识的进一步拓展。第六章至第八章立足新时代国家治理体系和治理能力现代化的客观要求，围绕"什么是协商民主、怎样发展协商民主"这一主题，从统一战线发展的新变化、新要求出发，阐述了统一战线推进社会主义协商民主制度化的战略目标以及社会主义协商民主制度化发展面临的挑战，并在此基础上提出了统一战线推进社会主义协商民主制度化的创新思路。结语部分是对新时代统一战线与社会主义协商民主制度化发展的总结与展望，提出要进一步促进统一战线和协商民主制度化的融合发展，包括历史经验与新时代实践的融合、统一战线与多形态协商民主实践的融合、社会整合和国家治理的融合、顶层设计和基层协商实践的融合。

《统一战线的发展与社会主义协商民主制度化建设》还是一部具有一定理论观点和实践性创新的著作。这主要体现在以下方面。1. 认为党的统一战线理论和政策是马克思主义阶级观点和阶级分析方法在中国广泛传播的产物，是马克思主义联盟思想在中国的具体应用，是植根于中国社会经济结构和阶级阶层结构之中的理论成果。2. 认为马克思主义统一战线理论中蕴含着丰富的协商民主内容，党的统一战线和社会主义协商民主都是马克思主义民主理论在中国本土化的成果，具有社会内生性。3. 认为人民民主和民主集中制始终是中国共产党人关于民主的两大核心理念，正是基于这两大核心理念，中国共产党在民主革命时期的政治实践中不断探索统一战线政权的实现形式，新中国人民民主政权也是根植于统一战线协商民主特性的政权。4. 在阐述统一战线与社会主义协商民主制度化建设的现实意义、原则及主要内容的基础上，力图构建相对完整的中国特色的统一战线与社会主义协商民主理论，使统一战线有了更坚实的制度支持，同时也为中国共产党领导的多党合作与政治协商制度、民族区域自治制度、宗教管理制度、人民政治协商会议制度等提供学理支持。5. 认为社会主义协商民主制度化建设是统一战线嵌入党和国家制度建设的必然结果，是中国特色社会主义民主政治发展的必然选择，是中国共产党领导人民不断进行理论创新和实践突破的结果。6. 基于统一战线是中国共产党凝聚人心、汇聚力量的政治优势和战略方针，提出在新时代社会主义协商民主制度化建设进程中，要注重统一战线和协商民主制度化的融合发展，并认为这是我国社会主义协商民主制度化建设的重点领域。

党的统一战线、社会主义协商民主是我国民主政治建设的重大理论问题，更是中国社会政治生活中的重大现实问题。本著作涉及的内容比较广泛，尽管作者进行了较为深入的研究，但还有一些问题仍待进一步深入思考和研究。随着中国特色社会主义进入了新的发展阶段，党的理论创新实现了新发展，党的执政方式和执政方略有重大创新，发展理念和发展方式有重大转变等，这不仅对统一战线和社会主义协商民主制度研究提出新的更高要求，而且表明党的统一战线和社会主义协商民主制度化建设都还处在不断的探索、发展和完善过程中，希望今后有更多的学者关注此问题的研究，并期待有更多、更好的学术成果面世。

徐光春

（曾任中央马克思主义理论研究和建设工程
咨询委员会主任、河南省委书记）

目　录
CONTENTS

第一章

统一战线与社会主义协商民主的概念内涵

　　统一战线、社会主义协商民主是一个重大的理论问题，更是中国社会政治生活中的现实问题。统一战线作为一种理论，是无产阶级自身团结统一和争取广大同盟军的思想武器。作为一种社会主义实践，是中国共产党领导中国人民夺取革命、建设、改革事业胜利的重要法宝。统一战线是党和国家进行社会整合的总政策，是党和国家进行民主政治建设的重要载体，是党和国家推进人民民主的基本方式。而中国的协商民主不同于西方协商民主，它是中国共产党在中国革命、建设和改革的实践中发展起来的，是马克思主义民主理论在中国本土化的成果，是内生性民主。

一、统一战线概念界定

（一）统一战线的概念

　　所谓统一战线，就是在一定历史时期具有共同政治目标和利益的阶级、阶层、政党、集团乃至民族、国家等社会政治力量结成的联盟与联合。广义上的统一战线，是指不同社会政治力量（包括阶级、阶层、政党、集团乃至民族、国家等）在一定历史条件下为了实现共同目标，在某些共同利益的基础上组成的政治联盟。我们这里所讲的统一战线，专指在马克思主义理论指导下由中国共产党组织和领导的统一战线。这种统一战线是中国共产党为实现自己的历史使命和不同时期的战略目标与任务，团结所属阶级、阶层及政治派别，同其他阶级、阶层、政党及一切可能团结的力量在一定共同目标下结成的政治联盟。同盟者是统一战线团结、联合的对象，是统一战线重要的主体力量，它与统一战线的领导者共同构成联盟主体。作为政治联盟的统一战线通常分为领导者和同盟者，领导者通常是代表先进阶级的政党，是统一战线的政治核心；围绕在领导者周围的其他阶级、阶层和政治集团则是同盟者。《中国共产党统一战线工作条例》第二条规定：本条例所称统一战线，是指中国共产党领导的、以工农联盟为基础的，包括全体社会主义劳动者、社会主义事业的建设者、拥护社会主义的爱国者、拥护祖国统一和致力于中华民族伟大复兴的爱国者的联盟。① 可见，党的统一战线就是以中国共产党为领导核心，以团结或联合的同盟者为半径，构成的同心圆。

（二）统一战线的特征

无产阶级及其政党领导的统一战线是无产阶级解放运动的一部分，它有三个显著特点。

第一，无产阶级政党是统一战线的组织者和领导者，无产阶级是统一战线的领导阶级。从无产阶级自身发展看需要无产阶级政党的领导，马克思主义认为，无产阶级是社会化大生产的产物，是与最先进的生产力紧密联系的，"在当前同资产阶级对立的一切阶级中，只有无产阶级是真正革命的阶级。其余的阶级都是随着大工业的发展而日趋没落和灭亡，无产阶级却是大工业本身的产物"②。但无产阶级的自发斗争不能形成真正的"阶级斗争"，使自己解放，"无产阶级只有建立这样一个能够代表本阶级利益、体现本阶级意志的政党组织，才能使自己强大起来，从而使无产阶

---

① 《中国共产党统一战线工作条例》，法律出版社 2021 年版，第 3 页。
② 《马克思恩格斯选集》第 1 卷，人民出版社 2012 年版，第 410-411 页。

级获得彻底解放"①。从无产阶级政党性质看，它能成为无产阶级的领导者。因为，它是由无产阶级的先进分子组成的，是以马克思主义为指导的："在实践方面，共产党人是各国工人政党中最坚决的、始终起推动作用的部分；在理论方面，他们胜过其余无产阶级群众的地方在于他们了解无产阶级运动的条件、进程和一般结果。"②

第二，无产阶级及其政党领导的统一战线具有广泛的群众基础，其中工农联盟是基础。无产阶级政党是为广大人民群众服务的，是为广大人民群众谋利益的，它"不是同其他工人政党相对立的特殊政党。他们没有任何同整个无产阶级的利益不同的利益"③。

第三，统一战线是无产阶级政党的长期战略，贯穿于无产阶级解放运动的始终。因为，统一战线是无产阶级解放运动中自身团结统一和争取广大同盟军的问题，是凝聚人心、汇聚力量的政治优势和战略方针。

（三）统一战线的四个维度

从无产阶级革命导师对统一战线的论述以及中国社会主义革命和建设的实践来看，统一战线具有四个层面的含义，即理论层面的统一战线、战略层面的统一战线、组织层面的统一战线和制度层面的统一战线④。

第一，作为理论层面的统一战线，它是马克思主义关于工人阶级及其政党自身团结统一和争取广大同盟军的理论与政策。

马克思主义统一战线思想主要包括：（1）无产阶级必须加强自身的团结统一。马克思、恩格斯在《共产党宣言》中不仅提出了"全世界无产者，联合起来"的口号，而且提出共产党人要善于同各国无产阶级特别是本国无产阶级的不同派别、集体或政党建立统一战线，这是因为共产党人

---

① 王沪宁：《政治的逻辑——马克思主义政治学原理》，上海人民出版社 2004 年版，第 255 页。
② 《马克思恩格斯选集》第 1 卷，人民出版社 2012 年版，第 413 页。
③ 《马克思恩格斯选集》第 1 卷，人民出版社 2012 年版，第 413 页。
④ 李俊：《新形势下统一战线功能的多维思考》，载《信阳师范学院学报（哲学社会科学版）》2012 年第 2 期。

不是同其他工人政党相对立的特殊政党，他们没有任何同整个无产阶级的利益不同的利益，共产党人的最近目的是和其他一切无产阶级政党的最近目的一样的①，每个国家工人运动的成功只能靠团结和联合的力量来保证②。（2）无产阶级必须团结、联合一切可以团结的力量。首先是联合农民，建立工农联盟，因为"农民所受的剥削和工业无产阶级所受的剥削，只是在形式上不同罢了。剥削者是同一个：资本"③。相似的经济地位和共同的政治要求，是工农联盟的坚实基础。无产阶级能否与广大农民结成联盟，始终是革命成败的关键。马克思在总结1848年欧洲革命的经验时指出："在革命进程把站在无产阶级与资产阶级之间的国民大众即农民和小资产者发动起来反对资产阶级制度，反对资本统治以前，法国的工人们是不能前进一步，不能丝毫触动资产阶级制度的。"④ 为此，工人阶级必须获得农民的支持，得到"一种合唱"。其次是联合小资产阶级及他们的代表民主政党，马克思、恩格斯认为，小资产阶级及小资产阶级民主派是活跃在欧美一些主要资本主义国家政治舞台上的一支重要政治力量，无产阶级要有效地开展反对资本主义和一切剥削制度的斗争，就不能不注意联合这部分力量。他们在《共产党宣言》中提出，"努力争取全世界的民主政党之间的团结和协议"，还具体阐述了不同国家的共产党人对他们的原则⑤。（3）坚持无产阶级对统一战线的领导权。当无产阶级及其政党与其他阶级、阶层、政党结成联盟时，就面临着在联盟中谁领导谁的问题，这关系到统一战线发展的根本方向和道路，因此共产党人在统一战线中必须坚持无产阶级政党的领导。马克思、恩格斯强调共产党人"并不因此放弃对那些从革命的传统中产生出来的空谈和幻想采取批判态度的权利"；"一分钟也不忽略教育工人尽可能明确地意识到资产阶级和无产阶级的敌对的对

---

① 《马克思恩格斯选集》第1卷，人民出版社2012年版，第413页。
② 《马克思恩格斯全集》第44卷，人民出版社1982年版，第574页。
③ 《马克思恩格斯选集》第1卷，人民出版社2012年版，第526页。
④ 《马克思恩格斯选集》第1卷，人民出版社2012年版，第455页。
⑤ 《马克思恩格斯选集》第1卷，人民出版社2012年版，第434页。

立"①。

十月革命前后，列宁结合当时俄国无产阶级的革命实践，进一步丰富和发展了马克思主义统一战线理论，主要内容包括：（1）科学地阐明了无产阶级联合同盟军的策略在科学社会主义学说中的重要地位。他指出，无产阶级要战胜更强大的敌人，必须建立广泛的统一战线，"谁不懂得这一点，谁就是丝毫不懂得马克思主义，丝毫不懂得现代的科学社会主义"②。（2）把殖民地、半殖民地的民族解放斗争同反对帝国主义、进行社会主义革命直接联系起来。在1915年的《和平问题》一文中，列宁赞赏并重申共产国际提出的"全世界无产者和被压迫民族联合起来"的口号，认为这一口号是对马克思、恩格斯"全世界无产者，联合起来"的国际主义思想的发展。（3）从巩固无产阶级政权的阶级基础出发，提出无产阶级取得政权后必须建立共产党与非党的联盟。列宁认为，共产党员和非党员结盟是绝对必要的，"先锋队只有当它不脱离自己领导的群众并真正引导全体群众前进时，才能完成其先锋队的任务。在各种活动领域中，不同非党员结成联盟，就根本谈不上什么有成效的共产主义建设"③。

以毛泽东同志为核心的第一代党中央领导集体，在领导中国革命和建设的伟大实践中，把马克思主义统一战线理论同中国具体实际相结合，形成了毛泽东统一战线思想，其主要内容包括：（1）把统一战线视为中国革命和建设的一大法宝。毛泽东指出：统一战线，武装斗争，党的建设，是中国共产党在中国革命中战胜敌人的三个法宝，三个主要的法宝④。（2）建立包括两个联盟在内的、占全民族人口绝大多数的、最广泛的统一战线，即人民民主统一战线。一个联盟是工人阶级同农民阶级、广大知识分子及其他劳动者的联盟；另一个联盟是工人阶级、农民阶级和全体劳动者同一切可以联合的非劳动者的联盟。（3）提出了坚持党对统一战线领导权

---

① 《马克思恩格斯选集》第1卷，人民出版社2012年版，第434页。
② 《列宁选集》第4卷，人民出版社1995年版，第180页。
③ 《列宁选集》第4卷，人民出版社1995年版，第603页。
④ 《毛泽东选集》第2卷，人民出版社1991年版，第606页。

的原则。坚持党对统一战线的领导，一是依靠党的正确路线和政策，二是依靠共产党员的先锋模范作用，三是照顾同盟者的利益，并在政治上教育、提高同盟者。（4）实行共产党领导的多党合作和政治协商，确立了共产党同各民主党派"长期共存，互相监督"的方针。

　　党的十一届三中全会后，以邓小平同志为核心的第二代党中央领导集体开启了改革开放的伟大历程，并结合新的历史条件和时代特征，进一步丰富和发展了毛泽东统一战线思想，形成了邓小平新时期爱国统一战线理论，其主要内容包括：（1）明确了新时期统一战线的爱国性质。1979年邓小平在《新时期的统一战线和人民政协的任务》中，科学分析了新时期我国阶级状况和统一战线内部结构的变化，提出新时期统一战线已不再是过去意义上的阶级联盟，而是发展成为"工人阶级领导的、工农联盟为基础的社会主义劳动者和拥护社会主义的爱国者的广泛联盟。"① （2）明确了新时期统一战线的地位和任务。新时期"统一战线仍然是一个重要法宝，不是可以削弱，而是应该加强，不是可以缩小，而是应该扩大"。② 统一战线的这种地位与其新的历史任务相联系，从过去主要为革命服务转到把我国建设成为现代化的社会主义强国而共同奋斗，还要为促进台湾回归祖国，完成祖国统一大业而共同努力。（3）更加重视统一战线的制度建设。他提出要坚持和完善中国共产党领导的多党合作与政治协商制度，把这一制度作为我国的政治制度、政党制度进行建设；提出人民政协是新时期统一战线的重要组织，也是我国政治体制中发扬社会主义民主、实行多党合作与政治协商以及民主监督的重要形式；提出了"一国两制"构想，并从法律和制度上予以规范，使之成为实现中国统一的主要方针。（4）提出要团结和依靠知识分子。从科学技术是第一生产力这一命题出发，肯定知识分子是工人阶级的一部分，是社会主义现代化建设的重要依靠力量，强调统一战线要做好党外知识分子的工作。

　　中国特色社会主义进入新时代，以习近平同志为核心的党中央高度重

---

① 《邓小平文选》第2卷，人民出版社1994年版，第187页。

② 《邓小平文选》第2卷，人民出版社1994年版，第203页。

视统一战线的理论与实践，习近平总书记先后在中央召开的多次重要会议和多个重要场合发表了一系列关于统一战线的重要讲话，主要有在2015年召开的中央统战工作会议的讲话，2015年5月印发的《中国共产党统一战线工作条例（试行）》，2020年12月修订后印发的《中国共产党统一战线工作条例》，以及2022年7月召开的中央统战工作会议上的讲话，这些讲话深刻分析新时代爱国统一战线的历史方位，明确提出做好新时代统战工作的基本任务、工作重点、原则要求和方式方法，对做好新时代的统一战线工作提出了一系列新思想新观点新论断，形成了独具时代特色的习近平总书记关于做好新时代党的统一战线工作的重要思想。（1）新时代统一战线本质的"最大的政治"论。习近平总书记从政治关系的内在性和中国共产党的历史发展实践，将统一战线的法宝功能表述为"最大政治"性。他指出"人心向背、力量对比是决定党和人民事业成败的关键，是最大的政治。统战工作的本质要求是大团结大联合，解决的就是人心和力量问题。这是我们党治国理政必须花大心思、下大气力解决好的重大战略问题"。① （2）统一战线工作方针的"同心圆"论。做好新时代的统一战线工作，必须正确处理一致性和多样性关系，"要高举爱国主义、社会主义旗帜，牢牢把握大团结大联合的主题，坚持一致性和多样性统一，找到最大公约数，画出最大同心圆"②。圆心就是党的领导，延长半径就是增强包容性。"只要我们把政治底线这个圆心固守住，包容的多样性半径越长，画出的同心圆就越大。"③ （3）新社会群体政治吸纳论。《中国共产党统一战线工作条例》在统一战线的范围上把"民营企业和外商投资企业管理技术人员""中介组织和社会组织从业人员""自由职业人员"等统称为"新的社会阶层人士"，把"新经济组织、新社会组织中的积极分子、留学人员、新媒体中代表人士"等统称为"新社会群体"，习近平总书记指出：

---

① 《十八大以来重要文献选编》（中），中央文献出版社，2016年版，第556页。
② 习近平：《决胜全面建成小康社会　夺取新时代中国特色社会主义伟大胜利》，人民出版社2017年版，第39页。
③ 《十八大以来重要文献选编》（中），中央文献出版社，2016年版，第562页。

"值得重视的是，当前社会上出现了许多新群体，但不少还没有纳入我们的工作视野，牵不上线，对不上话，做不进工作……如果我们不改进工作，长此以往，这些人就会同我们党渐行渐远。"① 这些人主要在党外、体制外，流动性很大，思想比较活跃，应将其组织起来，纳入统一战线范围。2018年11月1日习近平总书记主持召开民营企业座谈会并发表重要讲话，他明确指出："民营经济是我国经济制度的内在要素，民营企业和民营企业家是我们自己人。"（4）民族关系的石榴籽论。我国是统一的多民族国家，民族团结是各族人民的生命线，各民族要相互了解、相互尊重、相互包容、相互欣赏、相互学习、相互帮助，"促进各民族像石榴籽一样紧紧抱在一起，共同团结奋斗、共同繁荣发展"②。习近平总书记用石榴籽比喻各民族团结，既表达了各民族之间的亲密关系，也为民族工作指明了方向。

理论形态的统一战线，有助于我们克服统一战线可有可无、统一战线仅仅是一种策略等错误观念，促使我们从思想理论的高度重视和加强对统一战线的研究，重视和加强统一战线工作。

第二，作为战略层面的统一战线，它是党和国家进行社会整合的总方针、总政策、总战略，其内部结构关乎社会政治力量的布局、整合。统一战线以大团结、大联合的本质，凝聚人心、汇集力量的优势，确立了其在无产阶级政党领导的革命与建设事业中的战略地位。著名学者林尚立明确提出："为了有效地动员整个社会，中国共产党推行了两大战略，一是领导战略，其实质就是不断地保证和提升党的领导地位，从而获得驾驭全局的地位和力量，以主导中国革命的方向和进程。二是统战战略，其实质就是以中共为核心，将这个社会的积极力量聚集到中共的旗帜下，从而形成以中共为轴心的新的社会力量聚合结构。"③ 著名学者陈明明也认为"中国共产党在总体全局的意义上对社会经济政治结构进行重组和优化，是统

---

① 《十八大以来重要文献选编》（中），中央文献出版社，2016年版，第561页。

② 习近平：《决胜全面建成小康社会　夺取新时代中国特色社会主义伟大胜利》，人民出版社2017年版，第40页。

③ 林尚立：《中国共产党与国家建设》，天津人民出版社，2009年版，第200页。

一战线作为战略的题中应有之义。在新中国的历史条件下，这一战略目标的新内涵是广泛地团结社会各阶层，调动一切积极因素进行国家的经济、文化、社会建设，为向社会主义过渡和实现社会主义现代化奠定基础。"①

毛泽东早在 1939 年就指出："中国无产阶级应该懂得：他们自己虽然是一个最有觉悟性和最有组织性的阶级，但是如果单凭自己一个阶级的力量，是不能胜利的。而要胜利，他们就必须在各种不同的情形下团结一切可能的革命的阶级和阶层，组织革命的统一战线。"② 针对一些人把统一战线看成一个单纯的策略问题，邓小平强调指出："固然，统战工作有其策略性，但更主要的是它的战略性，就是要广泛地团结工人阶级、农民阶级、小资产阶级、民族资产阶级和社会各阶层人民。"③ 在中国共产党取得政权、成为执政党后，统一战线成为党和国家进行社会整合、凝聚人心、汇集力量的大方针。

中国共产党要长期执掌好政权，就必须赢得人民群众的拥护和支持，一是要全心全意为人民服务，做到立党为公、执政为民；二是要团结一切可以团结的力量，凝聚群众，调动人民群众的积极性和创造性。这就需要通过最广泛的爱国统一战线团结社会各阶层的人们，从而增强党的阶级基础，扩大和巩固党执政的群众基础，提高党的社会影响力。因此，党的十一届三中全会后邓小平继续强调："统一战线仍然是一个重要法宝，不是可以削弱，而是应该加强，不是可以缩小，而是应该扩大。"④ 江泽民在第 19 次全国统战工作会议上以"四个离不开"和"三个绝不能"阐述了统一战线的战略地位："实现社会主义现代化建设第三步战略目标离不开统一战线，发展社会主义民主政治离不开统一战线，繁荣有中国特色社会主义文化离不开统一战线，实现祖国完全统一离不开统一战线。……统一战线作为党的一个重要法宝，绝不能丢掉；作为党的一个政治优势，绝不能

---

① 陈明明：《现代国家建设视域下统一战线的三重面相：策略、战略与治道》，载《统一战线学研究》2019 年第 6 期。
② 《毛泽东选集》第 2 卷，人民出版社 1991 年版，第 645 页。
③ 《邓小平文选》第 1 卷，人民出版社 1994 年版，第 187 页。
④ 《邓小平文选》第 2 卷，人民出版社 1994 年版，第 203 页。

削弱；作为党的一项长期方针，绝不能动摇。"胡锦涛在第 20 次全国统战工作会议上将统一战线的战略地位总结为："统一战线是中国共产党执政兴国的重要法宝，也是我们实现中华民族伟大复兴的重要法宝，巩固和发展最广泛的爱国统一战线是我们党提高执政能力的重要组成部分。"①

在 2015 年中央统战工作会议上，习近平总书记从人心向背、力量对比的视角分析了统一战线的战略地位。他指出："人心向背、力量对比是决定党和人民事业成败的关键，是最大的政治。统战工作的本质要求，是大团结大联合，解决的就是人心和力量问题。这是我们党治国理政必须花大心思、下大气力解决好的重大战略问题。"②"最大政治"概念植入统一战线理论，从政治学的角度揭示了统一战线政治关系的本质特征，将统一战线政治关系的认识提升到新高度，有利于更好地发挥统一战线在增强政治认同、整合社会力量、扩大政治参与等方面功能，从而实现构筑新的政治力量共同体；有利于发挥统一战线在寻求各利益群体和社会力量之间的一致性和共同点，为推进国家治理体系和治理能力现代化找出最大公约数。

第三，作为组织层面的统一战线，它是党和国家进行民主政治建设的重要载体。统一战线作为党的政治联盟组织，以其团结、联合的本质和凝聚人心、汇集力量的政治优势，体现了社会主义民主的人民性。在新民主主义时期，各革命阶级联盟的统一战线奠定了人民民主专政的国体形态，为社会主义协商民主提供了政治制度基础。例如，毛泽东在《新民主主义论》一文中将统一战线置于"国体"的地位，指出："国体——各革命阶级联合专政。政体——民主集中制。这就是新民主主义的政治，这就是新民主主义的共和国，这就是抗日统一战线的共和国"。③ 中国共产党通过统一战线将各革命阶级、政治力量团结在自己的周围，建立了以无产阶级为领导力量的多阶级联合的民主共和国，在此基础上确立了人民民主专政的

---

① 中共中央文献研究室：《十六大以来重要文献选编》（下），中央文献出版社 2008 年版，第 542 页。

② 《十八大以来重要文献选编》（中），中央文献出版社 2016 年版，第 556 页。

③ 《毛泽东选集》第 2 卷，人民出版社 1991 年版，第 677 页。

国家制度、人民代表大会制度、中国共产党领导的多党合作和政治协商制度，形成了国家层面的政治协商、国家与社会之间的社会协商和社会层面的公民协商的民主体系①。

从我国目前的政治体系架构来看，统一战线作为执政党体制内的一个联盟组织，爱国统一战线联盟的广泛性、包容性以及组织的协调、整合功能，使其成为党和国家实行民主政治的重要平台。其一，作为一种政治联盟组织，它克服了单一政治组织的局限性。由于统一战线自身具有多样性、包容性、广泛性、社会性等特点，其内部构成包括各社会阶层、各民主党派、不同民族、不同信仰的所有社会主义劳动者、建设者和爱国者等社会力量，这就使它具有了能够将多元化参与主体纳入体制内的天然优势。其二，新时期统一战线的组织形式、制度架构，还使其自身具备了社会利益表达和整合的功能，为广大民众的政治参与、政治沟通、利益表达提供了合法通道，从而使执政党和政府的决策、主张等能反映最广大人民群众的意志和根本利益，夯实和扩大了社会对执政党的政治认同②。其三，作为统一战线组织的人民政协也是我国实行民主政治的重要载体。从性质来看，依据《中国人民政治协商会议章程》、2006 年中共中央制定下发的《关于巩固和壮大新世纪新阶段统一战线的意见》，人民政协是中国人民爱国统一战线的组织，是中国共产党领导的多党合作和政治协商的重要机构，是我国政治生活中发扬社会主义民主的重要形式，是我国政治体制的重要组成部分。从职能来看，人民政协的基本职能是政治协商、民主监督、参政议政。从实际运行来看，人民政协有自己健全的组织机构和工作原则，围绕团结和民主两大主题，充分履行政治协商、民主监督和参政议政职能。

第四，作为制度层面的统一战线，它是党和国家推进人民民主的基本

---

① 李俊：《统一战线是中国特色社会主义协商民主发展的政治基础》，载《学海》2017 年第 5 期。

② 李俊、蔡宇宏：《统一战线制度在现有政治资源中的功能分析》，载《马克思主义与现实》2007 年第 4 期。

方式。统一战线作为一种制度，是伴随着中国共产党领导地位、执政地位的确立，在实践中将有关统一战线的好思想、好政策、好经验、好做法、好形式固定下来，并以党的文件、国家法律法规等形式确定下来。有专家学者认为"在现代政治条件下，制度和价值是国家整合的关键，但其政治和社会基础是领导核心的巩固和社会内部的团结和统一。在中国，这个政治与社会基础当仁不让地落在统一战线这个法宝上"①，进而提出统一战线的政治制度，将其概括为：政党制度、民族区域自治制度、宗教制度、海外统一战线工作制度。② 还有人将新时期统一战线制度定义为：用于规范、调节全体社会主义劳动者、社会主义事业的建设者和拥护祖国统一的爱国者之间主要关系和行为的、具有普遍性的政策法规和规章制度。这种政策法规和规章制度主要包括：用于规范工人阶级、农民阶级和知识分子等社会主义劳动者、建设者、爱国者关系的人民民主专政制度；用于规范共产党与各民主党派之间关系的政策法规和中国共产党领导的多党合作与政治协商制度；用于规范各兄弟民族关系的民族区域自治政策法规和制度；用于规范信教群众（包括宗教界人士）与非信教群众关系和行为的政策法规构成的宗教制度；用于规范大陆与港澳台同胞之间行为和关系的"一国两制"制度；用于规范大陆与广大海外华人华侨之间行为和关系的侨务政策与法规等③。统一战线的制度规范，从根本上保障了社会主义建设时期统一战线内部不同利益群体在中国共产党领导下参政议政和民主监督的权利，既体现了民主主体的广泛性和人民当家作主的权利，又是党和国家推进社会主义民主建设的基本方式。有学者从国家治道的角度论述统一战线，认为"统一战线是一种治道，是说统一战线在新的历史条件下，它的基本理念契合并支持了中国现代化的目标体系，它的组织体制蕴含且表达了中国制度安排的政治逻辑，它的行动方略体现或构成了中国国家治理的内在机制。作为治道的统一战线，是价值理念、组织体制和行动方略的有

---

① 林尚立：《统一战线与国家建设》，上海人民出版社，2008 年版，第 6 页。
② 林尚立：《统一战线与国家建设》，上海人民出版社，2008 年版，第 31 页。
③ 李俊、蔡宇宏：《新时期统一战线制度研究》，华文出版社 2008 年版，第 13 页。

机结合"①。

党的十九大报告、十九届四中全会通过的《中共中央关于坚持和完善中国特色社会主义制度 推进国家治理体系和治理能力现代化若干重大问题的决定》把统一战线放在人民民主部分进行部署，上升到国家制度的范畴，体现了统一战线作为国家治理的独特政治优势；党的十九届四中全会在人民民主部分部署统一战线，将统一战线贯穿于国家治理体系和国家治理能力现代化建设之中，为学界深化新时代统一战线理论研究提供了新的研究视角、研究方向、研究空间。党的十九届四中全会通过的《决定》明确提出："中国特色社会主义制度是党和人民在长期实践探索中形成的科学制度体系，我国国家治理一切工作和活动都依照中国特色社会主义制度展开，我国国家治理体系和治理能力是中国特色社会主义制度及其执行能力的集中体现"。《决定》第一次系统描绘了中国特色社会主义的制度"图谱"，从 13 个方面系统概括了中国特色社会主义制度和国家治理体系的基本组成部分，把中国特色社会主义制度中起四梁八柱作用的制度明确为根本制度、基本制度、重要制度；提出"坚持和完善党的领导制度体系"，首次明确党的领导制度在我国国家制度和国家治理体系中的统领地位等。这些新的论断为统一战线的制度化建设与发挥统一战线制度优势、推进国家治理体系和治理能力现代化建设，提出了新目标、新要求。

二、协商民主概念界定

（一）协商民主概念的提出

就一般意义而言，协商民主是 20 世纪后期在西方出现的一个术语，其

---

① 陈明明：《现代国家建设视域下统一战线的三重面相：策略、战略与治道》，载《统一战线学研究》2019 年第 6 期。

理论指向在于化解代议制民主存在的合法性不足和公民政治参与不够的问题。1980 年，美国学者约瑟夫·毕塞特在《协商民主：共和政府中的多数原则》中明确提出了"协商民主"（deliberative democracy）的概念，在学术界引发了对于协商民主的研究。随后，美国学者伯纳德·曼宁、乔舒亚·科恩从公民参与、合法性与政策等角度，进一步丰富和发展了协商民主概念的内涵，从而真正赋予协商民主以发展动力。例如，美国詹姆斯·博曼的《公共协商：多元主义、复杂性与民主》（1996）、詹姆斯·博曼和威廉姆·雷吉合编的《协商民主：论理性与政治》（1997）、乔·埃尔斯特主编的《协商民主》（1998），澳大利亚约翰·德雷泽克的《协商民主及其超越：自由与批判的视角》（2000）、《全球协商政治》（2006），美国詹姆斯·菲什金的《协商民主论争》（2003），南非毛里西奥·登特里维斯的《作为公共协商的民主：新的视角》（2002），加拿大马克·沃伦的《设计协商民主：英属哥伦比亚公民大会》（2007），美国斯科特·威尔士的《夸张的民主表象：协商理想是如何削弱民主政治的》（2012）等著作相继出版。在这些研究著作之外，国际学术期刊也刊发了相当的专题研究文章。1999 年 3 月，曼彻斯特大学政治思想研究中心还专门举办了一次关于协商民主的研讨会，英国著名学者戴维·米勒、塞沃德、库克等都参与了会议，主要讨论公共协商的规范性问题和实现规范性协商民主理想的制度机制。此后国际学术界知名学者如约翰·罗尔斯、于根·哈贝马斯、安东尼·吉登斯、乔舒亚·科恩、艾丽丝·M.扬、马克·沃伦、约翰·德雷泽克等，都从不同侧面为丰富协商民主的研究提供了理论思考和贡献。

（二）西方语境下的协商民主

我国研究协商民主问题的知名学者陈家刚将西方协商民主概念归纳为三种含义：一是作为政府形式的协商民主，即"协商民主指的是为政治生活中的理性讨论提供基本空间的民主政府"，是一种事务受其成员的公共协商所支配的共同体；二是作为决策形式的协商民主，即当一种民主体制的决策是通过公开讨论做出的，那么这种民主体制就是协商的；三是作为治理形式的协商民主，即面对现代社会的分裂与对立，协商民主是一种具有巨大潜能的民主治理形式，能够有效回应文化间对话和多元文化社会认知的某些核心问题，尤其强调对于公共利益的责任、促进政治话语的相互理解、辨别所有政治意愿。据此，他把协商民主的基本内涵定义为："以人民主权原则为基础的代议制、权力分立及制衡、选举以及政党政治；既强调代表的智慧与能力，也尊重多数的意愿表达；承认多元分歧，以及以此为基础的广泛参与和对话；强调超越狭隘的个人利益，诉诸公共利益，以及公开利用理性；合法性源自公民的广泛参与、偏好表达与共识达成；协商是规范性理想与经验现实的结合；协商思想的理论渊源在于自由主义、共和主义与批判理论。"①

可见，西方的协商民主理论以当代西方国家的政治现实为基础，是西方民主理论和民主政治发展到一定阶段的产物，也是基于发达资本主义国家经验的政治现实。随着协商民主研究的成果越来越多地进入人们的视野，我们可以发现国外协商民主研究的重点以及目前研究所面临的挑战。从总体上讲，国外协商民主理论研究主要关注的是：关于协商民主的规范性理想；作为制度结构和决策机制的协商；协商民主的实践如多元文化背景下的政治实践、生态危机与基层民主、全球政治与多边组织中的民主等；协商民主的价值、挑战与前景。在一个强调多元、尊重差异和多样的时代，在一个既有体制面临重重危机和挑战的时代，协商民主开启了人类探索民主理想的新历程。民主走向协商，表明人们在持续关注民主的真实性。协商使民主成为一个持续性的创造性的过程。协商民主为人类的民主探索提供了一种新的思考路径。但是，国外的协商民主研究依然存在着一定的不足，例如，未能将协商民主理论的转型和发展放在民主理论本身的发展历程中去思考，即未能深入分析现代民主自身从"代表"到"参与"，

① 陈家刚：《协商民主与国家治理——中国深化改革的新路向新解读》，中央编译出版社 2014 年版，第 14-15 页。

进而发展到"协商"这一重要趋势的内在逻辑；作为一种民主理论，协商民主未能建构起体现自身价值和主旨的制度架构，因而在很大程度上依然是作为既有制度的完善和补充，其真正价值未能充分发挥。

（三）中国语境下的协商民主

中国语境下的协商民主与西方不同，它是中国共产党在领导人民实现民族独立、人民解放和幸福的实践中的一个创造，是中国共产党把马克思主义统一战线理论、政党理论和民主政治理论与中国革命、建设和改革开放的实践相结合的理论成果，是中国共产党同各民主党派、人民团体和社会各界人士风雨同舟、团结奋斗的伟大成果，其政治基础是中国共产党领导的统一战线。中国共产党的历史实践证明，马克思主义统一战线理论中蕴含着丰富的社会主义协商民主的内容，中国共产党以此为指导，在实践中经历了国共合作的革命统一战线、抗日民族统一战线、人民民主统一战线、爱国统一战线等数次形态上的转变，并先后创建了党派合作、"三三制"抗日民主政权、各革命阶级联合专政、多党合作和政治协商等制度形式。随着中华人民共和国的建立，多党合作和政治协商制度就成为我国社会主义民主的实践形式。

改革开放以后，中国共产党领导的多党合作和政治协商制度逐渐得到恢复和发展。1979年邓小平就将人民政协开展的政治协商确定为发扬社会主义民主的重要形式。1987年党的十三大明确提出建立社会协商对话制度，这是第一次把协商的内涵从政治领域扩大到社会领域。进入新世纪、新阶段，党领导我国人民进一步加强社会主义民主政治建设，不断丰富和完善多党合作与政治协商制度，并在此基础上提出了选举民主和协商民主的概念。2006年2月，《中共中央关于加强人民政协工作的意见》明确指出："人民通过选举、投票行使权利和人民内部各方面在重大决策之前进行充分协商，尽可能就共同性问题取得一致意见，是我国社会主义民主的两种重要形式。"2007年11月，《中国的政党制度》白皮书首次确认了

"协商民主"这一概念，并强调"选举民主与协商民主相结合是中国社会主义民主的一大特点"。党的十八大报告明确把"健全社会主义协商民主制度"作为全面深化改革时期我国政治体制改革的重要任务之一，并强调"社会主义协商民主是我国人民民主的重要形式"。党的十八届三中全会通过的《中共中央关于全面深化改革若干重大问题的决定》又指出："协商民主是我国社会主义民主政治的特有形式和独特优势，是党的群众路线在政治领域的重要体现。"

党的十九届四中全会通过的《中共中央关于坚持和完善中国特色社会主义制度、推进国家治理体系和治理能力现代化若干重大问题的决定》，就坚持社会主义协商民主从制度、程序、落实机制等方面进行规范。习近平总书记在庆祝中国人民政治协商会议成立 65 周年大会上就社会主义协商民族的文化基础、理论基础、实践基础、制度基础进行深刻阐述，他指出："协商民主是中国社会主义民主政治中独特的、独有的、独到的民主形式，它源自中华民族长期形成的天下为公、兼容并蓄、求同存异等优秀政治文化，源自近代以后中国政治发展的现实进程，源自中国共产党领导人民进行革命、建设、改革的长期实践，源自新中国成立后各党派、各团体、各民族、各阶层、各界人士在政治制度上共同实现的伟大创造，源自改革开放以来中国在政治体制上的不断创新"。[1]

三、社会主义协商民主概念界定

（一）社会主义协商民主的提出

党的十八大报告首次明确提出了"社会主义协商民主"的概念，充分肯定协商民主是社会主义民主的重要形式。党的十八届三中全会通过的

---

[1] 《习近平著作选读》第 1 卷，人民出版社 2023 年版，第 271 页。

《中共中央关于全面深化改革若干重要问题的决定》指出："协商民主是我国社会主义民主政治的特有形式和独特优势，是党的群众路线在政治领域的重要体现"，必须充分"发挥统一战线在协商民主中的重要作用"。党的十九大报告进一步提出："协商民主是实现党的领导的重要方式，是我国社会主义民主政治的特有形式和独特优势。"党的二十大报告在阐述全面发展协商民主时，明确提出"坚持党的领导、统一战线、协商民主有机结合"。① 这不仅表明统一战线与社会主义协商民主具有内在联系，而且为统一战线和社会主义协商民主的进一步发展指明了方向、提供了政策依据。统一战线、社会主义协商民主都是社会主义民主政治建设的重要理论问题，也是我国民主政治实践中重要的现实问题。

（二）社会主义协商民主的内涵

如何科学界定社会主义协商民主的内容呢？就学术界的讨论来看，学者们从各自角度对社会主义协商民主的内涵和外延进行了广泛讨论。有学者认为，社会主义协商民主主要是指在中国共产党的领导下，各民主党派、各人民团体、各少数民族和社会各界代表，对国家大政方针以及政治、经济、文化和社会生活中的重要问题，在决策之前举行协商和就决策执行过程中的重要问题进行协商②。也有学者认为，社会主义协商民主就是在中国共产党的领导下，社会各个政党、阶层、团体、群众等就共同关心或利益相关的问题，以适当的方式进行深入讨论、沟通、协调、整合，使各个协商主体了解彼此的立场、观点和利益诉求，在追求共同利益最大化的前提下，为实现共同目标达成比较统一的意见，形成各方均可接受的方案，然后做出决策或决定，以实现整体的发展和多方共赢③。还有学者认为，社会主义协商民主是在中国共产党领导下和社会主义制度中，人民按照自由、平等、公开的原则和符合真实性、正确性、真诚性、有效性的

---

① 《习近平著作选读》第 1 卷，人民出版社 2023 年版，第 32 页。
② 乔谦：《浅议中国特色协商民主》，载《中共济南市委党校学报》2008 年第 2 期。
③ 李贺林、左宪民：《中国特色协商民主研究》，中共中央党校出版社 2008 年版，第 74 页。

要求，通过对话、沟通、辩论表达利益诉求和愿望，或者对国家和社会政治、经济、文化生活中重大问题进行政治参与的民主形式和渠道①。可见，学术界对于社会主义协商民主的概念界定和内容阐释各有不同，但在坚持党的领导、强调多元主体、追求共同价值、体现中国特色等宏观方面存在着广泛的共识。

就历史渊源来看，中国共产党领导下的协商民主实践虽然可以追溯到新民主主义革命时期，例如，"三三制"的民主政权、新中国成立前夕召开的中国人民政治协商会议第一届全体会议堪称是协商民主的典范，但是，在中国共产党执政史上，在党的文献当中第一次提出"社会主义协商民主"这一概念，却是在新时期中国政治实践过程中的一个重大理论创新。党的十八大报告第一次明确提出了"社会主义协商民主"的概念，并作出了"社会主义协商民主是我国人民民主的重要形式"的论断，强调要坚持人民的主体地位，"最广泛地动员和组织人民依法管理国家事务和社会事务、管理经济和文化事业、积极投身社会主义现代化建设""努力营造公平的社会环境，保证人民平等参与、平等发展权利""加快推进社会主义民主政治制度化、规范化、程序化，从各层次各领域扩大公民有序政治参与"。可见，社会主义协商民主这一概念，实现了一般意义的协商民主理论与中国政治实践的巧妙"嫁接"，使其成为更加具有中国特色、中国气派的政治话语。

就政策话语而言，2015年2月，在中共中央印发的《关于加强社会主义协商民主建设的意见》这一纲领性文件中，对有关社会主义协商民主的诸多问题进行了详细阐述，明确了社会主义协商民主的本质属性，即社会主义协商民主是中国社会主义民主政治的特有形式和独特优势，是党的群众路线在政治领域的重要体现，是深化政治体制改革的重要内容，并将其界定为："在中国共产党领导下，人民内部各方面围绕改革发展稳定重大问题和涉及群众切身利益的实际问题，在决策之前和决策实施之中开展广泛协商，努力形成共识的重要民主形式。"此外，《关于加强社会主义协商

---

① 韩冬梅：《西方协商民主理论》，中国社会科学出版社2008年版，第268页。

民主建设的意见》还详细阐述了加强社会主义协商民主建设的重要意义、指导思想、基本原则和渠道程序，对新形势下开展政党协商、人大协商、政府协商、政协协商、人民团体协商、基层协商、社会组织协商等作出了全面部署。至此，社会主义协商民主的内涵和外延得到了明确、权威的界定，为我们理解和使用这个政治范畴提供了依据。

综合学界观点和政策话语，我们将社会主义协商民主定义为：在中国共产党领导下，不同类别的组织或个人围绕改革、发展、稳定重大问题和涉及群众切身利益的实际问题，在决策之前和决策实施之中开展广泛协商，努力形成共识，实现利益最大化的重要民主形式。

（三）社会主义协商民主的结构

我们可以从协商主体、协商内容、协商场域、协商过程、协商效力和协商价值等层面，对社会主义协商民主的结构进行进一步的分析。

就协商主体而言，社会主义协商民主具有广泛性。"协商主体是协商民主过程的基本要素，协商民主的过程实际上就是各种不同利益倾向、不同偏好的政治主体参与政治生活的过程。"[1] 从运行实践来看，社会主义协商民主的参与主体涵盖从中央到基层、从组织到个人多个层面和多种形式，主要包括各党派、政府机构、人民团体、社会组织和普通群众等。换言之，凡是利益相关方都能够参与协商过程，而不论其组织性质或个人身份。协商主体的广泛性，有效地保障了各阶层群众对国家和社会层面政治、经济、社会、文化生活的知情权、参与权、表达权和监督权。社会主义协商民主鼓励公民个人广泛参与国家政治社会生活中，"团体成为协商主体具有明显的优势。在协商过程中，不同团体彼此观点之间的开放和负责，每种观点都要对源自其他立场的观点负责"[2]。

就协商内容而言，社会主义协商民主具有公共性。协商民主作为一种

---

① 陈家刚：《协商民主：概念、要素与价值》，载《中共天津市委党校学报》2005年第3期。

② ［美］詹姆斯·博曼、威廉·雷吉：《协商民主理论性与政治》，陈家刚译，中央编译出版社2006年版，第303页。

佐证政治合法性的理论，其基本观点就是民主国家政治合法性和权威的来源在于能在相应区域内，就社会公众共同关心的、利益相关的议题进行广泛而自由的讨论，从而实现民主的决策。因此在现实层面，社会公众能够就改革发展稳定重大问题和涉及群众切身利益的实际问题进行自由、深入的讨论，集思广益，从而达成广泛共识，形成科学决策、民主决策的良性氛围，这同样是增强社会主义国家合法性和执政党治理权威的有效手段。

就协商场域而言，社会主义协商民主具有广阔性。协商民主的现实运作需要一定的活动场域。"所谓场域，是指在各种位置之间存在的客观关系的一个网络或一个构型，这种关系是独立于行动者意志的客观存在，又与行动者所占位置、所掌握的资本和行动者的禀赋及其所采取的策略有关。这种网络关系有着自己的逻辑和运作规律，构成对行动者行动的限制性制约条件，当然只对置身于该场域的行动者才有意义。同时，场域也是一个力的较量场所，通常资本和权力是场域争斗的主线。"① 社会主义协商民主的活动场域广阔而富有选择性，"对每个场所而言，到底何种制度与实践是最佳选择，并不存在一个准确或普适性的处方。因为，对协商民主的追求本身就应该是一个协商的过程。"② 普通群众根据协商事项的具体情况，选择以个人或者集体的方式，通过人民代表大会、政治协商会议、行政机关听证会、行业组织、社会组织、基层组织等多活动场域开展协商和谈判活动。

就协商过程而言，社会主义协商民主具有程序性。协商是程序的艺术，而程序是看得见的正义。完整的协商过程包括选定议题、制订计划、明确人员、开展协商、协商成果反馈等环节。"从长远而言，必须把协商民主列入社会主义政治文明建设的总体布局，搞好顶层设计，加强制度化、规范化和程序化建设，并使其与其他制度相衔接，这是法治建设的必

---

① 张宇、刘伟忠：《论社会主义协商民主的基本内涵及其构成要素》，载《理论与改革》2016 年第 2 期。

② ［澳］约翰·德雷泽克：《不同领域的协商民主》，王大林译，载《浙江大学学报（人文社科版）》2005 年第 3 期。

由之路,也是民主发展的具体途径和重要体现。"① 因此,开展民主协商需要从实际出发,按照科学合理、规范有序、简便易行、民主集中的原则要求,确保协商活动有序、务实、高效,避免久议不决的现象发生。

就协商效力而言,社会主义协商民主具有有效性。协商不是一般的讨论、交流,其效果和作用要体现在服务决策上,因此协商必须合乎理性。"从规范意义上讲,公共协商是一种面对面的交流,它强调理性说服,而不是操纵、强迫和欺骗。在协商过程中,自由、平等的参与者支持一系列规范程序,其目的是为了交流而不是作为策略。参与者倾听、响应并接纳他人的观点,忠于交流之理性与公正的价值。在作出决策之前,协商能赋予参与者对各种建议或方案审视、检查和批判的权利。"②

就价值追求而言,社会主义协商民主具有公益性。协商的目标是追求共识,即"协商主体通过沟通交流以后作出的相对一致性意见或通约。当不同团体的人们利用协商、对话考虑关于公共问题的各种观点时,他们能提高公共判断,并形成实现有效公共决策和持续性共同体行动的共同基础。因此共识也是一种更成熟的、经过深思熟虑的讨论"③。通过协商,多元主体追求的利益最大化,从而达到国家、社会、集体、个人多方共赢的理想状态;在现实层面,无论是个人还是组织,其参与协商过程的指向和追求是尽可能实现协商结果在个人利益和公共利益之间的有效结合与协调,进而达到利益的均衡。

---

① 柴宝勇:《社会主义协商民主的概念辨析》,载《社会主义研究》2015 年第 5 期。
② 张凤阳、张一兵:《政治哲学关键词》,江苏人民出版社 2006 年版,第 240 页。
③ 陈家刚:《协商民主:概念、要素与价值》,载《中共天津市委党校学报》2005 年第 3 期。

第二章

统一战线推进中国民主政治发展的
历史脉络

中国共产党以马克思主义为指导思想，正确分析了近代以来中国社会的性质，并在此基础上明确提出了反帝反封建的民族民主革命纲领，系统回答了近代以来中国革命长期未能弄清的革命对象、任务、动力、性质、前途和转变等一系列基本理论问题，为中国革命和中华民族指明了正确的前进方向。在中国共产党领导下，经过二十八年艰苦卓绝的奋斗，最终赢得了新民主主义革命的彻底胜利，建立了新中国，完成了民族独立和人民解放的历史使命，为中华民族的伟大复兴奠定了坚实基础。在总结新民主主义革命成功的历史经验时，毛泽东曾将统一战线、武装斗争和党的建设总结为夺取中国革命取得胜利的三大法宝，其中统一战线居于首位。不仅如此，毛泽东还把统一战线称作"现代中国革命的历史所已经证明了的根本规律之一"[1]，称作"中国人民已经取得的主要的和基本的经验"之一[2]，并将"各革命阶级联合专政"置于"国体"的地位[3]。由此可见统一战线在中国政治生态中的重要性。

---

① 《毛泽东选集》第 2 卷，人民出版社 1991 年版，第 645 页。
② 《毛泽东选集》第 4 卷，人民出版社 1991 年版，第 1472 页。
③ 《毛泽东选集》第 2 卷，人民出版社 1991 年版，第 677 页。

一、统一战线是马克思主义与中国实际相结合的产物

（一）新文化运动为探索中国社会改造问题提供了思想文化土壤

辛亥革命后中国机械照搬西方竞争性议会政党政治的失败，第一次世界大战的爆发和苏俄十月社会主义革命的胜利，以及随后中国在巴黎和会上的失利及其直接引发的五四爱国运动，使中国知识界和思想界的进步人士对帝国主义所抱有的幻想彻底破灭了，从而不得不对"中华民族向何处去"进行新的探索。

新文化运动主要是由人们对辛亥革命的反思，特别是由袁世凯复辟帝制的丑剧而引发的。正如陈独秀所言："肉体之袁世凯已死，而精神之袁世凯固犹活泼泼地生存于吾国也。不第此也，即肉体之袁世凯，亦已复活。"① 因此人们不仅追问：为什么在西方行之有效的民主共和制度在中国却步履艰难？针对当时的复古思潮，陈独秀、李大钊、恽代英、胡适等中国先进知识分子进行了深入思考，写下了《旧思想与国体问题》《驳康有为〈共和平议〉》《今日中国之政治问题》《民彝政治》等一系列文章。在这一思考和探索过程中，他们的眼光开始真正下移，开始关注普通人民群众的作用。

在《民治运动》一文中，恽代英指出："最要紧的还是要唤起人民，用人民的力量，建设、拥护而监督一种为人民谋利益的政府，才是正当的解决""只有人民自己注意他的利益，做领袖的人才有所忌惮约束，不敢做损害人民的事""只有人民联合起来的大力量超过一切没有抵抗的"②。陈独秀在对比了"东西民族根本思想之差异"后指出，要想使民主共和制度在中国扎根，不仅要"弃数千年相传之官僚的专制的个人政治，而易以

---

① 《陈独秀著作选》（第 1 卷），上海人民出版社 1993 年版，第 238 页。
② 恽代英：《民治运动》，载《东方杂志》第 19 卷第 18 号，1922 年 9 月 25 日。

自由的自治的国民政治"，而且要有"自进而建设政府，自立法度而自服从之，自定权利而自尊重之"的主人翁意识；因此，要想在中国"巩固共和，非先将国民脑子里所有反对共和的旧思想，一一洗刷干净不可"。正是基于这样的认识，他提出："伦理的觉悟，为吾人最后觉悟之最后觉悟!"① 他认为，新文化运动的第一个任务便是批判旧礼教、旧道德，包括儒家提倡的等级尊卑制度、家族制度、婚姻制度和旧的道德观念等，而用来批判这种旧礼教、旧道德的理论根据，就是"德、赛二先生"，即民主与科学。胡适提出，在民主与科学精神的指引下，"'重新估定一切价值'八个字便是评判的态度的最好解释"② 。新文化运动的发动者们，正是抓住了"重新估定一切价值"这个核心问题，用民主和科学的新价值标准来衡量一切事物，批判一切陈腐思想观念，从而极大地促进了人们的思想解放和观念更新。

此外，新文化运动的另一功绩就是文学革命。众所周知，中国的白话文虽然不是自五四新文化运动才有的，但使它在全国得以普遍提倡并成为国人通用的书面用语，无疑是新文化运动的功劳。陈独秀不仅提倡白话文，而且进一步提出了"文学革命"的主张："余甘冒全国学究之敌，高张'文学革命军'大旗，以为吾友之声援。旗上大书特书吾革命军三大主义：曰，推倒雕琢的阿谀的贵族文学，建设平易的抒情的国民文学；曰，推倒陈腐的铺张的古典文学，建设新鲜的立诚的写实文学；曰，推倒迂晦的艰涩的山林文学，建设明了的通俗的社会文学。"③ 陈独秀认为，文学革命是政治革命、思想革命的必然结果和重要补充："今欲革新政治，势不得不革新盘踞于运用此政治者精神界之文学。"④ 随着文学革命的提倡，中国文学不仅在内容上而且在形式上都焕然一新，更加接近于平民、贴近于现实，反过来又推动了中国思想解放运动的发展。对此，鲁迅先生曾有过

---

① 《陈独秀著作选》（第 1 卷），上海人民出版社 1993 年版，第 178、296、179 页。
② 耿云志编撰：《五四风云人物文萃：胡适》，人民日报出版社 1999 年版，第 177-178 页。
③ 《陈独秀著作选》（第 1 卷），上海人民出版社 1993 年版，第 260-261 页。
④ 《陈独秀著作选》（第 1 卷），上海人民出版社 1993 年版，第 263 页。

精辟的概括:"最初,文学革命者的要求是人性的解放……大约十年之后,阶级意识觉醒了起来,前进的作家,就都成了革命文学家。"① 总之,新文化运动不仅为人们探索中国社会改造问题奠定了思想基础,而且为其提供了适宜的文化土壤和环境。

(二) 五四运动推动了人们对中国社会改造问题的探索

解放思想和更新价值观念的目的,在于从人的改造转向社会改造,"一方面是不断地解放,他方面是不断地改造"②。因此,自 1918 年下半年开始到 1919 年上半年,一些进步的报纸杂志上介绍国外新思潮的内容逐渐增多,其目的是为中国社会改造的探索提供参考材料。但真正把对中国社会改造问题的探索推向高潮的,则是席卷全国的五四爱国运动。

五四爱国运动爆发不久,《星期评论》就在 1919 年 7 月 6 日的"主张"专栏写到:"中国的社会是中国人组织的,中国人自己不改造,靠外国人来改造是改造不来的。中国的奴隶是中国人自己造成的,中国人自己不解放,靠外国人来解放是解放不了的。"③《新潮》杂志也呼吁在中国进行"社会的彻底改造",呼吁造就一个"社会改造运动的时代"的到来④。就连研究系的张东荪、梁启超等人,也创办了一份名为《解放与改造》的杂志,后更名为《改造》。这一时期,《国民》杂志刊载的《社会为什么要改造》和《社会根本改造运动》,《民国日报》副刊《觉悟》刊载的《为什么要从事根本改造》,《建设》杂志刊载的《改造要全部改造》等一系列文章,汇成了中国社会改造思潮的"大合唱",汇成了划时代的宣言:"凡是不合于现代进化的军国主义、资产阶级、党阀、官僚、男女不平等界限、顽固思想、旧道德、旧伦常……全认他为应该铲除应该改革"⑤

---

① 《鲁迅全集》(第 6 卷),人民文学出版社 1981 年版,第 21 页。
② 中共中央马克思恩格斯列宁斯大林著作编译局研究室编:《五四时期期刊介绍》(第 1 集),人民出版社 1958 年版,第 418 页。
③ 季陶:《上海的社会改造》,载《星期评论》第 5 号,1919 年 7 月 6 日。
④ 傅斯年:《〈新潮〉之回顾与前瞻》,载《新潮》第 2 卷第 1 期,1919 年 10 月 30 日。
⑤ 《〈觉悟〉的宣言》,载《觉悟》第 1 期,1920 年 1 月。

"当知吾国现在之社会组织，已处于穷极必变之势，非改造不足以图存。而吾侪所主张之新组织，乃为应时代之需求，足纾国内外一切之危难，合于人类进化之通轨，以进于世界大同之域……改革现世之社会制度，而代以适宜之组织"①。

在这种社会氛围下，"社会主义"作为改造中国社会的一种思潮、手段和途径，逐渐进入人们的视野，成为中国先进知识分子普遍追求的方向，尽管此时人们对社会主义的理解并不一致。正如民主革命派人士朱执信所言："改造是要全部改造的，然而全部改造，要从一部改造起。我们不是有了顶大的力量，全知全能，把世界一掀就掀过来，到底是要有一个全部改造下手的方法。"② 他所说的这个"下手的方法"，就是指马克思主义阶级斗争的方法："社会主义者的主张阶级斗争，不是以为没有阶级斗争，也要用这手段。只是看见历史上的事迹，都是阶级斗争的表现，所以现在要绝灭阶级斗争，不能不先绝灭阶级。要绝灭阶级，还要借斗争的一个阶级的力量，所以现在要奋斗的时候，还得找一个破灭阶级的势力。"③这个势力，只能是中国的工人阶级。

与资产阶级民主革命派人士只从经济角度奢谈马克思主义阶级斗争学说，却讳谈阶级斗争的政治逻辑和无产阶级专政理论不同④，中国早期的马克思主义者则更多地从政治角度思考马克思主义的社会主义学说及阶级观点。例如，李大钊认为："在别的资本主义盛行的国家，他们可以用社会主义作工具去打倒资本阶级。在我们这不事生产的官僚强盗横行的国家，我们也可以用他作工具，去驱除这一班不劳而生的官僚强盗。"⑤ 在

---

① 曹任远：《社会主义与吾国社会之改造》，载《新群》第1卷第1期，1919年11月。
② 朱执信：《兵底改造与其心理》，载《朱执信集（增订本）》下，中华书局2013年版，第799页。
③ 朱执信：《新文化的危机》，载《朱执信集（增订本）》下，中华书局2013年版，第878-879页。
④ 参见鲁法芹、蒋锐：《五四时期民主革命派对马克思阶级观点的解读》，载《党政研究》2015年第3期。
⑤ 《李大钊全集》第3卷，人民出版社2013年版，第51页。

《我的马克思主义观》一文中，李大钊详细介绍了马克思主义政治经济学，并且指出："马氏的'经济论'有二要点：一'余工余值说'，二'资本集中说'。"① 众所周知，马克思的剩余价值学说揭示了资本主义生产方式下两大阶级对立的经济根源，揭示了资本积累和资本主义剥削的秘密，论证了资本主义必然灭亡的趋势，直观地说明"随着资本的积累，阶级斗争日益发展，从而工人的觉悟日益提高"②，然后剥夺剥夺者的时刻就要到来了。因此，在标志着陈独秀由激进民主主义者转变为马克思主义者的《谈政治》一文中，他痛斥了那些拿"德谟克拉西"来激烈反对马克思主义阶级斗争学说的人，明确指出："若不经过阶级战争，若不经过劳动阶级占领权力阶级地位底时代，德谟克拉西必然永远是资产阶级底专有物，也就是资产阶级永远把持政权抵制劳动阶级底利器。"他还明确宣布自己主张"用革命的手段建设劳动阶级（即生产阶级）的国家"③。

毛泽东曾不止一次回忆说，他是在读了"考茨基著的《阶级斗争》，陈望道翻译的《共产党宣言》，和一个英国人作的《社会主义史》"这三本书后，"才知道人类自有史以来就有阶级斗争，阶级斗争是社会发展的原动力，初步地得到认识问题的方法论"，从此以后"老老实实地来开始研究实际的阶级斗争"④。在此基础上，他很快确立起对马克思主义的信仰，成为一位坚定的马克思主义者。后来，在总结自己成长为一个马克思主义者的过程时，毛泽东还提到："我这个人从前就有过各种非马克思主义的思想，马克思主义是后来才接受的。我在书本上学了一点马克思主义，初步地改造了自己的思想，但是主要的还是在长期阶级斗争中改造过来的。"⑤

蔡和森在接受了马克思主义阶级斗争学说后，同样坚信："阶级战争的结果，必为阶级专政，不专政则不能改造社会、保护革命。原来阶级战

---

① 《李大钊全集》第 3 卷，人民出版社 2013 年版，第 24 页。
② 马克思：《资本论》第 1 卷，人民出版社 2008 年版，第 753 页。
③ 《陈独秀文集》第 2 卷，人民出版社 2013 年版，第 38-39 页。
④ 《毛泽东文集》第 2 卷，人民出版社 1993 年版，第 378-379 页。
⑤ 《毛泽东文集》第 7 卷，人民出版社 1999 年版，第 223 页。

争就是政治战争，因为现政治完全为资本家政治，资本家利用政权、法律、军队，才能压住工人，所以工人要得到完全解放，非先得政权不可。"① 这一认识不仅十分正确，而且十分深刻，正如列宁所言："一切革命的根本问题是国家政权问题。不弄清这个问题，便谈不上自觉地参加革命，更不用说领导革命。"② 邓中夏结合中国的实际探讨"革命政权"的形式问题，认为"中国革命的政权问题，并不是土耳其的资产阶级政权，也不是俄罗斯的无产阶级政权，而有中国的第三种形式"，即把工人、农民、小资产阶级联合起来，"一方面要消灭一切封建残余，一方面继续反帝国主义的奋斗，成一个革命的反帝国主义联合战线的政权"③。

（三）社会主义思潮在中国的勃兴

由于第一次帝国主义世界大战的爆发以及战后西方列强在巴黎和会上的丑恶表演，一些先进的中国人逐渐对资本主义失去信心，过去对帝国主义所抱的幻想迅速破灭，开始对苏俄十月革命的世界历史意义进行认真思考和重新认识，正如瞿秋白所言："俄国革命史是一部很好的参考书。"④ 不仅如此，就连研究系人士编辑出版的《解放与改造》杂志，也在其创刊号的一篇文章中指出"这次大战把第二种文明的破绽一齐暴露了：就是国家资本主义与资本主义已到了末日，不可再维持下去"，将来的世界必依"第三种文明的原则来改造"，这便是"社会主义与世界主义的文明"⑤。对于当时中国知识界和思想界的社会主义热潮，《太平洋》杂志曾有以下描述："社会主义，近来似觉得成了一种口头禅；杂志报章，鼓吹不遗余力；最近，则与社会主义素来不相干的人也到处以社会主义相标榜。"⑥《每周评论》杂志也指出，十月革命使人们"忽生最大的觉悟"，那就是

---

① 《蔡和森文集》（上），人民出版社 2013 年版，第 69 页。
② 《列宁选集》第 3 卷，人民出版社 2012 年版，第 19 页。
③ 《邓中夏文集》，人民出版社 1983 年版，第 372—373 页。
④ 瞿秋白：《共产主义之人间化》，载《晨报》1921 年 6 月 23 日。
⑤ 克柔编：《张东荪学术文化随笔》，中国青年出版社 2000 年版，第 95、96、94 页。
⑥ 杨端六：《归国杂感》，载《太平洋》第 2 卷第 6 号，1920 年 8 月。

"人人出力和资本家决斗"①；十月革命所开启的"现在和从今以后的革命"，就是"无产阶级（Proletariat）对于资产阶级的革命，是社会革命，是经济组织的革命"；虽然"中国此刻第一要紧的革命，还是仿佛欧洲旧式的革命。不过起革命的，要是劳农阶级（就是工人和农民阶级）不是资产阶级"②。

对于民初中国政党政治的闹剧以及西方多党议会政治的弊端，一些先进知识分子也逐渐有了清醒认识。陈独秀认为："民主的国家建设在人民权力之上……若是人民的权力不能代替军阀的权力，军阀政治是不会倒的，民主政治是不会成功的"③；"二十世纪的'德谟克拉西'，乃是被征服的新兴无产劳动阶级，因为自身的共同利害，对于被征服阶级的财产工商界要求权利的旗帜"④。就连中国自由主义派的知识分子，如张东荪、梁启超等人，也开始质疑西方议会民主政治："欧战以前，鲜闻不信任议会政治之声，今乃不信任议会政治之声，洋洋盈耳，达乎世界"⑤；"十九世纪欧洲诸国之历史，常以贵族或中等阶级各派之十数首领为主体；今后之历史，殆将以大多数劳动者或全民为主体，此其显证也"⑥。中国先进知识分子对资本主义民主政治及其制度的批判，是他们迅速接受社会主义思想的另一个重要原因。

大约从1919年下半年开始，对西方社会主义思想的引进、介绍和讨论，逐渐成为中国知识界的主流⑦。诚如时人所言："一年以来，社会主义底思潮在中国可以算得风起云涌了。报章杂志的上面，东也是研究马克思主义，西也是讨论布尔希维主义（今译布尔什维克主义）；这里是阐明社

---

① 《各国劳农界的势力》，载《每周评论》第16号，1919年4月20日。
② 一湖：《中国士大夫阶级的罪恶》，载《每周评论》第18号，1919年5月4日。
③ 陈独秀：《对于现在中国政治问题的我见》，载《东方杂志》第19卷第15号，1922年8月10日。
④ 《陈独秀文章选编》（上），三联书店1984年版，第449页。
⑤ 张东荪：《第三种文明》，载《解放与改造》第1卷第1号，1919年9月。
⑥ 梁启超：《中国历史研究法》，上海古籍出版社1998年版，第122页。
⑦ 参见朱志敏：《五四民主观念研究》，北京师范大学出版社1996年版，第229页。

会主义底理论，那里是叙述劳动运动底历史；蓬蓬勃勃，一倡百和，社会主义在今日的中国，仿佛有'雄鸡一鸣天下晓'的情景。"① 其中，作为社会主义思潮之一的马克思主义理论，也在这一热潮中传入中国，吸引和影响了一大批中国先进知识分子，并促使他们转变立场和观点，成为早期马克思主义者。

作为中国第一批马克思主义者，李大钊、陈独秀、李达、李汉俊、瞿秋白、蔡和森、毛泽东等人，对马克思列宁主义及其社会主义学说进行了较为系统的介绍，例如，李大钊《法俄革命之比较观》《庶民的胜利》《布尔什维主义的胜利》《我的马克思主义观》《再论问题与主义》等。随着马克思主义及其社会主义学说在中国的进一步传播，中国的知识界和思想界开始发生急剧分化，特别是在经过了"问题与主义"之争以及与无政府主义者、基尔特社会主义者的论战后，中国早期马克思主义者在思想理论上更加成熟，更加坚定地选择以社会主义、共产主义作为改造中国的必由之路。当时还是一名马克思主义者的周佛海，在署名"无懈"的文章中呼吁："热心改造社会的朋友呀！你们不要只向空想方面走呵！你就空想出一个天国，一个黄金世界，社会上实际受着苦的人，不能受你们丝毫的益处！你们总要脚踏实地，向着实现方面实行去！实行！实行！这就是我们底口号！"② 但究竟应该怎么去实行呢？怎么"去改造现在的社会，重建现在的国家"③ 呢？早期马克思主义者号召知识分子"到民间去"，走与工农相结合的道路。正如瞿秋白所说："俄国已经家喻户晓的'到民间去'的运动，我相信在中国也将很快开始，因为，如果我们希望中国的无产阶级能够加入世界运动，我们就应该接近他们，把知识传授给他们，并帮助他们组织起来。我们诚恳地希望承担起这一责任。"④ 李大钊在《青年与农村》《土地与农民》等文章中，也明确表达了这一思想。在通过对

---

① 潘公展：《近代社会主义及其批评》，载《东方杂志》1921 年第 18 卷第 4 号。

② 无懈：《我们为什么主张共产主义》，载《共产党》第 4 号，1921 年 5 月 7 日。

③ 《瞿秋白文集（政治理论编）》第 1 卷，人民出版社 2013 年版，第 7 页。

④ 《瞿秋白文集（政治理论编）》第 1 卷，人民出版社 2013 年版，第 170－171 页。

当时的各种社会主义学说进行认真比较后，毛泽东也从中国革命的现实出发，得出了必须以"激烈方法的共产主义，即所谓劳农主义，用阶级专政的方法，是可以预计效果的，故最宜采用"的结论①。

1921年7月中国共产党成立。在中共一大通过的党纲中明确规定：中国共产党要"以无产阶级革命军队推翻资产阶级，由劳动阶级重建国家""承认无产阶级专政，直到阶级斗争结束，即直到消灭社会的阶级区分""彻底断绝同黄色知识分子阶层及其他类似党派的一切联系"。在大会决议的第五部分"对现有政党的态度"中，规定中国共产党"对现有其他政党，应采取独立的攻击的政策。在政治斗争中，在反对军阀主义和官僚制度的斗争中，在争取言论、出版、集会自由的斗争中，我们应始终站在完全独立的立场上，只维护无产阶级的利益，不同其他党派建立任何关系"②。由此可见，中国共产党自成立伊始，就坚定地高举起以共产主义理想来进行中国社会改造的伟大旗帜，表现出与任何反革命及阻碍革命的力量毫不妥协的坚定立场。正如习近平总书记所指出的："中国共产党之所以叫共产党，就是因为从成立之日起我们党就把共产主义确立为远大理想。"③

（四）统一战线在中国的产生

中共一大虽然确立了以阶级斗争为手段、以实现共产主义理想为目标的创造新国家、新社会的革命战略，但还仅是从马克思主义社会主义学说的抽象理论视角来探索中国社会革命，还没有充分认识到中国社会的特殊性，未能将马克思主义阶级观点和阶级分析法具体运用于中国社会实际，尽管一大代表也曾就革命的同盟者问题进行了初步讨论④。

到1922年7月中共二大召开的时候，在共产国际和列宁东方革命理论

---

① 《毛泽东文集》第1卷，人民出版社1993年版，第2页。
② 《中共中央文件选集》第1册，中共中央党校出版社1991年版，第5、3、8页。
③ 习近平：《在庆祝中国共产党成立95周年大会上的讲话》，载《人民日报》2016年7月2日第2版。
④ 参见《中共中央文件选集》第1册，中共中央党校出版社1991年版，第4-6页。

的指导下，党代表们才初步认识到近代中国社会性质的特殊性，明确提出了反帝、反军阀的民族民主革命任务，并制定了分两步走的革命纲领，特别是确立了与民主革命派建立民主联合战线的策略。中共二大通过的《关于"民主的联合战线"的议决案》指出："在中国的政治经济现状下，在中国的无产阶级现状下，我们认定民主的革命固然是资产阶级的利益，而于无产阶级也是有利益的。因此我们共产党应该出来联合全国革新党派，组织民主的联合战线，以扫清封建军阀、推翻帝国主义的压迫，建设真正民主政治的独立国家为职志。"[1] 为此，就必须以马克思主义阶级分析方法为工具，对中国社会的经济结构和阶级阶层结构进行分析，判断各阶级对待革命的态度，确定党对各阶级所应采取的策略。这是中国共产党人对马克思主义阶级分析法的初步应用。

在这一时期，以马克思主义阶级分析方法和阶级斗争观点分析中国社会革命问题的代表性文章主要有李汉俊的《中国底乱源及其归宿》《我们如何使中国底混乱赶快终止》《读张闻天先生底〈中国底乱源及其解决〉》，张闻天的《中国底乱源及其解决》《改造中国不能照抄西洋人走过的老路》等。这些文章分析了中国经济发展的不平衡性，以及中国社会经济结构和阶级阶层结构的复杂性。例如，李汉俊在《中国底乱源及其归宿》一文中，对帝国主义和中国的资产阶级作了初步区分："如果有哪几国底资本阶级去援助中国底封建贵族，要独占中国的市场，就必有别几国底资本阶级去援助中国底资本阶级，以期合占中国底市场。"[2] 他还指出了中国民族资产阶级具有的反帝的一面，却没有预计到民族资产阶级在革命态度上的"双重性"。陈独秀在《中国国民革命与社会各阶级》《资产阶级的革命与革命的资产阶级》等文中提出了中国共产党对民族资产阶级所应采取的策略，认为"在产业幼稚、资产阶级势力不集中的社会，尤其是在殖民地或半殖民地的社会"，可以把中国的资产阶级划分为"革命的资

---

[1] 《中共中央文件选集》第 1 册，中共中央党校出版社 1991 年版，第 65-66 页。

[2] 中共一大会址纪念馆编：《中共一大代表早期文稿选编》（上），上海人民出版社 2011 年版，第 505 页。

产阶级""反革命的资产阶级"和"非革命的资产阶级"三个部分，强调党要以不同的政策来分别对待资产阶级的不同阶层①。此外，《先驱》杂志刊载的《关于中国少年运动的纲要》一文，认为中国的现实经济状况"可依性质分为两种：一为在内地乡村的，还是一种旧式农业的和家长制的状况；一为在边境各口岸的，则已是一种近代资本主义发展的状况了"②。

1923 年 2 月京汉铁路工人大罢工的失败，使中国共产党人进一步认识到：作为一个半殖民地半封建国家，中国的工人阶级尽管有着坚定的革命性，但其人数较少，如果不团结一切可以团结的力量，结成广泛的统一战线，党就不可能取得反帝反封建的胜利③。正如毛泽东在《外力、军阀与革命》一文中所言："除开沿江沿海沿铁路稍有点可怜的工商业外，全部属于农业经济生活；人民的组织，除开沿江沿海沿铁路应乎他们经济的情形有一点微弱的组织，像工商、教职员、学生等团体外，几乎全是家族的农村的手工业的自足组织"，因此中国革命的形势只能是"最急进的共产派和缓进的研究系、知识派、商人派都为了推倒共同敌人和国民党合作，成功一个大的民主派"，以便推翻"反动的军阀派"④。

基于上述形势和判断，1923 年 6 月召开的中共三大作出了实行国共合作、建立统一战线的决定，允许中共党员以个人身份加入国民党，同时要求共产党员应在国民党内保持自己在政治上、思想上和组织上的独立性。为了从理论上说明建立国共合作统一战线的必要性，党在《中国社会主义青年团为"二七"大残杀宣言》中指出，与革命民主派建立联合战线"是在学理上有依据，在事实上有必要的"。从学理上言，也就是从马克思主义的立场来看，"资本主义虽有许多缺陷和罪恶，然比农奴制度却进步得多了；民主政治虽然是少数人支配，然比封建政治总是多数且自由的了"。

① 《陈独秀文集》第 2 卷，人民出版社 2013 年版，第 351-353 页。
② 《关于中国少年运动的纲要》，载《先驱》第 5 号，1922 年 4 月 1 日。
③ 胡绳主编：《中国共产党的七十年》，中共党史出版社 1991 年版，第 43 页。
④ 《毛泽东文集》第 1 卷，人民出版社 1993 年版，第 10-11 页。

从社会现实言，时下中国受到帝国主义的侵略和封建军阀的压迫，"这两个魔鬼，是中国大多数国民的共同仇敌"；为了反对共同的敌人，建立统一战线是必要的，否则"我们将成了与群众分离、人数很少的一个死团体"①。

在以第一次国共合作为基础的统一战线建立的同时，中国掀起了轰轰烈烈的大革命高潮，各种革命力量联合在反对帝国主义、反对军阀的旗帜下，推动大革命不断取得胜利。正如毛泽东后来所指出的，这次大革命"基本地说，是在国际无产阶级和中国无产阶级及其政党对于中国民族资产阶级及其政党的政治影响和政治合作之下进行的"②。从此以后，统一战线就始终贯穿于中国共产党领导的中国革命的整个历史进程中，成为新民主主义革命取得最终胜利的一个重要法宝。

二、新民主主义革命时期统一战线的理论与实践

按照马克思主义的观点，民主是国体与政体的统一。在我国，与人民民主专政的国体相适应的政体是人民代表大会制度，之所以如此，是因为"中国共产党带领人民选择人民代表大会制度，是遵循着如下的历史逻辑的：否定君主专制制，走向民主共和制；不搞西方式的民主共和制，走向苏俄式的民主共和制；不照搬苏维埃模式，走向中国特色的社会主义代议民主共和制"③。而在这一探索和选择的过程中，每一步都与我党对统一战线政策的适时调整密不可分。从这个意义上说，中国共产党语境下的"人民"本身就是一个统一战线的概念，人民政权也就是统一战线的政权。早在新民主主义革命时期，毛泽东就创造性地提出了"统一战线的国体"这

---

① 《中国社会主义青年团为"二七"大残杀宣言》，载《先驱》第17号，1923年5月10日。
② 《毛泽东选集》第1卷，人民出版社1991年版，第184页。
③ 浦兴祖：《中国的社会主义代议民主共和制》，载《文汇报》2004年9月12日。

一概念，并不断探索与之相适应的政体即政权组织形式，从土地革命时期的苏维埃制度到抗战时期的"三三制"政权，从解放战争时期的华北临时人民代表大会到新中国成立前夕的中国人民政治协商会议。但无论在其中哪一种政权组织形式下，人民民主和民主集中制始终是中国共产党人关于民主的两大核心理念。正是基于这两大核心理念，中国共产党在民主革命时期的政治实践中，不断探索统一战线政权的实现形式。

（一）国民革命统一战线的经验教训

在中国共产党成立之初，对建立统一战线的重要性还缺乏应有认识，为了保证党的纯洁性和革命性，奉行独立、封闭的策略路线，拒绝与工人阶级之外的其他革命力量合作。党的第一次代表大会决议提出："对现有其他政党，应采取独立的攻击的政策。我们应始终站在完全独立的立场上，只维护无产阶级的利益，不同其他党派建立任何关系……"①。这种不与其他党派合作、不与其他革命力量建立统一战线的策略，十分不利于党的组织发展和革命活动的开展，也不符合中国革命的实际，反映了新生的中国共产党在理论和实践上的幼稚，表明它还未能把马克思主义基本原则与中国革命的具体实践相结合。

然而，面对帝国主义侵略和封建主义反动统治，严酷的社会现实和斗争环境使中国共产党很快意识到必须团结一切可以团结的力量，建立广泛的革命统一战线。在此过程中，共产国际的适时指导也对中国共产党转变斗争策略发挥了重要作用。1922 年 1 月，共产国际召开远东各国共产党和民族革命团体第一次代表大会，通过了关于共产党与民主革命派合作的决议，重申了建立反帝统一战线的思想。在共产国际影响下，中共党内大多数人同意实行统一战线的策略，尽管有的人对统一战线仍有不同看法②。1922 年 6 月，中共中央在《中国共产党对于时局的主张》中提出："依据

---

① 《中共中央文件选集》第 1 册，中共中央党校出版社 1989 年版，第 9 页。
② 参见 C. A. 达林：《中国回忆录（1921—1927）》，中国社会科学出版社 1981 年版，第 91 页。

中国政治经济的现状，依历史进化的过程，无产阶级在目前切要的工作，还应该联合民主派共同对封建式的军阀革命，以达到军阀覆灭能够建设民主政治为止"，并认为"国民党是比较革命的民主派"，应致力于与之"共同建立一个民主主义的联合战线"。在同年 7 月召开的二大上，中国共产党确立了与民主革命派建立民主联合战线的策略，通过了《关于"民主的联合战线"的议决案》。

在 1923 年 6 月召开的三大上，中国共产党决定遵行共产国际执行委员会的决议，"与中国国民党合作，共产党党员应加入国民党"，以"党内合作"的方式建立国民革命联合战线。在 1924 年 1 月召开的国民党第一次全国代表大会上，重新解释了三民主义，形成新三民主义，并确定了"联俄、联共、扶助农工"三大政策，标志着第一次国共合作的开始和国民革命联合战线的形成。由于新三民主义的政治主张同中国共产党在民主革命阶段的政治纲领基本一致，因而成为第一次国共合作的政治基础，也是国民革命联合战线的共同纲领。

国民革命联合战线又称国共统一战线或国民革命统一战线，是中国共产党历史上建立的第一个统一战线，国共合作是其基本形式。在第一次国共合作期间，两党开诚布公、平等协商，取得显著合作成效，如建立广东革命政府、平定粤桂地方军阀、推进国民革命军北伐等。其成果，毛泽东作了这样的评价："中国的革命，自从一九二四年开始，就由国共两党的情况起着决定的作用。由于两党在一定纲领上的合作，发动了一九二四年至一九二七年的革命。孙中山先生致力国民革命凡四十年还未能完成的革命事业，在仅仅两三年之内，获得了巨大的成就……这是两党结成了统一战线的结果。"① 但在孙中山先生去世后，国民党右派逐渐叛变革命，发动了"清党"活动和屠杀共产党人的反革命政变，导致国共合作破裂，大革命失败。我党建立的第一个统一战线的夭折，虽然主要是帝国主义利诱和支持国民党右派叛变革命而导致的，但也反映出我党在统一战线理论政策

① 《毛泽东选集》第 2 卷，人民出版社 1991 年版，第 364 页。

及指导思想上的不成熟。当时，中国共产党虽已认识到统一战线及其领导权问题的重要性，但还没有形成正确的统一战线战略策略，特别在大革命后期，放弃党在统一战线中的独立性和领导权，犯了右倾投降主义错误，也是导致国共合作和统一战线破裂的一个重要原因。此后，中国共产党被迫走上武装革命、农村包围城市的道路，国共关系由合作变为对抗，民族资产阶级纷纷退出了革命阵营。

经过大革命的洗礼，特别是经过土地革命斗争的磨炼，中国共产党在统一战线的政策和策略上开始走向成熟。土地革命时期，党依靠工人阶级、革命士兵和贫苦农民建立了工农民主统一战线。在 1927 年 8 月 7 日召开的汉口紧急会议上，中共中央纠正了陈独秀的右倾投降主义错误，确定了进行土地革命和武装反抗国民党反动派的总方针，党的统一战线的形式也从"与民族资产阶级结合之联合战线，进于工农反对资产阶级及一切反动阶级之联合战线"①，并在实践过程中逐步丰富了党的统一战线理论。

1935 年 12 月，毛泽东在《论反对日本帝国主义的策略》中深刻总结了历史经验，指出："一九二七年革命的失败，主要的原因就是由于共产党内的机会主义路线，不努力扩大自己的队伍（工农运动和共产党领导的军队），而只依仗其暂时的同盟者国民党。其结果是帝国主义命令它的走狗豪绅买办阶级，伸出千百只手来，首先把蒋介石拉去，然后又把汪精卫拉去，使革命陷于失败。……这是缺乏革命中心力量招致革命失败的血的教训。"② 周恩来也曾总结说："大革命时期我们有一个反帝反封建的民族统一战线，后来因为国民党反动集团背叛了革命，使这个统一战线破裂了。共产党——无产阶级的先进部队被打败了，不得不退入乡村，发动广大群众实行土地革命，建立工农兵代表会议形式的红色政权和工农红军。这个时期的统一战线，是反封建压迫、反国民党统治的工农民主的民族统一战线。"③ 尽管由于革命形势和严酷的斗争环境所迫，中国共产党领导的

---

① 《中共中央文件选集》第 4 册，中共中央党校出版社 1989 年版，第 2 页。

② 《毛泽东选集》第 1 卷，人民出版社 1991 年版，第 156–157 页。

③ 《周恩来选集》上卷，人民出版社 1980 年版，第 207 页。

工农民主统一战线排除了民族资产阶级和小资产阶级势力，却没有完全中断与其他革命党派的联系，特别在"福建事变"和"七君子事件"后，中国共产党积极与各革命党派及无党派人士进行合作，开展民主协商，大大增强了革命力量①。

（二）工农民主统一战线与中华苏维埃共和国民主政治

党的一大通过的党纲宣称"本党承认苏维埃管理制度"②，但在当时的条件下，中国共产党并没有可能进行这方面的实践，只是在大革命过程中领导建立了诸如农民协会、罢工工人代表大会等组织形式。对此有学者指出，中国共产党在大革命的洪流中不断摸索、不断修正包括政权问题在内的中国革命的基本问题，从笼统提出建立无产阶级专政的主张，到各革命阶级的联合政权、平民政权、国民会议以及后来的苏维埃政权等，并在实践中进行了"首都革命"、上海工人三次武装起义和创立上海市民政府的尝试，为新民主主义国家政权理论的形成奠定了基础③。第一次国共合作破裂后，中共临时中央政治局在 1927 年 9 月 19 日的《关于"左派国民党"和苏维埃口号的决议案》中，首次提出了建立苏维埃政权的问题④。在同年 11 月召开的中共中央扩大会议上，又进一步论及苏维埃政权问题："现时革命阶段之中，党的主要口号就是苏维埃——无产阶级领导之下的工农民权独裁制性质的政权，只能在苏维埃制度的形式里建立起来。"⑤ 此后不久，中国共产党领导的第一个农村苏维埃政权在广东海陆丰建立起来。1928 年 11 月，毛泽东在《井冈山的斗争》一文中明确谈到政权建设问题，他指出："县、区、乡各级民众政权是普遍地组织了，但是名不副

---

① 参见胡均伟、王智：《协商民主视域中统一战线的历史与逻辑》，载《中共四川省委党校学报》2014 年第 2 期。
② 《建党以来重要文献选编》第 1 册，中央文献出版社 2011 年版，第 1 页。
③ 参见赵崇华《中国共产党在大革命时期对政权问题的探索》，载《四川大学学报（哲学社会科学版）》2006 年第 2 期。
④ 《中共中央文件选集》第 3 册，中共中央党校出版社 1983 年版，第 369-370 页。
⑤ 《中共中央文件选集》第 3 册，中共中央党校出版社 1983 年版，第 374 页。

实"，有些地方"名副其实的工农兵代表会组织，不是没有，只是少极了。所以如此，就是因为缺乏对于代表会这个新的政治制度的宣传和教育"①。到1930年3月，中国共产党领导的红军队伍已拥有六万多人，据有赣西南、闽西、闽浙赣、湘赣、东江、湘鄂赣、湘鄂西、左右江等十余块革命根据地。在此背景下，根据共产国际的指示，周恩来在同年9月召开的党的六届三中全会作《关于传达国际决议的报告》，其中特别强调要将分散的苏维埃区域联合起来，建立"苏维埃中央政府"及"苏维埃代表大会"②。据此，中共苏区中央局在1931年1月15日发布关于成立苏维埃区域中央局的通告，并对苏维埃的任务作了规定；随后，中共中央又作出决议，委托苏区中央局召集全国苏维埃代表大会③。1931年11月7日，中华苏维埃第一次全国代表大会在江西瑞金叶坪召开，宣告了中华苏维埃中央政府的成立，标志着中国共产党领导的革命民主政权局部实践正式开始。

在中国共产党局部建政的伟大尝试中，苏维埃政权十分强调人民性和民主监督。从中华苏维埃共和国的国体看，中华苏维埃第一次全国代表大会通过的《中华苏维埃共和国宪法大纲》中，对中华苏维埃共和国的国体作了以下规定：它是"工人和农民的民主专政的国家""军阀、官僚、地主、豪绅、资本家、富农、僧侣及一切剥削人的人和反革命分子，是没有选派代表参加政权和政治上自由的权利的"④。中华苏维埃中央政府主席毛泽东指出："苏维埃是工农劳苦群众自己管理自己生活的机关，是革命战争的组织者与领导者。"⑤ 1934年1月中华苏维埃第二次全国代表大会通过的《中华苏维埃共和国宪法大纲》中，除重申"工人和农民的民主专

---

① 《毛泽东选集》第1卷，人民出版社1991年，第71—72页。
② 《建党以来重要文献选编》第7册，中央文献出版社2011年版，第412、413页。
③ 参见杜文焕、刘德喜：《共产国际和中国革命关系研究》，江苏人民出版社1991年版，第217页。
④ 肖居孝：《中央苏区司法工作文献资料选编》，中国发展出版社2015年版，第109页。
⑤ 转引自王旭宽《中央苏区苏维埃政府研究》，国家行政学院出版社、新疆生产建设兵团出版社2014年版，第46页。

政"这一国体外，还指出：中华苏维埃共和国的基本任务"在现在的苏维埃区域内已经开始实现。但中华苏维埃第二次全国代表大会认为，这些任务的完成，只有在打倒帝国主义、国民党在中国的统治，在全中国建立苏维埃共和国的统治之后。而且在那时，中华苏维埃共和国的宪法大纲才能更具体化，而成为详细的中华苏维埃共和国的宪法。中华苏维埃全国代表大会谨号召全国的工农劳动群众，在中华苏维埃共和国临时中央政府的指导之下，为这些任务在全中国的实现而斗争"①。尽管据有临时性宪法的性质，但这两个《宪法大纲》都充分体现了中国共产党关于"人民主权"的思想。

从中华苏维埃共和国的政体看，根据《中华苏维埃共和国宪法大纲》和《中华苏维埃共和国中央苏维埃组织法》，共和国的中央政权机构主要由全国苏维埃代表大会、中央执行委员会、中央执行委员会主席团、中央人民委员会、最高法院、审计委员会等组成。《中华苏维埃共和国中央苏维埃组织法》规定："全国苏维埃代表大会是中华苏维埃共和国的最高政权机关"；"中央执行委员会是全国苏维埃代表大会闭幕期间的最高政权机关"；"中央执行委员会主席团为中央执行委员会闭幕期间的全国最高政权机关"；"人民委员会为中央执行委员会的行政机关，负责指挥全国政务的责任"；"为保障中华苏维埃共和国革命法律的效力，在中央执行委员会之下，设立最高法院"；"在中央执行委员会之下设立审计委员会"；"在人民委员会之下设外交，劳动，土地，军事，财政，国民经济，粮食，教育，内务，司法各人民委员部"②。在 1928 年 7 月中共六大通过的《苏维埃政权的组织问题决议案》中，对苏维埃的性质曾有如下规定："我们应该牢记下面列宁所下的苏维埃的定义：'苏维埃乃新的国家机关，他给我们以（一）工农的武装力量，这力量不像旧式军队一样是脱离民众的，而是和

---

① 肖居孝：《中央苏区司法工作文献资料选编》，中国发展出版社 2015 年版，第 201 页。

② 《建党以来重要文献选编（1921—1949）》第 11 册，中央文献出版社 2011 年版，第 219-226 页。

民众密切联结的。从军事讲，这力量比以前的军队强大的多；就革命的意义上讲，这力量是任何东西所不能代替的。（二）这个机关是和群众及大多数人民密切无间的相联系的，容易考验自己的错误，容易恢复意外的创伤，这是从来国家机关所未曾梦见的。（三）这个机关为民意而选出，因民意而撤换，没有官僚主义的空架子，所以比从前的国家机关不知要更民权主义得几多倍。（四）他在各项职业间实现密切的联系，所以没有官僚主义，而能促进种种深入群众的改良。（五）他是先锋队，是被压迫的工农阶级中最觉悟、最努力、最先进的部分的组织形式，因此，被压迫阶级的全体广大群众直到而今还是僻处于政治生活及历史之外的。他们的先锋队经由这个机关，可以促进他们的教育，训练并领导他们。（六）他兼有议会主义及直接民权二者之长：人民选举代表，同时有立法及行政之权。和资产阶级的议会政策相较，这种进步，在民权主义的发展上，实有全世界的历史意义。苏维埃只有取得全部国家政权以后，才能在真正选举的基础上发展，方能充分扩大他的任务和能力。倘不如此，则苏维埃便毫无长处，成为嫩芽（嫩芽是不能长久存在的），便流为玩具。二元政权是苏维埃的瘫症。'"①

在肯定阶级分化的基础上，人民民主建设一直是中共孜孜以求的目标②。此后，这一目标始终贯穿于整个新民主主义革命时期，只不过"人民"的内涵不断丰富发展，而不像土地革命时期深受工农联盟统一战线思想的制约。关于工农联盟统一战线或工农民主统一战线的局限性，正如《中共苏区中央局关于查田运动的决议》所反映出来的："雇农群众是城市无产阶级在农村中的兄弟，是土地革命中的先锋队。贫农群众是党和无产阶级在农村中的支柱，彻底进行土地革命的积极拥护者。中农群众是目前农村中最大的基本的队伍，是无产阶级可靠的同盟者。富农是与封建剥削

---

① 《建党以来重要文献选编（1921—1949）》第 5 册，中央文献出版社 2011 年版，第462-463 页。
② 黄道炫：《中央苏区的革命（1933—1934）》，社会科学文献出版社 2015 年版，第111 页。

密切的联系着，并且大半是半封建的阶层，是敌视土地革命彻底进行的力量。地主是土地革命与苏维埃运动凶恶的敌人。这里党的正确的策略，应该是依靠雇农及贫农（农村中无产阶级及半无产阶级），与中农群众结成巩固的联盟，并使雇农群众在查田运动中起先锋队的领导作用，来消灭地主阶级的残余势力，削弱富农经济上的势力与打击他们窃取土地革命果实的企图。"① 所以，这种阶级话语主导下的制度设计和安排，或者说"阶级选举路线"，从一定程度上讲，既受到苏联经验和共产国际指示的束缚，也反映年轻的中国共产党当时理论水平和认识水平的局限。再比如，对于1931 年 5 月国民党主导召开的国民会议及其通过的《中华民国训政时期约法》，中国共产党认为，这个国民会议"是地主、资本家及其走狗的会议！为要直接反对苏维埃政权，为要摆起'和平''统一'的假面孔以取得帝国主义者的夸奖与财政帮助，为要在统治阶级各派别间的分裂和冲突日益尖锐的时候来缓和这个矛盾，以便一致对付苏维埃革命运动"②；"苏维埃政权是劳苦群众自己的革命政权""苏维埃机关，则为真正的德谟克拉西，劳苦群众享有一切政治的自由和经济上的解放"③。

尽管如此，不能否认中国共产党在这一时期局部建政实践中所取得的巨大成就，以及一些创造性的贡献。例如，《中华苏维埃共和国宪法大纲》规定：有选举权的苏维埃公民可"直接派代表参加各级工农兵苏维埃的大会，讨论和决定一切国家的地方的政治事务"，对苏维埃政权机关工作人员享有选举、监督、罢免和撤换权④。《中华苏维埃共和国地方苏维埃暂行组织法（草案）》规定："在两次选举之间，代表有违背选民公意者，或无故连续两个月不出席代表会议者，或违抗代表会议决议经过警告不改变

---

① 《建党以来重要文献选编（1921—1949）》第 10 册，中央文献出版社 2011 年版，第 259 页。
② 《中共中央文件选集》第 7 册，中共中央党校出版社 1991 年版，第 43 页。
③ 江西省档案馆等编：《中央革命根据地史料选编》下册，江西人民出版社 1982 年版，第 5 页。
④ 《中央革命根据地历史资料文库·政权系统》第 8 册，江西人民出版社、中央文献出版社 2013 年版，第 1378 页。

者，或犯其他重大错误者，得由选民 10 人以上之提议，经选民半数以上之同意撤回之，或由代表会议通过，经选民半数以上同意开除之，撤回或开除之代表，以候补代表补充其职务。"① 这些规定意义重大、影响深远，在中国政治制度发展史上具有开创意义，其原因正在于中华苏维埃制度的设计，完全是基于人民民主的理念，是符合马克思主义基本原则的。

此外，在中华苏维埃制度的实际运行中，中国共产党十分重视加强党对苏维埃和群众组织的领导，反对党内存在的"极端的自由选举观念"②，坚持"厉行集中指导下的民主生活"③，形成了党的一元化领导体制。正如中共六大文件强调指出的："苏维埃政权之正确的组织，是要以党的坚固指导为条件的……党须在苏维埃中，组织有威望的能工作的党团，以执行党的命令"④；"党只能经过党团实现自己的领导，不应机械占据政权与群众组织整个机关。党对政权及群众组织的正确关系，是要经过党团的领导作用来实现党的领导。党绝对没有权力直接命令政权和群众组织。尤其是不应当去包办其一切工作"⑤。但在具体实践中，这一问题并没有得到完善解决，"党与苏维埃之间的关系，似乎一直是苏维埃运动之中的一个长期没有能够得到有效解决的重要问题"⑥。在军事领域，经三湾改编到古田会议，中国共产党还确立了党对军队实行直接领导、绝对领导的原则和制度。关于土地革命期间中国共产党对政权建设的探索和取得的理论成就，正如毛泽东后来所总结的："党开辟了人民政权的道路，因此也就学会了治国安民的艺术。党创造了坚强的武装部队，因此也就学会了战争的艺术。所有这些，都是党的重大进步和重大成功。"⑦

---

① 《中央革命根据地历史资料文库·政权系统》第 8 册，江西人民出版社 2013 年版，第 1205 页。

② 《中共中央文件选集》第 4 册，中共中央党校出版社 1991 年版，第 452~453 页。

③ 《毛泽东选集》第 1 卷，人民出版社 1991 年版，第 89 页。

④ 《中共中央文件选集》第 4 册，中共中央党校出版社 1989 年版，第 153 页。

⑤ 《中共中央文件选集》第 7 册，中共中央党校出版社 1991 年版，第 479 页。

⑥ 何俊志：《从苏维埃到人民代表大会制——中国共产党关于现代代议制的构想与实践》，复旦大学出版社 2011 年版，第 65 页。

⑦ 《毛泽东选集》第 2 卷，人民出版社 1991 年版，第 611 页。

（三）抗日民族统一战线与陕甘宁边区民主政治

"九一八事变"后，中日民族矛盾上升为主要矛盾，中国共产党高举抗日斗争的旗帜，提出了建立抗日民族统一战线的思想。西安事变的和平解决，为建立更广泛的抗日民族统一战线奠定了基础。中国共产党认真汲取第一次国共合作失败的历史教训，特别强调坚持无产阶级政党在统一战线中的独立性和领导权。在1935年12月瓦窑堡会议通过的《中共中央关于目前政治形势与党的任务决议》中，提出了建立"苏维埃人民共和国"的口号。不过，毛泽东在所作的政治报告中用的是"人民共和国"的提法，而不是"苏维埃人民共和国"。1936年8月，为促进以国共第二次合作为基础的抗日民族统一战线的建立，中共中央在《致中国国民党书》中再次提出了建立"民主共和国"的主张。1940年2月，毛泽东在《新民主主义论》中详细阐释了新民主主义共和国的国体与政体问题。新民主主义共和国的国体是各革命阶级的联合专政或曰人民民主专政，而不是无产阶级一个阶级的专政，其政体是民主集中制的人民代表大会制度，"这就是新民主主义的政治，这就是新民主主义的共和国"①。"在政权问题上，我们主张统一战线政权，既不赞成别的党派的一党专政，也不主张共产党的一党专政，而主张各党、各派、各界、各军的联合专政，这即是统一战线政权。"② 根据这一设想，中国共产党在陕甘宁边区建立了"三三制"抗日民主政权，找到了一种与统一战线国体相适应的民主集中制的政体形式。

"三三制"政权其实是对统一战线性质的抗日民主政权的一种形象化表述，用彭真的话说："政权三三制是党关于抗日民族统一战线政权组织成分的方针。它可以当作政治纲领，而不用明文规定。因为在法律条文上规定三三制，是和真正平等普选原则相违背的。同时，在平等的直接的真

---

① 《毛泽东选集》第2卷，人民出版社1991年版，第677页。
② 《毛泽东选集》第2卷，人民出版社1991年版，第760页。

正民主普选中，要想百分之百实现三三制也极为困难。"① 建立"三三制"抗日民主政权的目的，"就是反对一党包办，反对一党专政，而和各党派、无党派的各阶级人士，更好地团结合作"②。因此有学者指出，"三三制"政权"与苏维埃制度的最显著的不同之点，就是苏维埃制度是工农民主专政的政权，只有工人和农民及一部分的小资产阶级才有选举权和被选举权，地主、富农、豪绅、资本家是没有选举权和被选举权的；而普选的抗日民主制度，则不论什么人，也不论做过什么事，只要他不是汉奸、卖国贼和犯罪经法庭褫夺公权的，都有选举权和被选举权"③。这种统一战线性质的政权以及在此基础上形成的乡一揽子会、"群精会"、党外民主人士座谈会等参政议政形式，成为"边区政权建设的一个创造"④，是一种独特的民主政体，解决了"政府一定要真正有权"的问题⑤。

在当时抗日民族统一战线的条件下，特别是在"三三制"政权建设中，中国共产党把马克思主义理论与中国革命的实际相结合，创造性地发展了马克思主义政权建设与民主政治思想。从实践来看，"三三制"政权承担着诸如社会动员、乡村权力结构重塑、支援战争、经济建设、社会救济等繁重复杂的社会任务，因此它在民主政治建设中不是为了民主而民主、为了选举而选举，二是要让民主选举服务于抗战大局和党的事业。但由于边区近代工业不发达，以农业生产为主，特别是皖南事变后国民政府不仅停发了八路军军饷，而且不断制造摩擦事件，因而在新区开展"减租减息"以调动农民的生产积极性就显得十分重要和迫切。事实上，正是在实行减租减息的过程中，为了克服政府包办的现象和培养乡村党的积极分

① 彭真：《晋察冀边区的政权建设和党的建设》，载《建党以来重要文献选编（1921—1949）》第 18 册，中央文献出版社 2011 年版，第 368 页。
② 《董必武政治法律文集》，法律出版社 1986 年版，第 15 页。
③ 《延安民主模式研究》课题组：《延安民主模式研究资料选编》，西北大学出版社 2004 年版，第 162-163 页。
④ 中国抗日战争史学会等编：《抗战时期的陕甘宁边区》，北京出版社 1995 年版，第 264 页。
⑤ 《董必武政治法律文集》，法律出版社 1986 年版，第 12 页。

子，基层党组织领导成立了独立于区、乡政府的农会、减租会、租户会等组织，并且这些组织的"权力大大超越了乡村的政权机关，而培养起来的积极分子逐渐成为乡村社会的实际管理者"①。这就打破了原先构想的"三三制"政权的社会基础，特别是在基层农村，"边区详细的研究了延安各地征粮委员会组织，及根据绥德、陇东、富县各地参议会的经验，认为边区自乡村起可以彻底的实行'三三制'"②。

更为重要的是，通过"三三制"政权建设，中国共产党找到了在基层加强党对统一战线领导权的有效方式："在我们看来，每一个乡，每一个行政村里，有很好的党员，有党的小组和支部，就更可能保证党的主张的实现，以及政府法令的贯彻执行。"③ 1942 年 9 月 1 日中共中央政治局通过的《关于统一抗日根据地党的领导及调整各组织间关系的决定》明确提出了加强党的领导一元化的问题："党是无产阶级的先锋队和无产阶级组织的最高形式，他应该领导一切其他组织，如军队、政府与民众团体。根据地领导的统一与一元化，应当表现在每个根据地有一个统一的领导一切的党的委员会（中央局、分局、区党委、地委），因此，确定中央代表机关（中央局、分局）及各级党委（区党委、地委）为各地区的最高领导机关，统一各地区的党政军民工作的领导，取消过去各地党政军委员会（党政军委员会的设立，在根据地创立时期是必要的正确的）……中央代表机关及区党委地委的决议、决定或指示，下级党委及同级政府党团，军队军政委员会，军队政治部及民众团体党团及党员，均须无条件的执行。"④ 这样一来，地方权力集中于当地党委，全党权力集中于党中央，就形成了"党的一元化领导"和"党领导一切"的体制，排除了其他政治团体的领

---

① 参见《中华民国专题史》第 7 卷，南京大学出版社 2015 年版，第 468-470 页。

② 中共延安地委统战部、中共中央统战部研究所编：《抗日战争时期陕甘宁边区统一战线和三三制》，陕西人民出版社 1989 年版，第 411 页。

③ 《建党以来重要文献选编（1921—1949）》第 20 册，中央文献出版社 2011 年版，第 13 页。

④ 《建党以来重要文献选编（1921—1949）》第 19 册，中央文献出版社 2011 年版，第 423 页。

导。这样一来，地方权力集中于当地党委，全党权力集中于党中央，就形成了"党的一元化领导"和"党领导一切"的体制，排除了其他政治团体的领导。事实上，到了1945年边区开展第三次普选之时，尽管抗日民族统一战线还在维系着，但参议会的提法已被停止使用，特别是在基层，议行分离的参议会制度已被议行合一的人民代表会议制所取代。

总而言之，陕甘宁边区时期，中国共产党立足于抗日民族统一战线，在边区政权建设过程中对新民主主义民主政治的实现形式进行了不断探索，先后经历了苏维埃、议会制、参议会、三三制参议会、人民代表会几个不同阶段，其中"议会制"和"三三制参议会"是最有特色的两种形式，只不过前者在实践中还没有完全展开就迅速被后者所取代了。由于"三三制"政权是基于民主选举的，再加上边区有老区（完成土地改革的地区）和新区（实行减租减息政策地区）之别，以及国共之间的摩擦、冲突和争夺，有时导致选举结果出乎意料而不得不进行一定的改选。这表面看来是为了加强中国共产党对统一战线政权的领导，但也透露出"三三制参议会"的制度和原则同中共政治理念的某种冲突，因而自边区实行议会制之始，在基层乡村仍保留着苏维埃政权的某些形式。例如，《陕甘宁边区议会及行政组织纲要》规定，自区、县一直到边区，都采取议会及常驻议会作为代议机关，但在乡一级仍采取乡代表会和各种委员会的形式，且"选民对于所选代表认为不称职时，得随时撤回改选之"[1]。边区议会制刚刚开始实行，就引发了党内的理论争论，为此《中共陕甘宁边区委员会关于进行特区政府民主选举的指示》不得不强调，要继续发扬苏维埃的长处，反对西式三权分立制[2]。当"三三制"原则刚刚贯彻到基层时，又发生了1942年9月的基层改选，这表明在基层存在着抵制"三三制"的社会土壤。

---

[1] 参见西北五省区编纂领导小组、中央档案馆编《陕甘宁边区抗日民主根据地（文献卷）》（上），中共党史资料出版社1990年版，第189-190页。

[2] 参见《陕甘宁边区抗日民主根据地（文献卷）》（下），中共党史资料出版社1990年版，第7页。

由于"三三制"选举在边区是一个新生事物，缺乏可资借鉴的经验，再加上党员和干部思想准备不足，因而在选举运动过程中发生或"左"或右的摇摆现象在所难免，例如，"米脂、葭县的某些乡政权，由于我们党组织力量过于薄弱，地主、豪绅或国民党员就乘机占了统治地位"①，导致农民严重不满。后来，伴随着大生产运动、锄奸运动、精兵简政、审干运动、整风运动以及减租减息运动的展开，边区的社会阶级结构发生了显著变化，新区特别是基层农村实行"三三制"的社会阶级基础进一步弱化。基层社会阶级结构的变化以及相应组织的成立，使各新区的敌我力量发生了实质性变化。到了1948年12月，中共中央在《关于县、村人民代表会议的指示》中明确提出："经验证明，人民代表会议的政权，乃是新民主主义政权的最好形式。"②此后，"三三制"政权成为了历史，因为"工农民主专政是新民主主义的本质"③。

（四）人民民主统一战线与新中国的建立

抗战胜利后，中国共产党提出的"和平、民主、团结"的口号得到全国人民拥护与响应。1945年4月24日，毛泽东在党的七大政治报告中系统地阐述了党关于建立联合政府的主张。1946年6月，蒋介石公然撕毁《双十协定》，全面内战爆发。在新的斗争形势下，为推翻国民党独裁统治、实现民主联合政府的目标，中国共产党联合各民主党派、无党派民主人士等民主力量，在民主协商的基础上建立了人民民主统一战线，并对"人民"的内涵进行了重新界定，正如毛泽东后来所说，"人民这个概念在不同的国家和各个国家的不同的历史时期，有着不同的内容。拿我国的情况来说，在抗日战争时期，一切抗日的阶级、阶层和社会集团都属于人民的范围，日本帝国主义、汉奸、亲日派都是人民的敌人。在解放战争时

---

① 中共延安地委统战部、中共中央统战部研究所编：《抗日战争时期陕甘宁边区统一战线和三制》，陕西人民出版社1989年版，第476页。

② 《中共中央文件选集》第17册，中共中央党校出版社1993年版，第591页。

③ 《毛泽东文集》第3卷，人民出版社2001年版，第275页。

期，美帝国主义和它的走狗即官僚资产阶级、地主阶级以及代表这些阶级的国民党反动派，都是人民的敌人；一切反对这些敌人的阶级、阶层和社会集团，都属于人民的范围"。① 1947 年 10 月 10 日，在为中国人民解放军总部起草的政治宣言中，毛泽东提出了"打倒蒋介石，解放全中国"的口号，并发出了建立"民主联合政府"的号召②。这表明中国共产党已开始着手勾画新民主主义共和国的政治蓝图。

　　1947 年 12 月 25 日至 28 日，中共中央在陕北米脂县杨家沟召开"十二月会议"，毛泽东作了题为《目前形势和我们的任务》的报告。这一报告不仅提出了"成立民主联合政府"这一"中国共产党的最基本的政治纲领"，而且强调"中国新民主主义的革命要胜利，没有一个包括全民族绝大多数人口的最广泛的统一战线，是不可能的"③。1948 年 2 月 15 日，毛泽东在谈及中国的民族资产阶级时又指出："只要中国尚未进到社会主义社会，他们是可以与无产阶级和劳动人民一道前进的。因此，中华人民共和国的国家政权中，应当允许自由资产阶级及其政治团体派遣他们的代表参加工作。"④ 4 月 25 日，毛泽东在致刘少奇、朱德、周恩来、任弼时的电文中提议"邀港、沪、平、津等地各中间党派及民众团体的代表人物到解放区，商讨关于召开人民代表大会并成立临时中央政府的问题"⑤。4 月 30 日，中共中央发布了著名的五一劳动节口号，其中第五条号召"各民主党派、各人民团体、各社会贤达迅速召开政治协商会议，讨论并实现召集人民代表大会，成立民主联合政府"⑥，从而揭开了多党合作协商建立新中国的序幕。从筹备新政协到中国人民政治协商会议第一届全体会议召开期间，人民民主统一战线发挥着凝聚国内各方面民主力量的作用，各民主党

---

① 《毛泽东文集》第 7 卷，人民出版社 1999 年版，第 205 页。

② 《毛泽东选集》第 4 卷，人民出版社 1991 年版，第 1237 页。

③ 《毛泽东选集》第 4 卷，人民出版社 1991 年版，第 1256、1257 页。

④ 《毛泽东文集》第 5 卷，人民出版社 1996 年版，第 60 页。

⑤ 逢先知主编：《毛泽东年谱（1893—1949）》（下），中央文献出版社 2005 年版，第 304 页。

⑥ 《中共中央解放战争时期统一战线文献选编》，档案出版社 1988 年版，第 195 页。

派依托这一平台共商国是，极大地促进了协商民主的发展①。不过需要指出的是，"五一口号"中倡议召开的政治协商会议，在当时的设想中只是一个协商建国的会议，具有临时性和过渡性，而不是一个深思熟虑的制度设计。之所以如此，是因为中国共产党坚持人民主权和民主集中制的原则，而根据这一原则，新中国的国体应是人民民主专政，政体应是人民代表大会制度，实行议行合一的政权组织原则或组织形式。所以按照最初的设想，新中国政权建设的程序应分两步走：人大——政府。但在"五一口号"颁布后，新中国政权建设的程序变成了三个步骤：人民政协——人大——政府。由此可以看出，在毛泽东等中共领导人的设计里，政治协商会议本身仅是一个统一战线组织，而不是一个政权机关，因而通过政治协商会议建立起来的"联合政府"也只能是过渡性的临时政府。所以有学者指出："毛泽东特地将召开政治协商会议、成立民主联合政府的内容临时加到'五一'口号中，从时机选择上，显然不能排除有意与蒋介石的'行宪'国大唱'对台戏'的可能。"②

　　1949 年 3 月，在规划新中国未来前景的七届二中全会上，毛泽东认为"召集政治协商会议和成立民主联合政府的一切条件，均已成熟"③。6 月15 日，毛泽东正式提出，"必须召集一个包含各民主党派、各人民团体、各界民主人士、国内少数民族和海外华侨的代表人物的政治协商会议，宣告中华人民共和国的成立，并选举代表这个共和国的民主联合政府"④。按照这一新的思路，中国共产党最终确定新中国的建国程序仍分为两步：政协—政府。这就是中国人民政治协商会议第一届全体会议代行全国人民代表大会职权的由来。那么，为什么会发生这一重大调整呢？除军事形势迅速发生了有利于中国共产党的根本变化，以及召开全国人民代表大会的条

---

① 胡均伟、王智：《协商民主视域中统一战线的历史与逻辑》，载《中共四川省委党校学报》2014 年第 2 期。

② 秦立海：《民主联合政府与政治协商会议：1944—1949 年的中国政治》，人民出版社2008 年版，第 323 页。

③ 《毛泽东选集》第 4 卷，人民出版社 1991 年版，第 1435 页。

④ 《毛泽东选集》第 4 卷，人民出版社 1991 年版，第 1463 页。

件尚不具备外，对统一战线重要地位的认识也起着很大作用。上文提及，毛泽东在《新民主主义论》中所设计的国家政权形式乃是一种"统一战线政权"，对此他一直保持着高度的理论自信。以 1949 年 1 月 22 日李济深、沈钧儒等爱国人士联合发表《我们对于时局的意见》，以及随后毛泽东、朱德代表中共发布《复李济深等五十六人电》为标志，中国共产党与各民主党派正式确立了新型政党关系，各民主党派自愿接受中国共产党的领导，① 因此在规划新中国未来蓝图的七届二中全会上，毛泽东不仅认为召集政治协商会议和成立民主联合政府的一切条件均已成熟，并且从巩固人民民主专政国体的高度指出："我党同党外民主人士长期合作的政策，必须在全党思想上和工作上确定下来。"② 1949 年 6 月他在《论人民民主专政》一文中，进一步把统一战线和建立在统一战线基础上的"人民民主专政"称为"中国人民已经取得的主要的和基本的经验"之一③。

中共中央决定以人民政协暂行人民代表大会的职能，选举产生中央人民政府，这一思路始于 1948 年 10 月上旬在哈尔滨举行的《关于召开新的政治协商会议诸问题》草案讨论会。章伯钧、蔡廷锴在会上提议"新政协即等于临时人民代表会议，即可产生临时中央政府"④，这一建议被中共中央所接受。周恩来在随后代表中共中央起草的《关于新政协代表中应多邀请中间人士给高岗、李富春的指示》中写道："依据目前形势的发展，临时中央人民政府有很大可能不需经全国临时人民代表会议，即迳由新政协会议产生。"⑤

1949 年 9 月 21 日至 30 日，中国人民政治协商会议第一届全体会议在

---

① 《我们对于时局的意见》批判了中间路线，正式宣布"愿在中共领导下，献其绵薄，共策进行"；《复李济深等五十六人电》则声明中共愿与"全国一切民主力量同德同心，再接再厉，为真正民主的和平而奋斗"。参见《人民政协重要文献选编》（上），中央文献出版社、中国文史出版社 2009 年版，第 6、11—12 页。

② 《毛泽东选集》第 4 卷，人民出版社 1991 年版，第 1437 页。

③ 《毛泽东选集》第 4 卷，人民出版社 1991 年版，第 1472 页。

④ 《中共中央解放战争时期统一战线文献选编》，档案出版社 1988 年版，第 217 页。

⑤ 《中共中央解放战争时期统一战线文献选编》，档案出版社 1988 年版，第 219 页。

北京召开，通过了具有临时宪法性质的《中国人民政治协商会议共同纲领》以及《中国人民政治协商会议组织法》《中华人民共和国中央人民政府组织法》，作出关于国都、国旗、国歌、纪年的4个重要决议，选举产生了中国人民政治协商会议全国委员会和中华人民共和国中央人民政府委员会，宣告了中华人民共和国的成立。在6名中央人民政府副主席中有3名党外人士，在56名中央人民政府委员会委员中有27名党外人士，在4名政务院副总理中有2名党外人士，在15名政务委员中有9名党外人士。新政权在人员构成上"集中了各民主党派、各人民团体、各少数民族、国外华侨及其他爱国分子的领导人物，体现了工人阶级领导的、以工农联盟为基础的团结各民主阶级的统一战线的联合政府性质"①。不仅如此，在《共同纲领》的序言部分和《中国人民政治协商会议组织法》的总则部分，都明确宣布中国人民政治协商会议是人民民主统一战线的组织。至此，中国共产党领导的统一战线首次有了正式的组织形式和机构。

总之，新民主主义革命时期，党的统一战线的理论基础是毛泽东新民主主义理论。新民主主义理论既包括党的政纲，也包括党的政策，其基本理论依据是列宁关于资本主义后进国家无产阶级革命的策略②。作为党的总路线和总政策的重要组成部分，统一战线同样也具有政纲与政策两重性质。就政纲而言，主要是统一战线国体论，它具有相对稳定性；就政策而言，主要是统一战线政体论，它具有丰富的动态性，更多侧重于政治实践上的策略考虑。基于统一战线的理论与实践，在新中国建立过程中，"中共的制度设计既体现与历史发展趋势的一致性，又有明确的开放性，并有强大的意识形态支持，充分考虑了人民利益的表达与实现形式。所以最终人民选择了中共设计的政治制度"③。统一战线作为中国共产党领导人民夺取新民主主义革命胜利的重要法宝，在新中国政权建设中被置于国体的高

---

① 《人民民主专政的机构》，《人民日报》1949年9月2日。

② 参见王也扬：《历史地看待毛泽东的新民主主义论及其变化》，载《中共党史研究》2001年第3期。

③ 章征科：《知识分子与近代中国民主政治演进》，安徽师范大学出版社2017年版，第348页。

度，作为统一战线组织的人民政协是新中国政权建设的承担者，这一切均昭示着统一战线将在中国未来的民主政治建设中发挥至关重要的作用。

三、社会主义革命时期统一战线的理论与实践

（一）《共同纲领》时期的统一战线

《中国人民政治协商会议共同纲领》是中国共产党在马克思主义、毛泽东思想指导下，从中国政治、经济、社会的实际情况出发，制定出来的一部新中国的建国纲领，它包含了中国共产党的全部最低纲领，即在当前阶段实现新民主主义革命和建设的任务，同时，又在基本大政方针上同党将来制定社会主义的纲领相衔接。这表明，党的统一战线进入一个新的发展时期，其主要任务是团结一切可以团结的力量，为全面确立社会主义制度而奋斗[1]。中国人民政治协商会议第一次全体会议通过的章程明确规定，人民政协是"团结全国各民族、各民主阶级、各民主党派、各人民团体、国外华侨和其他爱国民主人士的人民民主统一战线的组织"[2]。在这一框架内，中国共产党与各民主党派及无党派民主人士共同参与新中国政权建设，标志着中国共产党领导的多党合作和政治协商制度正式形成。

事实上，人民民主统一战线对推动实施中国共产党各方面的工作，如土地改革、抗美援朝、镇压反革命、知识分子思想改造以及"三反""五反"运动等，都做出了重要贡献，并且在实践中经受了锻炼和考验。这也凸显了党的统一战线在国家政治生活中的重要作用，正如有的学者所言，在这一时期，中国共产党对国家政权的领导主要表现为政治领导。

---

① 中共中央统战部研究室：《历次全国统战工作会议概况和文献》，档案出版社 1998 年版，第 67 页。

② 中共中央党史研究室：《中国共产党历史》第二卷（上册），中共党史出版社 2011 年版，第 266 页。

新中国的诞生，无论从全国政权还是从地方政权的产生来看，都是在统一战线的基础上进行的，因而各级政权机关在一定程度上都具有联合政府的性质。中国共产党之所以采取政治协商会议和各界人民代表会议相结合的建政方式，是因为它遵循了一条自上而下的顶层设计与自下而上的实践创新相结合的政权建设道路。但从政权组织形式即政体上看，虽然中国共产党在不同时期采取了不同的形式，但其制度设计和安排的核心理念却是始终如一的，如实行民主集中制的原则，坚持党对政权的绝对领导和一元化领导，追求代议机关权力的唯一性和至上性，以及基于统一战线基础的普选等。新中国初期，这种联合政府性质的统一战线政权，又推动了各界人民代表会议制度向人民代表大会制的转变。

（二）过渡时期的统一战线

新中国的政权从一开始就根植于统一战线，协商建国这一事实本身，也预示着政治协商这一人民民主形式将在中国未来的社会主义民主政治建设中发挥重要作用。但由于中国共产党关于人民民主的核心理念与现实政治制度的运作之间存在一定张力，再加上国际形势的变化和党对苏联模式社会主义的认同，促进了新民主主义向社会主义过渡的加速到来。1954年9月第一次全国人民代表大会召开并通过了《中华人民共和国宪法》，此后中国人民政协便退回到原初的制度设计中，成为党的统一战线的专门组织机构。

随着我国对生产资料私有制的社会主义改造的推进和完成，社会主义基本制度的确立和剥削阶级作为阶级的消灭，如何认识以阶级为主体的统一战线和各民主党派。周恩来指出："阶级存在，党派性也就存在，统一战线也就需要，这是一个真理。有阶级存在，就有党派，不管什么形式。比如说工农联盟。在农村没有别的党派，但那里有工农联盟，当然都是劳动人民，但还有领导与被领导，工人阶级领导工农联盟，不能是工农一并领导的工农联盟。"正是基于这种认识，周恩来在强调政协当前的任务时，又写道："在阶级关系上，各民主党派要在工人阶级的领导下，以工农联盟为基础，去参加国家对农业、手工业和私营工商业的社会主义改造。我们政协要把重点放在对私营工商业和工商业家的社会主义改造上面，这是我们参加社会主义改造工作的重点。"① 随后，毛泽东在《论十大关系》中就共产党与民主党派的关系，提出"长期共存，互相监督"的八字方针，认为"究竟是一个党好，还是几个党好？现在看来，恐怕是几个党好。不但过去如此，而且将来也可以如此，就是长期共存，互相监督"。② 作为处理中国共产党与各民主党派及无党派民主人士关系的基本方针，并解释了人民政协继续存在的社会基础。随着 1957 年"左"倾思想蔓延开来，党的主要领导人改变了"八大"对于我国社会主要矛盾的科学论断，造成一系列严重的失误，1962 年党的八届十中全会重提阶级斗争，党的统一战线工作发生了更大的曲折和失误。1964 年，党的统战政策、民族政策、宗教政策被当作"修正主义""投降主义"批判，"左"倾错误进一步发展，最终酿成了十年"文化大革命"动乱，统一战线遭到空前浩劫。此后尽管进行过一定的纠正，但在改革开放前却始终没有走上正常的发展之路。

四、改革开放新时期对统一战线的重新定位

1978 年 2 月，第五届中国人民政治协商会议召开，揭开了我国协商民主制度全面恢复的新篇章。十一届三中全会以后，党的工作重心转移到社会主义现代化建设上来，实事求是的思想路线、政治路线和组织路线重新确立，我国社会主义事业进入一个新的发展时期。党的统一战线也发生了历史性变化，从"左"的革命统一战线转变为新时期爱国统一战线，从阶级联盟转变为政治联盟。

---

① 全国政协研究室编：《中国人民政协全书》（上卷），中国文史出版社 1999 年版，第 62-63 页。
② 《毛泽东文集》第 7 卷，人民出版社 1999 年版，第 34-35 页。

（一）从"革命统一战线"到"爱国统一战线"

1979 年 6 月 15 日，邓小平在中国人民政治协商会议第五届全国委员会第二次会议的开幕词中，为了与过去强调阶级斗争并带有"左"的色彩的"革命统一战线"相区别，首次使用了"爱国统一战线"的提法。邓小平在中国人民政治协商会议第五届全国委员会第二次会议的开幕词中对我国的社会结构进行了系统的理论总结，他指出："我国工人阶级的地位已经大大加强，我国农民已经是有二十多年历史的集体农民。工农联盟将在社会主义现代化建设的新的基础上更加巩固和发展。我国广大的知识分子，包括从旧社会过来的老知识分子的绝大多数，已经成为工人阶级的一部分，正在努力自觉地为社会主义事业服务"。我国的资本家阶级经过社会主义改造，作为一个阶级已不复存在，他们当中的绝大多少人已经成为社会主义劳动者。"我国各兄弟民族经过民主改革和社会主义改造，早已陆续走上社会主义道路，结成了社会主义的团结友爱、互助合作的新型民族关系。各民族的不同宗教的爱国人士有了很大的进步"。我国各民主党派，"现在它们都已经成为各自所联系的一部分社会主义劳动者和一部分拥护社会主义的爱国者的政治联盟，都是在中国共产党领导下为社会主义服务的政治力量。""台湾同胞、港澳同胞和国外侨胞心向祖国，爱国主义觉悟不断提高"。①1981 年 6 月，党的十一届六中全会通过的《关于建国以来党的若干历史问题的决议》中，正式使用了邓小平的提法，强调"一定要毫不动摇地团结一切可以团结的力量，巩固和扩大爱国统一战线"，明确将新时期统一战线称为"爱国统一战线"。1981 年年底至 1982 年年初召开的第十五次全国统战工作会议上，进一步阐明了爱国统一战线的一系列基本问题：新时期统一战线仍是我党的一大法宝，"不是可以削弱，而是应该加强，不是可以缩小，而是应该扩大"；新时期统一战线的任务是调动一切积极因素，团结一切可以团结的力量，为在 20 世纪内把我国建设

---

① 《邓小平文选》第 2 卷，人民出版社 1994 年版，第 185-186 页。

成为现代化的社会主义强国而奋斗，为促进台湾回归祖国、完成祖国统一大业而共同努力奋斗；明确了新时期爱国统一战线的范围和对象，要"把一切能够联合的都联合起来，范围以宽为宜，宽有利，不是窄有利。只要有利于建设四化、统一祖国、振兴中华，只要有利于民族团结、社会进步、人民幸福，只要有利于反对霸权主义、维护世界和平，不论哪一个阶级、阶层，哪一个党派、集团，哪一个人，我们都要团结"；部署了新时期爱国统一战线当前应主要做好的具体工作。

新时期爱国统一战线的提出，反映了我国阶级状况和社会条件的根本变化，说明统一战线的性质已发生了变化，中国共产党同各民主党派的联盟已从过去的阶级联盟转变为党与非党群众的联盟，转变为社会主义劳动者、爱国者之间的政治联盟，统一战线的主要对象——各民主党派及其所代表的群体——也由过去阶级斗争的对象转变成为社会主义现代化建设的主人翁，从而使党的统一战线理论彻底摆脱了阶级斗争思维逻辑的桎梏。正如邓小平所说："因为在社会主义社会中解决群众思想问题和具体的组织制度、工作制度问题，同革命时期对反革命分子的打击和对反动制度的破坏，本来是原则上根本不同的两回事。"① 这一转变是与我党的第二次理论飞跃相联系的，正如革命统一战线理论属于毛泽东思想的有机组成部分一样，爱国统一战线理论属于中国特色社会主义理论体系的有机组成部分。

十一届三中全会以后，以邓小平为核心的党中央第二代领导集体在阐明民主党派性质根本变化的同时，还明确指出：中国共产党领导的多党合作与政治协商是"我国政治制度的一个特点和优点"，实行"长期共存，互相监督"是我党"一项长期不变的方针"②。党的十三大明确规定：中国共产党领导的多党合作和政治协商制度是我国的一项基本政治制度。党的十四大在强调要坚持和完善中国共产党领导的多党合作和政治协商制度的同时，还指出完善这一基本政治制度是我国政治体制改革的目标之一。1993 年 3 月，八届全国人大一次会议通过的《中华人民共和国宪法修正

---

① 《邓小平文选》第 2 卷，人民出版社 1994 年版，第 336 页。
② 《邓小平文选》第 2 卷，人民出版社 1994 年版，第 205 页。

案》，首次把"中国共产党领导的多党合作和政治协商制度将长期存在和发展"写入了宪法。在党的十五大上，把中国共产党领导的多党合作和政治协商制度列为我国发展社会主义民主政治建设的三大制度之一，成为党在社会主义初级阶段的基本纲领重要内容。

中国共产党领导的多党合作和政治协商制度的正式确立，标志着我国新型政党制度的形成，推动了我国社会主义协商民主的迅速发展。正如江泽民同志指出："中国共产党领导的多党合作和政治协商制度是我国的一项基本政治制度""是有中国特色社会主义民主政治的重要组成部分，也是中国人民政治经验和智慧的结晶""中国的政局要稳定，就必须稳定多党合作这个格局"①。党的十六大以后，以胡锦涛同志为总书记的党中央又提出了社会主义和谐政党关系的理论：巩固和发展我国社会主义政党关系，实现我国政党关系的长期和谐，正确处理我们党和民主党派的关系，关键在于坚持和完善中国共产党领导的多党合作和政治协商制度。中共中央于 2005 年颁布《关于进一步加强中国共产党领导的多党合作和政治协商制度建设的意见》，明确提出"完善中国共产党同各民主党派的政治协商"。2018 年习近平总书记就新型政党制度进行深入分析，指出："新型政党制度。新就新在它是马克思主义政党理论同中国实际相结合的产物，能够真实、广泛、持久代表和实现最广大人民根本利益、全国各族各界根本利益，有效避免了旧式政党制度代表少数人、少数利益集团的弊端；新就新在它把各个政党和无党派人士紧密团结起来、为着共同目标而奋斗，有效避免了一党缺乏监督或者多党轮流坐庄、恶性竞争的弊端；新就新在它通过制度化、程序化、规范化的安排集中各种意见和建议、推动决策科学化民主化，有效避免了旧式政党制度囿于党派利益、阶级利益、区域和集团利益决策施政导致社会撕裂的弊端"。②2020 年颁布的《中国共产党统一战线工作条例》第 12 条规定："中国共产党领导的多党合作和政治协商

---

① 江泽民：《在七届全国人大三次会议、全国政协七届三次会议党员负责人会议上的讲话》，载《人民日报》1990 年 3 月 18 日。

② 习近平：《论坚持人民当家作主》，中央文献出版社 2021 年版，第 229-230 页。

制度是中国特色社会主义新型政党制度，是我国的一项基本政治制度"。中国共产党领导的多党合作和政治协商制度促进了社会主义协商民主制度的进一步发展，有利于中国共产党、各民主党派与无党派人士沟通思想、增进共识、协调关系、凝心聚力。中国共产党坚持合作共事、民主协商的方式和原则，充分调动统一战线成员的主动性、积极性和创造性，以协商民主的方式推进决策的科学化与民主化，促进公共利益的最大化，从而为社会主义协商民主制度建设奠定了坚实基础。

（二）关于统一战线存在的理论基础

那么，新时期爱国统一战线存在的理论基础是什么呢？早在 1951 年，邓小平在西南局第一次统一战线工作会议上，就提出"统战工作是我们党的总路线总政策的一部分，是要贯彻到底的"，"在实现社会主义以后，资产阶级没有了，但社会上还有不同的阶层存在"，就还得有统一战线。① 在《新的历史时期统一战线的方针任务》中，首次提出了"统一战线属于上层建筑的范畴"这一重大命题，而且指出：作为统一战线组织的人民政协和各民主党派，"都是发扬社会主义民主的重要组织和联系人民群众的重要纽带"；作为统一战线组织，人民政协首先应"就有关国家的大政方针、政治生活和四个现代化建设中的各项社会经济、文化教育问题，进行充分协商、讨论，沟通情况和意见，发挥对宪法和法律实施的监督作用"；要认真贯彻执行党同民主党派"长期共存、互相监督"的方针，"放手让它们对党的方针政策和国家事务发议论、作批评、提建议"②。在第十五次全国统战工作会议上，胡耀邦指出："在我们国家，什么时候阶级还没有最后消灭，什么时候还要有无产阶级的先锋队——中国共产党，什么时候也就不可避免地还要有我们党所领导的统一战线。"③ 这样，就把党的统一战线理论建立在了马克思主义唯物史观的基础之上。

---

① 《邓小平文选》第 1 卷，人民出版社 1994 年版，第 187 页。
② 《新时期统一战线文献选编》，中共中央党校出版社 1985 年版，第 68、70、71 页。
③ 《新时期统一战线文献选编》，中共中央党校出版社 1985 年版，第 162 页。

在马克思主义看来，"阶级的存在仅仅同生产发展的一定历史阶段相联系"①，这是因为"社会分裂为剥削阶级和被剥削阶级，统治阶级和被压迫阶级，是以前生产不大发展的必然结果。只要社会总劳动提供的剩余产品除了满足社会全体成员最起码的生活需要以外还有少量剩余，就是说，只要劳动还占去社会大多数成员的全部或几乎全部时间，这个社会就必然划分为阶级……因此，分工的规律就是阶级划分的基础"②。也就是说，阶级的划分实质是社会分工的一种表现形式，而阶级消灭的前提则是固定劳动分工的消除。承认这一点，也就等于否定了斯大林"一国建成社会主义"理论及其指导下的苏联模式社会主义，因为斯大林"一国建成社会主义"理论的实质是在苏联建立一种没有剥削阶级的社会，而不是马克思所说的那种消灭了阶级的社会，"没有阶级的社会同没有剥削阶级的社会虽然仅仅两字之差，却是有质的不同的两个历史时代"③。按照这一认识，巩固、建设、发展和完善社会主义将需要"几代人、十几代人，甚至是几十代人坚持不懈地努力奋斗"④，而在这一长期奋斗的过程中，把统一战线纳入政治上层建筑的范畴之中是完全必要的。正如1985年6月9日中共中央统战部《关于全国统一战线理论工作会议的情况报告》中所说："统一战线理论是一门科学，是科学社会主义的重要组成部分；统一战线政策是无产阶级政党总战略总策略的重要内容。统一战线的根本问题，是无产阶级解放运动中的自身团结统一和同盟军的问题。"⑤

（三）统一战线被纳入政治上层建筑领域

那么，统一战线以及作为统一战线组织的人民政协，是怎样被纳入我国政治上层建筑的范畴之中的呢？通过对新时期党的统一战线被纳入现行

---

① 《马克思恩格斯选集》第4卷，人民出版社2012年版，第426页。
② 《马克思恩格斯选集》第3卷，人民出版社2012年版，第669页。
③ 参见郑异凡《新经济政策的俄国》，人民出版社2013年版，第356页。
④ 《邓小平文选》第3卷，人民出版社1993年版，第379-380页。
⑤ 《新时期统一战线文献选编》，中共中央党校出版社1985年版，第507页。

政治制度体系的过程，可以很好地说明这一问题。而且，把统一战线纳入现行政治制度，也是人民政协制度化建设的前提和基础。早在 1950 年 6 月，周恩来从新中国现实政治实践出发，曾高度概括了我国政治体制的鲜明特色："现在有党的系统，有政权的系统，再加上政协的系统，这就更能反映各个方面的意见，并有利于决议的贯彻执行。"① 1979 年 10 月 14 日中共中央批转了全国统战工作会议文件《新的历史时期统一战线的方针任务》，明确要求："国务院各部、委和地方各级人民政府，都需要选拔安排一些业务上有作用或政治上有代表性的党外人士担任行政领导职务。"② 这是我党把统一战线对象纳入国家政权体制内的开始。稍后，在《各民主党派和工商联是为社会主义服务的政治力量》讲话中，邓小平从政治制度的高度来审视中国的政党制度，明确指出："在中国共产党的领导下，实行多党派的合作，这是我国具体历史条件和现实条件所决定的，也是我国政治制度中的一个特点和优点。"③ 1980 年 8 月，他在《党和国家领导制度的改革》中强调，必须"改革并完善党和国家的制度，从制度上保证党和国家政治生活的民主化、经济管理的民主化、整个社会生活的民主化，促进现代化建设事业的顺利的发展"④。这一讲话成为我国政治体制改革的指导性文件。关于人民政协，邓小平认为它不仅是党的统一战线的重要组织，也是我国政治体制中发扬社会主义民主和实行互相监督的一种重要形式⑤。这表明，统一战线和人民政协都已成为我国社会主义民主政治建设的重要组成部分，成为我国政治上层建筑的重要组成部分。

（四）人民政协的制度化、规范化、程序化发展

1980 年 12 月，中共中央办公厅转发的《全国统战部长座谈会纪要》

---

① 《周恩来统一战线文选》，人民出版社 1984 年版，第 188 页。
② 《新时期统一战线文献选编》，中共中央党校出版社 1985 年版，第 62、71-72 页。
③ 《邓小平文选》第 2 卷，人民出版社 1994 年版，第 205 页。
④ 《邓小平文选》第 2 卷，人民出版社 1994 年版，第 336 页。
⑤ 参见中共中央文献研究室编：《邓小平年谱（1975—1997）》（上），中央文献出版社 2004 年版，第 677 页。

中明确指出，人民政协是"我国政治体制中贯彻社会主义民主，实行互相监督的重要形式，它的主要任务应当是实行政治协商和民主监督"①。此后，人民政协的主要职能转变为政治协商和民主监督，而不再仅仅是安排人事②。人民政协职能的这一重大转变，成为我国政治体制改革的先声。关于当时对中国共产党的执政缺乏监督的状况，邓小平曾有以下批评："把党的领导解释为'党权高于一切'，遇事干涉政府工作，随便改变上级政府法令；不经过行政手续，随便调动在政权中工作的干部；有些地方没有党的通知，政府法令行不通，形成政权系统中的混乱现象。甚至有把'党权高于一切'发展成为'党员高于一切'者，党员可以为非作歹，党员犯法可以宽恕。其结果怎样呢？……于是要钱的是共产党，要粮的是共产党，政府一切法令都是共产党的法令，政府一切错误都是共产党的错误，政府没有威信，党也脱离了群众。这实在是最大的蠢笨！"③ 后来，邓小平在毛泽东提出的"长期共存，互相监督"的方针后，又加了八个字，"肝胆相照、荣辱与共"，后被写入党的十二大政治报告。接着，人民政协的性质、地位和作用也首次将这十六字方针载入了1982年12月五届全国人大第五次会议通过的新宪法。与此同时，全国政协五届五次会议通过了自新中国成立以来的第三个政协章程，标志着人民政协向制度化建设迈出了关键性的步伐。1983年1月25日，中共中央办公厅发布了《关于县（市）和市辖区设立政协问题的通知》，推动政协机构与制度建设工作向基层全面展开，从而开创了党的统一战线工作的新局面。1984年5月12日，邓颖超在政协第六届全国委员会第二次会议上讲话指出："虽然人民政协和民主党派的民主监督不具有国家权力的性质，但是这种民主监督是我国发扬社会主义民主的不可缺少的重要渠道，同国家权力机关的监督是相辅

---

① 朱训、郑万通主编：《中国人民政协全书》（上卷），中国文史出版社1999年版，第979页。

② 参见何定华主编：《中国人民政协史》，武汉出版社1989年版，第198页。

③ 《邓小平文选》第1卷，人民出版社1994年版，第11页。

相成的，同样受到共产党和人民政府的尊重和重视。"① 人民政协在政治协商和民主监督中的地位进一步提高，作用进一步加强。

1984 年 10 月 20 日，党的十二届三中全会做出《中共中央关于经济体制改革的决定》，启动了以城市为重点的经济体制改革，政治体制改革的必要性和紧迫性也被提上议事日程②。统一战线和人民政协作为具有中国特色的政治制度安排，在我国政治生活和政治体制改革中占有重要地位，对此邓颖超曾指出："政治协商会议是在中国革命的实践中产生的。别的共产党领导的国家或者别的党派领导的国家都没有这样一个组织，有的国家虽然有这样的组织，但与我们也不完全相同。"③ 在 1987 年 3 月召开的全国统战部长座谈会上，充分肯定了各民主党派是建设"四化"的重要依靠力量，而且是维护安定团结的重要依靠力量④。这是中国共产党对各民主党派在我国新时期政治生活中作用的一个重要判断。

正是基于上述判断，党的十三大首次把多党合作和政治协商制度列为我国基本政治制度，使之从党的方针政策层面上升到国家政治制度的高度，并把坚持和完善这一制度作为我国政治体制改革的重要内容。正如十三大报告指出："要加强政协自身的组织建设，逐步使国家大政方针和群众生活重大问题的政治协商和民主监督经常化"，并逐步"建立社会协商对话制度"⑤。从而把统一战线、人民政协、政治协商规范化、制度化建设的问题提上了日程。

1989 年 1 月，政协第七届全国委员会第四次会议通过了《中国人民政治协商会议全国委员会关于政治协商、民主监督的暂行规定》，强调"政

---

① 《人民政协重要文献选编》（中），中央文献出版社、中国文史出版社 2009 年版，第 441 页。
② 参见《邓小平文选》第 3 卷，人民出版社 2002 年版，第 176-180 页。
③ 《人民政协重要文献选编》（中），中央文献出版社、中国文史出版社 2009 年版，第 449 页。
④ 参见中共中央统战部研究室编：《历次全国统战工作会议概况和文献》，档案出版社 1988 年版，第 522 页。
⑤ 中共中央文献研究室编：《十三大以来重要文献选编》（上），中央文献出版社 2011 年版，第 37、38 页。

治协商一般应在决策之前进行"，要进一步加强人民政协政治协商、民主监督的程序化建设①。同时，邓小平也专门作出批示，要求"拟定民主党派成员参政和履行监督职责的方案"②。据此，同年 12 月 30 日中共中央发布了《关于坚持和完善中国共产党领导的多党合作和政治协商制度的意见》，其中首次明确把民主党派定位为参政党，确立了民主党派在我国政治生活中的重要地位，标志着人民政协从此走上制度化、规范化和程序化建设的道路。1989 年 12 月，中共中央发布《关于坚持和完善中国共产党领导的多党合作和政治协商制度的意见》，这"不仅是新时期坚持和完善中国共产党领导的多党合作和政治协商制度的纲领性文件，它的制定和实施还标志着中国共产党领导的多党合作和政治协商制度进一步走向规范化和制度化，多党合作思想进一步完善和成熟"③。

（五）人民民主的两种实现形式

改革开放以后，以制度来确认和巩固改革的成果，实现良性持续发展，是一个重大的历史性命题④。邓小平理论为党的统一战线和人民政协制度化、规范化、程序化建设奠定了坚实的理论基础。在此基础上，中国共产党提出了实现人民民主的两种形式：一是"国家权力机关的民主"即选举民主，一是"统一战线范围内的民主"即协商民主。把"统一战线范围内的民主"提升到实现人民民主的一种形式的高度，是我党统一战线理论的一个重大创新，是对内生于中国土壤的统一战线的全新理论概括，意义十分重大。这一命题的提出，意味着党的统一战线与人民主权原则和民主集中制原则实现了真正结合，不仅科学回答了统一战线存在和发展的理

---

① 《人民政协重要文献选编》（中），中央文献出版社、中国文史出版社 2009 年版，第 467 页。

② 参见《邓小平年谱（1975—1997）》（下），中央文献出版社 2004 年版，第 1262 页。

③ 王小鸿：《多党合作思想史》，中共中央党校出版社 2007 年版，第 245 页。

④ 参见马一德：《论协商民主在宪法体制与法治中国建设中的作用》，载《中国社会科学》2014 年第 11 期。

论基础，而且使人民政协成为我国特有的一种政治制度安排，成为与人民代表大会制度并驾齐驱的人民民主实现形式，共同推动着中国特色社会主义民主政治的发展。正如李瑞环在全国政协八届一次会议闭幕会上所说，我国实行的人民代表大会制度和共产党领导的多党合作和政治协商制度，是符合我国国情的一种"新型的民主制度"，在这种制度下，人民在通过选举、表决行使民主权利的同时还可以就重大问题进行充分协商，在实行法律监督的同时还可以实行广泛的民主监督。"人民政协所实行的民主协商方式，有助于充分吸纳各民主党派的意见，使共产党的领导作用和民主党派的参政议政作用同时得到发挥；有助于拓宽人民群众发表意见的渠道，做到既尊重多数人的共同意愿又照顾少数人的合理要求；有助于在团结稳定的前提下发扬民主，在发扬民主的过程中巩固和发展团结稳定的政治局面"。因此，"这种民主协商方式，是我国民主政治建设的一大创造，也是我国社会主义民主制度的一大特色、一大优势"①。

从现实政治实践来看，"统一战线范围内的民主"的实现载体主要是作为统一战线组织的人民政协，其制度载体主要是中国共产党领导的多党合作和政治协商制度，这种制度安排"是主导、驱动当代中国合乎社会主义议行合一政体有效运行的政治枢纽，是将中国民主的各组成部分有机整合起来的关键领域"②。因此在庆祝中国人民政治协商会议成立50周年大会上，江泽民就人民政协的意义指出："人民政协的成立，标志着中国人民不仅在思想上政治上而且在组织上形成了坚强的团结，使统一战线组织与人民民主形式有机地结合在一起，成为我国社会主义政治制度的重要组成部分"，这种制度安排是西方所没有的，"是西方民主无可比拟的，也是他们无法理解的"③。

1992年党的十四大把完善中国共产党领导的多党合作和政治协商制度

① 《新时期统一战线文献选编（续编）》，中共中央党校出版社1997年版，第470页。
② 徐锋：《刍议政党协商与中国式协商民主》，载《中央社会主义学院学报》2013年第3期。
③ 《人民政协重要文献选编》（中），中央文献出版社、中国文史出版社2009年版，第596页。

作为我国政治体制改革的一项主要内容。1993 年八届全国人大一次会议又把"中国共产党领导的多党合作和政治协商制度将长期存在和发展"载入了宪法修正案，标志着这一制度已从党的一项方针政策和政治准则上升为我国一项基本政治制度。

随着社会主义市场经济的进一步发展，我国出现了一个新的社会阶层，这个阶层的群众不仅经济实力不断增强，而且"政治要求也开始增强，越来越多的人企望当选为人大代表和政协委员，企望加入共产党或民主党派，企望进入各级政权机构"①。如何在坚持社会主义方向和巩固社会主义制度的前提下对这部分群众加以正确引导，这对党在新时期的统一战线工作提出了新要求。在 2000 年 12 月召开的第十九次全国统战工作会议上，江泽民强调"统一战线的各方面人士参加各级人民代表大会，共同行使国家权力，充分体现了人民当家作主的社会主义民主的本质"，论述了我国多党合作制度的特征，提出了衡量我国政党制度和政治制度的"四条标准"，肯定了"各民主党派作为具有政治联盟性质的政党，一直具有进步性和广泛性相统一的特点"，并且指出："民主党派具有的这种进步性和广泛性，就是民主党派长期存在的理由，也是我们实行中国共产党领导的多党合作的基础。"②

在党的十六大上，"三个代表"重要思想被正式写入党章，江泽民在政治报告中重新界定了"判断人们政治上先进和落后的标准"，他指出："一切合法的劳动收入和合法的非劳动收入，都应该得到保护。不能简单地把有没有财产、有多少财产当作判断人们政治上先进和落后的标准，而主要应该看他们的思想政治状况和现实表现，看他们的财产是怎么得来的以及对财产怎么支配和使用，看他们以自己的劳动对中国特色社会主义事

---

① 《新时期统一战线文献选编（续编）》，中共中央党校出版社 1997 年版，第 769、769 页。

② 《人民政协重要文献选编》（下），中央文献出版社、中国文史出版社 2009 年版，第 631、634-636 页。

业所作的贡献。"① 从此党的统一战线的内涵进一步扩大，发展成为包括全体社会主义劳动者、社会主义事业的建设者、拥护社会主义的爱国者和拥护祖国统一的爱国者的最广泛的爱国统一战线。

党的十六大以来，为继续推进统一战线和人民政协事业，中共中央相继颁发了《关于进一步加强中国共产党领导的多党合作和政治协商制度建设的意见》《关于加强人民政协工作的意见》《关于巩固和壮大新世纪新阶段统一战线的意见》等重要文件，为新世纪新阶段统一战线和人民政协事业的发展提供了理论基础和政策依据。与此同时，我国地方各级党政机关、政协组织、社会基层组织也都在积极进行社会主义协商民主的实践探索，取得了显著进展②。

五、新时代统一战线和社会主义协商民主的理论与实践

（一）从新时期统一战线到新时代统一战线

中国共产党领导的统一战线经历了不同的发展阶段。社会革命时期，统一战线经历了国民革命统一战线、工农联盟统一战线、抗日民族统一战线和人民民主统一战线等发展阶段。社会主义革命和建设时期，统一战线继续称为人民民主统一战线。反右派运动之后，在以阶级斗争为纲的时代背景下，统战人士既是中国共产党团结合作的对象，又是阶级斗争的对象，统一战线与阶级斗争之间的强大张力使得统一战线逐渐被抽象化和形式化，"文化大革命"期间更是名存实亡。改革开放之后，党和国家工作重心转移，由以阶级斗争为纲转变为以经济建设为中心，一心一意搞现代

---

① 中共中央直属机关党校编：《中国特色社会主义理论体系原著选编》，中共中央党校出版社 2013 年版，第 232-233 页。

② 参见陈家刚：《关于社会主义协商民主制度建设的思考》，载《中共天津市委党校学报》2014 年第 5 期。

化建设，现代化成为改革开放新时期的基本特征。统一战线也随着现代化的重新启动而消除了阶级斗争对自身的强大压力。

统一战线解除阶级斗争对自身的压力之后，随着整个国家现代化建设的重新启动而进入了新的发展阶段，获得了新的发展空间，展现为新的发展形态。这个新的发展阶段和发展形态与以阶级斗争为纲时期差异巨大，具有显著的创新和发展，因而改革开放之后的统一战线被称为新时期统一战线。1979 年，邓小平同志在中国人民政治协商会议第五届全国委员会第二次会议上的开幕词中首次提出"新时期统一战线"，他说，"我们的国家进入了以实现四个现代化为中心任务的新的历史时期，我们的革命统一战线也进入了一个新的历史发展阶段。"① "新时期统一战线和人民政协的任务，就是要调动一切积极因素，努力化消极因素为积极因素，团结一切可以团结的力量，同心同德，群策群力，维护和发展安定团结的政治局面，为把我国建设成为现代化的社会主义强国而奋斗。"② 新时期统一战线不再以阶级斗争为时代背景，而是以改革开放为时代背景，以团结各方力量共同致力于现代化建设为时代目标。从时间上看，新时期统一战线主要是与改革开放之前相比进入了新的发展时期。从内容上看，新时期统一战线新在两个方面：一是现代化，二是改革开放。新时期统一战线与之前统一战线之间的巨大差异使二者之间的关系不仅仅是单纯的继承与发展，更多的是一种突破与创新。

在新时期之前统一战线发展的各个阶段中，阶级都是一个关键词，是区分敌我友、确定团结或斗争对象的关键。新时期统一战线以现代化建设为依托的"政治阶层"取代传统的"阶级"，即用全体社会主义劳动者、拥护社会主义的爱国者和拥护祖国统一的爱国者取代过去的工人阶级、农民阶级、小资产阶级、民族资产阶级，爱国主义和社会主义两面旗帜都飘扬在现代化的时空之中，以推进现代化为己任。现代化成为统一战线发展的核心与关键之后，既破除了以往束缚统一战线发展的种种障碍，又改变

---

① 《邓小平文选》第 2 卷，人民出版社 1994 年，第 185 页。
② 《邓小平文选》第 2 卷，人民出版社 1994 年，第 187 页。

了新时期统一战线的发展形态和发展方向，也产生了过往统一战线所不可能遇到的新情况和新问题。现代化既给予了新时期统一战线以全新的内容和发展空间，也向新时期统一战线提出了全新的问题，需要统一战线在解决新问题的过程中由新时期迈向新时代。

首先，现代化全面解除了新时期统一战线发展的障碍，推动统一战线进入新时期。毫无疑问，现代化的重新启动和全面展开需要资金、技术和人才。改革开放之初，以邓小平为首的中国共产党人深深地感到，仅仅依靠中国共产党自身的知识、技术、人才和力量不足以领导中国这个超大型国家的全面改革开放和现代化建设，邓小平同志指出："搞现代化建设，最重要的是知识和人才。我们最大的弱点恰恰在这里，知识不足，人才不足。"[①]"现在经济建设的摊子铺得大了，感到知识不够，资金也不足。"[②]要完成现代化的艰巨任务则需要团结各方社会政治力量，而要团结这些社会政治力量就需要民主和统一战线，所以邓小平在改革开放之初反复强调的主要是两个方面：一是解放思想，实现思想意识上的民主，由民主解放思想，推动改革开放；二是统一战线，统一战线把各民主党派等政治力量团结在中国共产党的周围。统一战线中的民主党派以知识分子为主，与国外联系广泛，在引进资金、技术和人才方面都有自己的特殊优势，中国共产党启动新一轮现代化需民主党派在吸引资金、技术和人才方面发挥自身作用，这就为民主党派从阶级斗争对象转变为现代化建设依靠力量铺平了道路。

为了把民主党派和党外力量吸纳到现代化的轨道上来，新时期以来，一方面，中国共产党改变了对民主党派的性质定位：由"政治力量""政治联盟"发展到"致力于中国特色社会主义事业的参政党"，再到"中国特色社会主义参政党"。根据民主党派社会基础发生的深刻变化，邓小平指出我国民主党派"已经成为各自所联系的一部分社会主义劳动者和一部分拥护社会主义的爱国者的政治联盟，都是在中国共产党领导下为社会主

---

① 《邓小平思想年谱》，中央文献出版社 1998 年，第 319 页。
② 《邓小平文选》第 2 卷，人民出版社 1994 年，第 156 页。

义服务的政治力量","是接受中国共产党领导,同中共通力合作、共同致力于社会主义事业的亲密友党,是参政党",对民主党派定位为参政党,丰富了马克思主义政党学说。新世纪新阶段,胡锦涛指出民主党派是亲密友党,是"致力于中国特色社会主义事业的参政党",将其与中国特色社会主义事业初步联系起来。党的十八大以来,习近平总书记首次提出各民主党派是"中国特色社会主义参政党"的科学判断,使民主党派与中国特色社会主义的联系更加紧密。习近平总书记从政党关系、政党地位和政党性质三重角度加以认识,解决了在建设中国特色社会主义历史条件下多党合作,民主党派合法性问题。这是在新的时代背景下,对参政党性质、地位和作用等认识的深化。另一方面,中国共产党在改革开放伊始就改变了对民主党派的政策,明确指出各民主党派不再是阶级斗争对象,而是"已经成为各自所联系的一部分社会主义劳动者和一部分拥护社会主义的爱国者的政治联盟,都是在中国共产党领导下为社会主义服务的政治力量"①。明确指出现代化建设需要民主党派发挥自身应有的作用。"各民主党派和工商联的成员以及他们所联系的人们中,有大量的知识分子,其中不少同志有较高的文化科学水平,有丰富的实践经验,不少同志是学有所长的专门家,他们都是现代化建设中不可缺少的重要力量。""在新的历史时期中,各民主党派和工商联仍然具有重要的地位和不容忽视的作用。"② 现代化推动中国共产党调整政策,改变了民主党派的性质,也推动统一战线发展进入了新时期。当然,现代化一旦嵌入到统一战线之中,在推动统一战线发展、改变统一战线发展形态和发展方向的同时,也向统一战线和中国共产党提出了新问题。

其次,现代化的全面推进向新时期统一战线提出了新问题,推动统一战线由新时期迈入到新时代。现代化的推进,尤其社会主义市场经济体制的建立,给中国社会带来的重大变化,就是社会分化。社会分化使原来集中化、一元化的社会分散开来。社会分化主要表现为以下三个方面:一是

---

① 《邓小平文选》第 2 卷,人民出版社 1994 年,第 186 页。
② 《邓小平文选》第 2 卷,人民出版社 1994 年,第 204 页。

社会个体化，个体摆脱原来的"共同体"状态，独立的社会个体产生，进入网络化时代之后，独立的个体可以通过网络而形成强大的社会影响力，成为网络上有影响、有个性的代表性人士。二是社会阶层化，社会在分化过程中产生了大量新的社会阶层。新世纪新阶段，新的社会阶层主要由非公有制经济人士和自由择业的知识分子组成。党的十六大报告指出，在改革开放和发展社会主义市场经济过程中产生的新的社会阶层，包括六方面人员：民营科技企业的创业人员和技术人员、受聘于外资企业的管理技术人员、个体户、私营企业主、中介组织从业人员和自由职业人员。中央统战工作会议召开以来，新的社会阶层的内涵发生了变化，将原来的"个体户、私营企业主"合并为"非公有制经济人士；而将"民营企业、外资企业的管理人员和技术人员""中介组织从业人员""自由职业人员"合并为"新的社会阶层人士"，另外包括新产生的"新媒体从业人员"。这些人员是改革开放以来快速成长的社会群体。三是社会再组织化，社会个体化之后，独立的个体为了满足自己的需要而在市场中与其他人交往，个体在与其他人交往中为了捍卫自身利益或实现个人价值，推动个体与自己利益一致或者价值观念一致的主体结合在一起，组成社会团体或社会组织。这时候的社会组织不再是原来基于行政化而形成的以单位制为基础的社会组织，而是基于市场化而形成的以社会化为基础的社会组织。

社会结构变化对统一战线产生了重大影响：一是所有制形式更加多样。改变了传统所有制形式，形成了以公有制为主体、多种所有制共同发展的基本经济制度。据统计，非公有制经济组织数量已占市场主体的90%，对 GDP 的贡献率超过 60%，就业贡献率超过 80%。非公有制经济的发展催生了大量的非公有制经济人士，他们成为新的统战人士。二是社会阶层更加多样。改变了传统的社会阶层结构，出现了新的社会阶层人士，主要包括民营企业和外商投资企业管理技术人员、中介组织和社会组织从业人员、自由职业人员和新媒体从业人员。据初步统计，全国大约有新的社会阶层人士 7200 万人。三是社会思想观念更加多元。社会多元化形成思想观念多元化，人们思想观念的独立性、差异性、多样性和多变性明显增强。进入网络化时代之后，社会思想多元化体现在网络之中，使互联网成为意识形态工作的主阵地、最前沿，也成为统一战线工作的新领域，在互联网领域培养一支党外代表人士，"让他们在净化网络空间、弘扬主旋律、维护意识形态安全等方面展现正能量"就成为统一战线需要解决的新问题。

现代化既为新时期统一战线的发展开辟了广阔天地，也向新时期统一战线提出了新的挑战。现代化既成就了新时期统一战线，也把自身的烙印深深地嵌入了新时期统一战线之中，塑造了新时期统一战线的发展形态。面对现代化及其社会分化对统一战线产生的巨大影响，统一战线要解决新问题，实现新发展，需要加强两个方面：一是要加强统战主体力量建设。中国共产党是领导统一战线的主体力量，在现代化导致社会分化的时代背景下，尤其需要通过大力加强政党建设来增强主体吸引力，把分化的社会力量团结凝聚到中国共产党周围来，建立以中国共产党为核心、以分散化的党外力量为外围的政治同心圆。如果中国共产党自身力量不强大，就不能凝聚分化出来的社会力量，反而会被分化出来的社会力量所撕裂或碎片化，从而在"谁统谁"的问题就会出问题，甚至出现逆转，不是中国共产党去统党外力量，而是党外力量"俘获"中国共产党。这一点在网络统战领域尤为显著，习近平总书记指出："这个阵地我们不去占领，人家就会去占领；这部分人我们不去团结，人家就会去拉拢。要把这些人中的代表性人士纳入统战工作视野，建立经常性联系渠道，加强线上互动、线下沟通，引导其政治观点，增进其政治认同。"[1] 二是要改变统战工作的方式方法，改变传统单位制、封闭的、线下的、注重传统阶级阶层的工作方法，形成适应新形势的社会化、开放式、线上的、注重新的社会阶层的方式方法。[2] 中央统战工作会议召开后，"非公有制经济人士"从"新的社会阶层"中分离出来。习近平总书记提出，要促进非公有制经济人士健康成长

---

[1]　《习近平关于社会主义政治建设论述摘编》，中央文献出版社，2017 年版，第 136页。

[2]　肖存良：《新时代统一战线的新转型》，《统一战线学研究》2018 年 3 期。

的重要思想，强调党政领导干部要和非公有制经济人士建立"亲""清"的健康政商关系。针对新媒体从业人员大量涌现、网络影响力逐步增强的趋势，习近平总书记指出要努力与其中的代表性人士保持经常联系，加强线上线下沟通互动，引导其发挥净化网络空间、弘扬社会主旋律等作用。另外，2000年被列为统战工作对象的出国和归国留学人员，在中央统战工作会议上被作为统战工作新的着力点。要坚持支持留学、鼓励回国、来去自由、发挥作用的方针，鼓励他们回国工作或以多种形式为国服务。

党的十八大以来，中国共产党全面从严治党，大力加强执政党建设，"党内政治生活气象更新，党内政治生态明显好转，党的创造力、凝聚力、战斗力显著增强，党的团结统一更加巩固，党群关系明显改善，党在革命性锻造中更加坚强，焕发出新的强大生机活力"①。与此同时，党的统一战线工作创造出了大量的新方式方法，涌现了大量与新时期统一战线时代不同的方式方法。基于上述两个方面，我们认为十八大以来，我国统一战线由新时期统一战线发展成为新时代统一战线。新时代统一战线新在两个方面：主体和方法。主体即大力加强中国共产党的自身建设，方法即产生了与新时代统战人士相适应的崭新统战工作方式方法。

现代化产生了新时期统一战线，又把新时期统一战线推向了新时代。新时期统一战线是对前二十年统一战线的突破与创新。新时代统一战线则是对新时期统一战线的继承和超越，既继承了前三十几年统一战线的发展成果，又从主体和方法两个层面超越了以前的发展成果。新时期统一战线要挣脱阶级斗争的束缚，纳入现代化的轨道中来，使整个国家摆脱贫穷落后的状态，实现整个国家"富起来"。新时代统一战线要把现代化所产生的分化社会力量整合起来，形成强大合力，攻坚克难，共同致力于中国特色社会主义伟大事业，实现整个国家"强起来"。国家"强起来"、进而实现中华民族伟大复兴的中国梦必须凝聚中国力量，《中国共产党统一战线工作条例（试行）》在统一战线的外延上，把"致力于中华民族伟大复

---

① 习近平：《决胜全面建成小康社会　夺取新时代中国特色社会主义伟大胜利》，人民出版社2017年，第8-9页。

兴"纳入进去，体现了党的十八大以来习近平总书记提出的"实现中华民族伟大复兴的中国梦"作为团结海内外中华儿女的最大公约数的新思想，进一步丰富和拓展了统一战线成员的共同思想政治基础，使过去以社会主义、爱国主义的政治认同，发展到以中华民族复兴"中国梦"的价值认同。

新时代统一战线更加突出党的领导和党的建设，突出中国共产党的社会整合功能，突出国家治理，突出统一战线的社会化功能，突出统战工作方式方法创新。2015 年 5 月制定并颁布《中国共产党统一战线工作条例（试行）》，这是中国共产党关于统一战线工作的第一部党内法规，明确了统一战线服务全面建成小康社会、全面深化改革、全面依法治国、全面从严治党战略布局的方向原则，全面规范了各领域各方面统战工作，是推进统战工作制度化、规范化、程序化建设的重要标志。党的十九大报告把共产党领导的多党合作和政治协商制度、巩固和发展最广泛的爱国统一战线放在人民民主部分进行部署，十九届四中全会通过的《中共中央关于坚持和完善中国特色社会主义制度 推进国家治理体系和治理能力现代化若干重大问题的决定》，对中国特色社会主义制度和推进国家治理体系和治理能力现代化进行系统总结，从 13 个方面凝练概括了我国国家制度和国家治理体系具有的显著优势，明确党的领导制度在我国国家制度和国家治理体系中的统领地位。统一战线作为中国共产党凝聚人心、汇聚力量的政治优势和战略方针，贯穿于国家治理体系和国家治理能力现代化建设之中。

（二）关于协商民主与统一战线

统一战线和协商民主都是我国社会主义民主政治建设的重要内容，前者是我党凝聚人心、汇聚力量的政治优势，是动员、协调、整合、凝聚力量的主渠道或重要载体，是党和国家推进人民民主的基本方式；后者则是实现党的领导的重要方式，我国社会主义民主政治的特有形式和独特优势，是党的群众路线在政治领域的重要体现。从历史的发展看，（1）统一战线是社会主义协商民主的实践源头和政治前提，并为社会主义协商民提供了政治制度平台。在我国革命、建设、改革事业伟大进程中，为了建立、巩固和发展统一战线，中国共产党逐步形成了关于协商民主的思想、原则、方法乃至制度，最终形成了完整意义的社会主义协商民主。第一次国共合作统一战线的建立，就是中国共产党运用协商民主的方式加以推动实现的。这一历史时期的协商民主思想和实践，实际上包含在统一战线理论和实践中。抗日战争时期陕甘宁边区建立的统一战线性质的"三三制"政权，在运行过程中主要就是采取协商民主的方式，事先对重大问题都经过充分讨论协商，初步达成共识后再开会投票表决，开启了协商民主的先河。协商民主作为人民民主的重要形式，可谓在"三三制"政权中得到了充分体现。1949 年，各民主党派、无党派人士等积极参加中共领导的新政协会议，以协商的方式共商国是并建立统一战线性质的全国政权，是协商民主发展的最高成就。在新中国社会主义革命、建设、改革事业当中，协商民主继续发挥重要作用，只是当时并没有这一名词罢了。正如著名学者李君如在《协商民主在中国》一书中指出："我们今天的政治制度及其形式都是从统一战线发展而来的……不懂得中国共产党领导的统一战线，就不懂得中国政治。只有懂得了中国共产党领导的统一战线，才能真正懂得中国特色社会主义政治发展道路。"①

（2）协商民主有力支持统一战线发展。在我国新民主主义革命时期，中国共产党既没有发号施令的权力，也没有金钱利诱的资本，为了在不同革命时期建立统一战线，只有依靠协商达成共识即协商民主的方式促进统一战线的建立与巩固。第一次国共合作的统一战线，就是中国共产党"邀请国民党等革命团体举行联席会议，共商具体办法"②。此处的"邀请""共商"就是共同采取协商、讨论、辩论甚至妥协的方式，达成共识，从而做出符合双方共同利益的决策。由此可见，正是中国共产党采取协商民主的方式建立了统一战线。当然，此处所讲的协商民主，是指协商民主的

---

① 李君如：《协商民主在中国》，人民出版社 2014 年版，第 65 页。
② 中央文献研究室：《中国共产党党史（第 1 卷上）》，中央党史出版社，2011 年版，第 8 页。

精神和要素，并不是当下意义的协商民主。"但也不能因为没有协商民主的概念就否认当时的做法不是协商民主。因为协商民主自身需要一个发展过程，是历史经验不断积累的结果。"① 党的十八大报告明确提出"社会主义协商民主"的概念，充分肯定协商民主是社会主义民主的重要形式。十八届三中全会通过的《中共中央关于全面深化改革若干重要问题的决定》指出："协商民主是我国社会主义民主政治的特有形式和独特优势，是党的群众路线在政治领域的重要体现"，要"发挥统一战线在协商民主中的重要作用"。为推进协商民主广泛、多层、制度化发展，中共中央先后印发了关于协商民主建设和实施的多个重要文件，成为指导我国社会主义协商民主建设的纲领性文献。党的十九大报告进一步提出："协商民主是实现党的领导的重要方式，是我国社会主义民主政治的特有形式和独特优势。"这些论述充分肯定协商民主在我国社会主义民主政治建设中的地位和作用。

从关系上看，统一战线和社会主义协商民主既相互联系，又有区别。从区别看，统一战线是党的总政策、总战略的一部分，社会主义协商民主则是我国民主政治建设的一部分。两者又是相互联系、相互支撑的。发挥党的统一战线的优势，对我国社会主义协商民主发展进行理论创新，是同一问题的两个方面，这是因为：（1）统一战线范围的广泛性、包容性和多样性，奠定了社会主义协商民主多元主体的社会基础；（2）统一战线内涵的团结、合作、协商精神以及"求同存异""照顾同盟者利益"的原则，为社会主义协商民主提供了基本理念的支撑；（3）统一战线实践中形成的党派合作、各革命阶级联合专政、多党合作和政治协商等传统和制度，不仅孕育了社会主义协商民主本身，而且为它的制度化发展提供了支撑；（4）社会主义协商民主的提出，使统一战线由过去党的政策策略发展为治国理政的重要平台，不仅是党凝聚人心、汇聚力量的政治优势的体现，也是推进我国民主政治建设、国家治理体系和治理能力现代化的重要法宝；

---

① 孙信：《协商民主与统一战线》，载《湖南省社会主义学院学报》2014 年第 5 期。

（5）社会主义协商民主是一个反映多元价值诉求，鼓励大众参与协商、沟通和交流，形成共识的过程，这与统一战线追求的目标完全一致，二者的结合能够极大提升统一战线的整合功能；（6）社会主义协商民主的提出拓展了统一战线的发展空间，使统一战线、多党合作和政治协商进一步向广泛多层制度化发展①。（7）社会主义协商民主是统一战线的工作方式和方法。从党的历史可以看出，中国共产党在统一战线中主要运用民主协商的方式，也即通过平等对话、求同存异，在民主的氛围下采取协商的方法中求得团结。这种工作方式方法在民主政治理论中就称为协商民主。②（8）统一战线和社会主义协商民主发展路径相似。我国的统一战线和协商民主都是在中国共产党的领导下进行的，这不仅是其与其他统一战线和西方协商民主的根本区别，也是我国统一战线和协商民主健康发展的根本保证。③所以说，统一战线与社会主义协商民主的相互促进与发展，有利于发挥我国政治制度的优越性，增强人们对中国特色社会主义道路、理论、制度和文化的自信。

在社会主义初级阶段，随着改革开放和社会主义市场经济的发展，我国的社会结构、经济结构出现了新的变化，例如，社会阶级和阶层不断分化重组，出现了大量非公有制经济从业者等新的社会阶层，利益主体多元化，人们的思想观念或价值多样化，政治诉求不断增强，这些都为我国社会整合和民主政治建设带来新的挑战和发展机遇。面对新形势、新变化、新情况和新问题，如何更广泛地扩大人民群众的有序政治参与，更好地实现人民当家作主，成为一个亟待回答的理论问题。社会主义协商民主的提出，不仅保障了协商各方平等的政治地位和自由的表达权利，而且有新型政党制度、统一战线和人民政协的支撑，从而使人民民主和人民当家作主的实现有了更广阔的政治空间和实践平台。习近平总书记在庆祝中国人民

---

① 参见李俊：《统一战线是中国特色社会主义协商民主发展的政治基础》，载《学海》2017 年第 5 期。

② 李君如：《中国共产党的协商民主及其与统一战线、选举民主的关系》，载《中共天津市委党校学报》2015 年第 3 期。

③ 孙信：《协商民主与统一战线》，载《湖南省社会主义学院学报》2014 年第 5 期。

政治协商会议成立 65 周年大会上的讲话中指出："在中国社会主义制度下，有事好商量，众人的事情由众人商量，找到全社会意愿和要求的最大公约数，是人民民主的真谛。"① 社会主义协商民主制度将使中国在民主化进程中探索出一条将选举民主与协商民主有机结合的新路，使党的领导、人民当家作主和依法治国有机统一于我国民主政治实践中，它既丰富了民主的形式、拓展了民主的渠道、深化了民主的内涵，又使统一战线有了更切实可行的民主制度落脚点。

在此基础上，党的十八大从国家政治体制层面确认了社会主义协商民主制度，把协商民主从党的政治理念、执政方式和政治实践提升为国家民主制度。党的十八届三中全会进一步提出要"推进协商民主广泛多层制度化发展"，充分"发挥统一战线在协商民主中的重要作用"②。2014 年 9 月，习近平总书记在庆祝中国人民政治协商会议成立 65 周年大会上的讲话中，又集中阐释了社会主义协商民主的由来、科学内涵、基本特征和发展方向等。2015 年 2 月，中共中央印发《关于加强社会主义协商民主建设的意见》，明确了社会主义协商民主的本质属性和基本内涵，阐述了加强社会主义协商民主建设的重要意义、指导思想、基本原则和渠道程序，对新形势下开展政党协商、人大协商、政府协商、政协协商、人民团体协商、基层协商、社会组织协商作出全面部署，是指导我国社会主义协商民主建设的纲领性文件。随着社会主义协商民主建设的全面展开，大大拓展了中国特色社会主义民主政治发展的空间。2015 年 6 月，中共中央办公厅又印发了《关于加强人民政协协商民主建设的实施意见》，进一步规范了政协协商的内容和形式，提出了加强政协协商与党委、政府工作衔接的举措，明确了人民政协制度建设的重点以及加强政协协商能力建设的要求，强调了加强党对人民政协协商民主建设的领导，是指导人民政协协商民主建设的重要文献。

总之，统一战线、人民政协和社会主义协商民主是相继出现的、具有

---

① 《十八大以来重要文献选编》（中），中央文献出版社 2016 年版，第 73 页。

② 《十八大以来重要文献选编》（上），中央文献出版社 2014 年版，第 527-528 页。

鲜明中国特色的政治现象，是我国近现代以来社会历史发展的必然结果，是中国共产党独创的实现人民民主的重要形式，是我国特有的政治生态和社会主义民主政治的独特优势。正如习近平总书记所概括的："协商民主深深嵌入了中国社会主义民主政治全过程。中国社会主义协商民主，既坚持了中国共产党的领导，又发挥了各方面的积极作用；既坚持了人民主体地位，又贯彻了民主集中制的领导制度和组织原则；既坚持了人民民主的原则，又贯彻了团结和谐的要求。所以说，中国社会主义协商民主丰富了民主的形式、拓展了民主的渠道、加深了民主的内涵。"① 在社会主义协商民主的建设与发展中，统一战线以其对象的广泛性、包容性、多样性奠定了社会主义协商民主多元主体的社会基础；以其内在的团结、合作、协商的精神和"求同存异"、"照顾同盟者利益"的原则，为社会主义协商民主提供了基本理念上的保障；以其自身的组织方式和制度规范为社会主义协商民主制度化的发展提供了渠道和平台。社会主义协商民主进一步拓展了统一战线的发展空间，使统一战线的多党合作和政治协商向广泛多层制度化发展。

① 《十八大以来重要文献选编》（中），中央文献出版社 2016 年版，第 75 页。

第三章

统一战线推进社会主义协商民主的理论逻辑

如何科学分析和把握社会主义协商民主的内生性？我们认为，从统一战线的角度分析社会主义协商民主完全契合了十八大以来党和国家关于民主政治建设的新目标和新要求，有其政治逻辑和历史逻辑。

一、统一战线与社会主义协商民主的共性

（一）统一战线与社会主义协商民主同根共生

1. 统一战线在中国的社会内生性。

1984 年 5 月 12 日，邓颖超在政协第六届全国委员会第二次会议上的讲话中曾说："统一战线是中国人民革命取得胜利的三大法宝之一，有人说它不是马克思主义，我们说它恰恰符合马克思主义。我们的统一战线是产生于中国的土壤，是根据中国的国情，这是中国革命的一个特点，它的存在和发展，不取决于个人的愿望。"① 中国共产党领导的统一战线，从思想渊源看的确来自马克思主义，尤其是受列宁东方革命理论的启迪和指导，同时它又是中国化了的，具有鲜明的中国特色和文化传承。有学者指

---

① 《人民政协重要文献选编》（中），中央文献出版社，中国文史出版社 2009 年版，第451 页。

出："中共建立'民主的联合战线'，从一开始便与中国思想界的变动息息相关。"① 正因为中国共产党的统一战线是内生于中国土壤的，所以它具有强大的生命力。在整个新民主主义革命时期，党的统一战线理论不仅科学回答了中国革命的同盟军问题，正确解决了"人民靠我们去组织"② 的问题，而且通过民主的制度设计，在实践上确认了人民群众的主人翁地位和权利，最终赢得了革命的彻底胜利，建立了新中国。

在《论作为国体的统一战线》一文中，我们曾简约地指出，从产生条件和渊源来说，中国共产党领导的统一战线以及统一战线性质的国家政权，与第二次世界大战后东欧国家在苏联影响下建立的共产党占主导地位的联合政府不同，它是"内生的"，是根植于中国历史、政治、经济和社会条件的③。在整个新民主主义革命时期，党的统一战线在形态上虽几经改变，但都是这种"内生性"的反映。对此，有学者从政治学的视角进行了解读：在 20 世纪初期的中国社会政治环境中，宗法掩盖阶级，阶级分化并不明朗，存在大量的中间阶级，社会阶级结构呈现出两头小中间大的特征。这种状况决定了任何致力于领导社会革命的政党都面临着从中间阶级中发掘社会革命力量的问题，都需要与中间阶级和中间阶层建立统一战线，以增强革命力量、削弱反革命力量，所以统一战线具有社会内生性。中国共产党充分认识到这一点，通过统一战线把各种革命力量嵌入社会之中④。把民主革命时期党的统一战线的对象界定为"中间阶级"，总体上看是正确的，但却忽视了中国革命的长期性和复杂性这一历史背景，以及这一背景下党的统一战线战略策略不断适时调整的动态发展过程。

中国共产党统一战线"内生性"的主要表现，就在于以毛泽东为代表

---

① 参见郑师渠：《中共建立"民主的联合战线"与中国思想界的两场论争（1922—1924）》，载《历史研究》2013 年第 4 期。

② 《毛泽东选集》第 4 卷，人民出版社 1991 年版，第 1131 页。

③ 鲁法芹、赵彩燕：《论作为国体的统一战线》，载《当代世界社会主义问题》2014年第 1 期。

④ 肖存良：《社会革命时期中国统一战线的社会内生性》，载《上海市社会主义学院学报》2009 年第 5 期。

的中国共产党人把马克思主义基本原理特别是阶级观点和阶级分析法具体应用于中国革命实际，从民族民主革命的动力出发来具体确定统战对象，而不是墨守成规。在此过程中，中国共产党人清醒地区分了民主主义革命与社会主义革命的区别，并认为：统一战线、武装斗争、党的建设是中国革命中的"三个基本问题""三个主要的法宝""正确地理解了这三个问题及其关系，就等于正确地领导了全部中国革命"，以此形成了革命统一战线的思想，创立了新民主主义论，系统地回答了新民主主义的国体与政体问题，创造性地提出了建立新民主主义统一战线政权的构想，表现出高度的理论自觉性和自主性。

当时中国半殖民地半封建的社会性质，其社会构成是一个两头小中间大的社会。无产阶级和地主阶级、大买办阶级都只占人口的少数，最广大的人民是农民、城市小资产阶级，以及其他中间阶级。地主阶级、官僚资产阶级与帝国主义势力相勾结，势力特别强大。两头小中间大的社会特征内在地蕴含着建立统一战线的要求。革命性的阶级如果不争取和联合占人口多数的阶级，不巩固工农联盟，不建立和发展包括各民族、各阶级和各阶层人民在内的最广泛的革命统一战线，中国的革命就不能胜利。有学者从政党与现代国家建设的关系，阐述"中国共产党通过统一战线从社会边缘走向了中心，从国家政权的边缘走向了国家政权中心"①，以此来说明中国共产党统一战线的内生性。

不过在此需要指出的是，在毛泽东和中国共产党人看来，统一战线性质的国体或作为国体的统一战线，只适用于新民主主义革命时期，而这个新民主主义是过渡的，"是一个楼梯，将来还要上楼，和苏联一样"②。所以在新中国诞生初期的政治实践中，人民政协全体会议只不过是全国人民代表大会召开前代行人大职能的一个过渡形式，或者说是一种临时性制度安排，"在中央人民政府委员会选出后，人民政治协商会议选出的全国委

---

① 肖存良、林尚立：《中国共产党与国家建设——以统一战线为视角》，复旦大学出版社 2013 年版，第 14 页。

② 《毛泽东年谱（1893—1949）》（中），中央文献出版社 2005 年版，第 173 页。

员会即成为国家政权以外各党派、各人民团体的协议机关"①。因此建国初期我国有一个较独特的政治现象：中央人民政府是以人民政协协商的方式成立的，而地方各级人民政府则主要是以各界代表会议或各界人民代表会议的方式产生的。之所以如此，正是因为"如果人民代表会议没有建立起来，所有问题不是经过人民代表会议解决，名字是人民民主专政，实际上没有完全做到。我们不仅要基本上做到，同时形式上要建立完备。建立人民民主专政有它的内容，有它的形式……只有人民代表会才能充分表现出人民民主专政的主要内容"②。这意味着建国初期的这种"统一战线政权"只能是一种过渡性形式，随着 1954 年第一届全国人民代表大会的召开，它便成为一种历史现象了。

2. 统一战线和协商民主都是马克思主义中国化的伟大成果。

《共产党宣言》中马克思、恩格斯关于"全世界无产者联合起来"的思想，以及共产党要善于同各国无产阶级、本国无产阶级的不同派别、集体或政党建立统一战线的重要思想，奠定了无产阶级政党统一战线的理论基础。但马克思主义统一战线思想是针对西方发达资本主义国家无产阶级进行革命斗争而言的，东方半殖民地半封建的中国进行革命建设应如何开展统一战线工作，则有自己的特殊性。中国共产党人在革命、建设和改革开放过程中把马克思列宁主义统一战线原理同中国具体实践相结合，在理论方面创造性地提出：统一战线是中国革命的"基本问题"和"重要法宝"；社会主义建设时期的统一战线由过去的革命统一战线转变为爱国统一战线，主要为维护和发展安定团结的政治局面服务，为改革开放、社会主义经济建设、民主政治和法制建设、文化建设服务，为实行"一国两制"、和平统一祖国服务；统一战线是最大的政治，是解决人心和力量的大问题。在实践中，我党先后创建出民主联合战线、工农民主统一战线、抗日民族统一战线、人民民主统一战线以及爱国统一战线等多种形式的统

---

① 《董必武选集》，人民出版社 1985 年版，第 247 页。
② 《共和国走过的路：建国以来重要文献专题选集（1949—1952）》，中央文献出版社1991 年版，第 98 页。

一战线，使马克思主义统一战线理论在中国得到广泛运用和充分发展，成为中国共产党夺取革命、建设、改革、治国理政事业不断胜利的重要法宝，形成了中国化的、具有鲜明中国特色的马克思主义统一战线理论成果。

事实上，马克思主义关于民主的思想已内在地包含着协商民主思想。马克思主义民主的本质特征是强调人民群众当家作主，认为"民主是社会自治和人民参与的有机结合"。人民群众当家作主，也就意味着人民群众有权利直接参与国家和社会事务的管理，而协商民主就是人民群众直接参与国家事务管理的有效形式之一。人民是否享有民主权利，不仅要看他们在国家政治生活中是否有选举与被选举的权利，而且要看他们在日常政治生活中是否有持续参与的权利，以及有没有进行民主决策、民主管理、民主协商的权利。马克思主义经典作家关于民主的论述，是我国社会主义民主政治建设的理论指南。早在新民主主义革命时期，中国共产党就把马克思主义民主理论和中国实际相结合，把协商民主广泛运用到科学决策、统一战线、群众路线的实践之中。新民主主义革命胜利后，中国共产党与各民主党派协商建国，召开中国人民政治协商会议，标志着中国协商民主开始向制度化迈进。这充分说明协商民主同马克思主义具有一脉相承的关系，是马克思主义同中国革命实践相结合的产物。协商民主和统一战线一样，都是马克思主义中国化的伟大成果。

统一战线是无产阶级及其政党为了完成自己的历史使命，团结本阶级各阶层和政治派别，并同其他阶级、阶层、政党、集团在一定共同利益基础上结成的政治联盟。但是用什么方式才能将不同的阶级、阶层、政党、集团联合起来组成联盟，这既是一个重大的理论问题，也是一个重大的实践问题。事实上，无产阶级建立的第一个统一战线性质的组织——国际工人联合会即第一国际，就是通过协商民主的方式建立起来的。在中国，第一次国共合作是中国共产党首次建立统一战线的标志。在中共二大通过的《关于"民主的联合战线"的议决案》中，明确提出要"联合全国一切革命党派、联合资产阶级民主派，组织革命的联合战线，并决定邀请国民党等革命团体举行联席会议，共商具体办法"。这里所讲的"联合""邀请""联席"，不仅表明了参加民主联合战线的主体间的平等性，而且提出了协商的载体即"联席会议"，协商的目标指向是"联合战线"，协商的方式是"共商"，也就是说通过讨论甚至争论、辩论的方式达成共识。可见，协商民主的基本要素在此都得到了充分体现。正是在国共两党反复协商的基础上，建立起了以第一次国共合作为中心的革命统一战线。后来的"三三制"抗日民主政权、多党合作和政治协商制度等，既是马克思主义统一战线思想在中国的具体体现，同时也作为民主协商制度的实现形式进一步促进和巩固了我国统一战线的发展。在新时期新阶段，党的十八大报告关于社会主义协商民主的论断，进一步拓展了统一战线的发展空间，使统一战线、多党合作和政治协商向着广泛多层制度化方向发展。

3. 统一战线的发展孕育了社会主义协商民主。

马克思主义政党在建立和发展统一战线的过程中，逐步形成了关于协商民主的思想、原则、方法、行动以及制度，走出了一条由自在到自觉再到自为的协商民主之路。在强调争取"全世界无产者联合起来"的同时，马克思、恩格斯也强调了无产阶级政党之间的民主与平等的问题，主张各国无产阶级应"在共产主义民主的旗帜下真正地结成兄弟"①，用协商的办法解决问题。在建立统一战线的过程中，列宁批判了共产主义运动中的"左派"幼稚病，反复强调无产阶级政党必须学会"妥协"，这其中就包含着协商民主的思想。中国共产党更是自觉运用协商民主的思想，建立了第一次国共合作时期的革命统一战线。在这一历史时期，协商民主的思想和实践客观地包含在统一战线理论、方针、政策中，开启了我党协商民主的自在阶段。抗日战争时期，陕甘宁边区的"三三制"政权开启了我党领导下的协商民主制度，这种具有统一战线性质的政权采取的就是协商民主和选举民主相结合的方式。在"三三制"政权中，所有重大问题事先都经过充分协商，达成共识后方能上会讨论，投票只是对协商结果的确认。周恩

---

① 《马克思恩格斯全集》第 2 卷，人民出版社 1957 年版，第 665 页。

来在评价"三三制"政权建设时指出，"三三制"民主的特点之一就是"各方要协商，一致协议，取得共同纲领，以作为施政的方针"①。可以说，协商民主作为人民当家作主的形式之一，在"三三制"政权中得到了充分体现。解放战争时期，在人民民主统一战线不断壮大的同时，协商民主也得到空前发展，中国共产党召集中国人民政治协商会议，与各民主党派和民主人士协商建国，可以说是协商民主的最高成就。尽管当时没有使用协商民主这一概念，但却孕育了协商民主之实。

（二）统一战线与社会主义协商民主价值追求的一致性

中国共产党的统一战线理论，是马克思主义统战理论与中国革命和建设实践相结合的产物，其内在地蕴含着马克思主义政党理论和民主政治理论。社会主义协商民主是我国人民民主的重要形式，其理论依据同样是马克思主义政党理论和民主政治理论。统一战线与社会主义协商民主相辅相成、互相促进，有着共同的理论来源和价值诉求，在实践中具体表现在坚持共产党的领导和人民主权原则两个方面。

政党是一定阶级、阶层利益和意志的代表者，是为参与或掌握政权而斗争的政治组织。列宁说："在以阶级划分为基础的社会中，敌对阶级之间的斗争在一定的发展阶段上势必变成政治斗争。各阶级政治斗争的最严整、最完全和最明显的表现就是各政党的斗争。"② 政党具有阶级性，这种阶级性表明党的领导权注定不能为不同阶级分享，它必定只能掌握在一个阶级手中。无产阶级政党在革命和建设过程中，为了实现自身的政治目标，必须正确认识并布局社会力量，分化敌对力量，团结一切可以团结的力量，结成最广泛的统一战线联盟。中国无产阶级虽然是一个最有觉悟性和最有组织性的阶级，但是如果单凭自己一个阶级的力量是不能取得胜利的，必须在各种不同的情形下团结一切可能的革命阶级和阶层，组织革命

---

① 《周恩来选集》上卷，人民出版社 1980 年版，第 263 页。
② 《列宁全集》第 12 卷，人民出版社 1987 年版，第 127 页。

的统一战线，"这个统一战线还必须是在中国共产党的坚强的领导之下"①。领导权问题是统一战线的根本问题，它决定着联盟的性质，关系到党的事业的成败。坚持无产阶级政党的领导是马克思主义统一战线理论的重要原则。统一战线作为我党完成历史使命的战略策略，在中国革命和建设过程中发挥着重要的法宝作用，这主要体现在统一战线始终围绕党的中心任务开展工作和发挥作用。我国统一战线发展的历史表明，统一战线只有在中国共产党的坚强领导下才会有正确的发展方向，才能为中国革命和建设事业提供强大的力量支持。没有中国共产党的坚强领导，任何革命的统一战线都不可能取得成功。在社会主义建设时期，坚持党的领导仍然是统一战线的核心问题。如果没有一个坚强的领导核心，统一战线必然涣散无力，更谈不上团结一切可以团结的社会力量为社会主义事业服务。

政党的阶级性体现了党的性质，不同性质的政党具有不同的价值理念和理想追求，并以此作为凝聚本阶级力量的思想基础。我国的国体是人民民主专政的社会主义国家，"党的领导是中国特色社会主义最本质的特征"。国家的性质和党的先进性本质，决定了中国共产党是我国社会主义建设事业的领导核心，社会主义建设事业必须坚持党在思想上、政治上和组织上的领导。同时，中国共产党又是执政党，在实践中肩负着领导全国人民建设社会主义的使命。民主政治建设是社会主义建设的核心内容，没有民主就没有社会主义，没有充分的民主就没有完善的社会主义。马克思主义民主政治理论认为，在阶级社会里，民主都是同一定的阶级统治相联系的，所谓人民自然就是统治阶级，所谓民主就是人民在国家政治生活和社会生活中具有有效行使管理国家事务和社会事务的平等权力。协商民主是社会主义民主的重要形式，推进社会主义协商民主建设是促进社会主义政治文明建设、进一步保障人民当家作主权利的重要举措，其内在价值取向是为了提高党的执政能力和国家治理能力现代化，保障社会主义建设事业的顺利进行。因此，无论是作为社会主义国家意识形态的领导核心，还

---

① 《毛泽东选集》第4卷，人民出版社1991年版，第1257页。

是作为率领全国人民建设社会主义国家的执政党，中国共产党都是当代中国政治文明建设的思想引领者、责任承担者和重要组织力量，社会主义协商民主建设必须坚持党的领导。

人民主权是科学社会主义的基本观点。马克思主义认为，在阶级社会里，民主都是同一定的阶级统治相联系，没有超越阶级的绝对民主。无产阶级统一战线内部的阶级关系，体现了社会主义民主的阶级统治属性，"人民这个概念在不同的国家和各个国家的不同的历史时期，有着不同的内容"①。中华人民共和国成立之前，毛泽东在《论人民民主专政》中对人民的范围有一个界定："人民是什么？在中国，在现阶段，是工人阶级，农民阶级，城市小资产阶级和民族资产阶级。"② 中华人民共和国成立以后，我国宪法进行了多次修订，但从宪法对人民概念以及对人民统一战线的表述来看，除《七五宪法》外，人民的范围总体上是在不断扩大，这不仅与党在不同历史阶段的中心工作任务密切相关，而且与中国社会的阶级阶层结构变化密切相关。

人民群众是社会历史的创造者，是国家建设和发展的主体性力量，人民的支持和拥护是党的领导的合法性的基础。"历史活动是群众的事业，随着历史活动的深入，必将是群众队伍的扩大。"③ 现阶段，我国社会阶级阶层结构产生的新变化影响着统一战线的格局，决定着统一战线的力量、范围和对象。在领导人民建构现代国家和推进政治文明建设的实践中，中国共产党必须根据中国社会阶级阶层结构的变化情况，结合具体国情，围绕党在不同历史阶段的中心工作任务，从根本上扩大人民的范围，在坚持党的领导的同时最大限度地组织积极的社会力量，为实现党的政治理想和价值追求奠定坚实的社会基础。从现行《宪法》的表述可以看出，现阶段人民的范畴包括主体力量、依靠力量和团结对象，即全体社会主义劳动者、社会主义事业的建设者、拥护社会主义的爱国者、拥护祖国统一和致

---

① 《毛泽东文集》第 7 卷，人民出版社 1999 年版，第 205 页。
② 《毛泽东选集》第 4 卷，人民出版社 1991 年版，第 1475 页。
③ 《马克思恩格斯全集》第 2 卷，人民出版社 1957 年版，第 104 页。

力于中华民族伟大复兴的爱国者，这与我国新世纪新阶段统一战线的范围相一致。这说明，在人民主权的原则下，中国共产党正是通过统一战线将新的历史条件下不断分化的社会力量牢牢团结在自身周围，从而实现对多元政治主体的体制内整合。同时，统一战线的不断发展壮大也进一步扩大和巩固了中国共产党执政的社会基础，随着统一战线组织和制度建设的不断发展完善，它在推进社会主义民主政治建设过程中必将发挥更大的作用。

以人民当家作主为主要内容的社会主义民主，是马克思主义人民主权原则的基本要求。我国《宪法》明确规定：中华人民共和国的一切权力属于人民。在我国，立法机构、司法机构和行政机构都由人民直接或间接选举产生并代表人民的利益，一切国家权力机构应当全心全意为人民服务。《宪法》同时规定人民有权依照法律规定，通过各种途径和形式，管理国家事务，管理经济和文化事业，管理社会事务。人民广泛地参与国家和社会管理是人民主权的具体表现。因此，人民主权不仅体现在人民通过选举代理人来实现国家权力为民所用，还必须体现在人民在日常政治生活中是否有持续参与的权利。"通过选举以外的制度和方式让人民参与国家生活和社会生活的管理也是十分重要的。人民只有投票的权利而没有广泛参与的权利，人民只有在投票时被唤醒、投票后就进入休眠期，这样的民主是形式主义的。"① 协商民主是我国社会主义民主政治的特有形式和独特优势，它与选举民主相结合，既体现了社会主义国家人民当家作主的政治价值追求，又超越了传统代议制民主在公民直接参与国家和社会事务管理中的局限性。正如习近平总书记指出："在中国社会主义制度下，有事好商量，众人的事情由众人商量，找到全社会意愿和要求的最大公约数，是人民民主的真谛。"②

作为一种参与式民主，社会主义协商民主更加强调社会政治生活中人民的主体性地位，扩展了人民主权的实现形式，是在实践中对人民主权观

---

① 《十八大以来重要文献选编》（中），中央文献出版社 2016 年版，第 74 页。
② 《十八大以来重要文献选编》（中），中央文献出版社 2016 年版，第 73 页。

念切实展开的制度创新。正如习近平总书记在庆祝中国人民政治协商会议成立 65 周年大会上所说："人民通过选举、投票行使民主权利和人民内部各方面在重大决策之前进行充分协商，尽可能就共同性问题取得一致意见，是中国社会主义民主的两种重要形式。"① 社会主义协商民主保障了我国人民最大限度地直接参与国家和社会管理的权利，是对我国选举式民主的有益补充。两种民主形式"相互补充、相得益彰的，共同构成了中国社会主义民主政治的制度特点和优势"，而且，"在人民内部各方面广泛商量的过程，就是发扬民主、集思广益的过程，就是统一思想、凝聚共识的过程，就是科学决策、民主决策的过程，就是实现人民当家作主的过程"②，在某种程度上，它能够更好地保障社会主义人民主权的实现。

二、统一战线是社会主义协商民主的理论和实践源头

社会主义协商民主不同于西方的协商民主，如果说西方的协商民主是 20 世纪末西方出现的一种学术话语，其理论指向在于化解代议制民主存在的合法性不足与公民政治参与不够的问题，中国的协商民主更多的是中国共产党在领导人民实现民族独立、人民解放和人民民主实践中的一个创造。习近平总书记指出，协商民主深深嵌入了中国社会主义民主政治全过程。早在新民主主义革命时期，我们党科学分析中国社会的性质、主要矛盾和特点，明确中国革命的领导力量、依靠力量和革命对象，联合一切可以联合的力量，大胆运用协商等形式建立广泛的统一战线。③ 可以说，统一战线成为社会主义协商民主的重要思想来源。

---

① 《十八大以来重要文献选编》（中），中央文献出版社 2016 年版，第 74 页。
② 《十八大以来重要文献选编》（中），中央文献出版社 2016 年版，第 73-74 页。
③ 中共中央宣传部：《习近平新时代中国特色社会主义思想三十讲》，学习出版社 2018年版，第 173-174 页。

（一）统一战线是社会主义民主政治的重要内容

统一战线是无产阶级政党为实现自己的历史使命，在某些共同利益的基础上组成的政治联盟。它以团结、联合的本质，凝聚人心、汇集力量的政治优势，确立了自身在无产阶级政党总任务中的战略地位。在社会主义革命时期，统一战线是事关无产阶级总体力量布局的大问题。在共产党取得政权、成为执政党后，统一战线是党和国家进行社会整合、凝聚力量的基本战略方针。从内容归属上讲，统一战线是社会主义民主政治的重要组成部分。

民主是社会主义的本质要求，人民民主是社会主义的生命，这是我党关于民主的最根本观点。然而，民主在不同社会中具有不同的内涵。"民主"一词最早产生于公元前5世纪的古希腊，由"人民"和"权力"两个词汇构成，意思是"人民的权力"或"人民的统治"。希腊历史学家希罗多德首次使用这一概念，在其《历史》一书中最早把雅典的政治制度称为民主政治。但古希腊雅典城邦政治中的"人民"或"多数人"并不包括奴隶在内，这种民主实际上是奴隶主的民主制，是奴隶主对奴隶的统治。经过西方的启蒙运动，"民主"一词获得了新的内涵。近代西方启蒙学者狄德罗认为："民主是全体人民拥有主权的一种简单政体，主权在于人民之手的任何共和国，都是民主国家。……民主国家的人民，在某些情形下是主权者，在其他情形下却是庶民。"[1] 在实践上，西方逐渐形成了以选举制、政党制、议会制、分权制衡制等为主要内容的资本主义民主制度。但资本主义国家的国体性质决定了资本主义民主只能是资产阶级内部的、少数人的民主，共和制、议会制从表面上似乎很"民主"，其实"只是资产阶级社会为了维护资本主义生产方式的共同的外部条件，使之不受工人和个别资本家的侵犯而建立的组织。现代国家不管它的形式如何，本质上都是资本主义的机器，资本家的国家，理想的总资本家"[2]。

---

① 转引自施雪华主编：《政治科学原理》，中山大学出版社2001年版，第879页。

② 《马克思恩格斯选集》第3卷，人民出版社1995年版，第753页。

　　马克思主义民主政治理论是在继承和批判西方资本主义民主关于天赋人权、三权分立学说的基础上提出来的，它以唯物史观为基础，从经济生产关系和社会发展关系出发，通过批判封建专制特权和剖析资产阶级民主政治的历史局限性，深刻地揭示了民主的本质，认为民主在本质上是一种国家形式，在阶级社会体现为阶级统治。在奴隶主阶级统治下，有奴隶制的民主制；在中世纪，有封建制的民主制；在近代，有资产阶级的民主制。社会主义民主是最新型的民主，是无产阶级专政的国家形式。恩格斯在 1847 年的《共产主义原理》中就提出："首先无产阶级革命将建立民主的国家制度，从而直接或间接地建立无产阶级的政治统治。"① 随后，马克思、恩格斯在《共产党宣言》指出："工人革命的第一步是使无产阶级上升为统治阶级，争得民主。"② 列宁依据苏联社会主义实践，进一步阐述了民主的本质："没有民主，就不可能有社会主义，这包括两个意思：（1）无产阶级如果不通过争取民主的斗争为社会主义革命作好准备，它就不可能实现这个革命；（2）胜利了的社会主义如果不实行充分的民主，就不能保持它所取得的胜利，并且引导人类走向国家的消亡。"③

　　在如何实现社会主义民主的问题上，马克思、恩格斯通过对资本主义社会阶级状况的科学分析，提出无产阶级必须实现自身队伍的团结，同时还要善于同其他阶级、阶层、党派、社会团体和一切可能团结的力量结成联盟，来实现自己的历史使命。他们不仅在《共产党宣言》中提出了"全世界无产者，联合起来"的口号，而且还指出，"每个国家工人运动的成功只能靠团结和联合的力量来保证"。④ 列宁也指出，无产阶级要战胜更强大的敌人，就必须建立广泛的统一战线，"谁不懂得这一点，谁就是丝毫不懂得马克思主义，丝毫不懂得现代的科学社会主义"⑤。中国共产党以马克思主义为指导，在领导人民进行社会主义革命的实践中，创造性地把马

---

① 《马克思恩格斯选集》第 3 卷，人民出版社 1995 年版，第 239 页。
② 《马克思恩格斯选集》第 1 卷，人民出版社 1995 年版，第 293 页。
③ 《列宁全集》第 28 卷，人民出版社 1990 年版，第 168 页。
④ 《马克思恩格斯全集》第 44 卷，人民出版社 1982 年版，第 574 页。
⑤ 《列宁选集》第 4 卷，人民出版社 1995 年版，第 180 页。

克思主义普遍真理与中国革命的具体实际相结合，先后提出了工农民主、人民民主、新民主主义等概念，提出了统一战线是中国革命和建设的一大法宝的思想。在实践中，通过人民民主统一战线与人民民主专政的结合，建立了人民当家作主的社会主义民主制度。

无产阶级统一战线内部的阶级关系，体现了社会主义民主的阶级统治性质。马克思主义认为，阶级社会存在不同的阶级、阶层，民主都是同一定的阶级统治相联系，没有超阶级的绝对民主。他们在《共产党宣言》中就指出："在过去的各个历史时代，我们几乎到处都可以看到社会完全划分为各个不同的等级，看到社会地位分成多种多样的层次。在古罗马，有贵族、骑士、平民、奴隶，在中世纪，有封建主、臣仆、行会师傅、帮工、农奴，而且几乎在每一个阶级内部又有一些特殊的阶层。……从封建社会的灭亡中产生出来的现代资产阶级社会并没有消灭阶级对立。它只是用新的阶级、新的压迫条件、新的斗争形式代替了旧的。"① 可见，在阶级社会中，阶级、阶层关系是最基本的社会关系，决定着整体社会和各个社会群体关系的发展方向。

毛泽东在《中国社会各阶级的分析》等文章中，运用马克思主义阶级分析理论研究中国社会结构，将中国社会分为地主阶级、买办阶级、中产阶级、小资产阶级、半无产阶级、无产阶级、游民无产者等六个阶级，还就各个阶级对革命的态度进行了深入分析，并以此指导中国革命。随后，他进一步指出："中国无产阶级应该懂得：他们自己虽然是一个最有觉悟性和最有组织性的阶级，但是如果单凭自己一个阶级的力量，是不能胜利的。而要胜利，他们就必须在各种不同的情形下团结一切可能的革命的阶级和阶层，组织革命的统一战线。"② "我们主张在彻底地打败日本侵略者之后，建立一个以全国绝大多数人民为基础而在工人阶级领导之下的统一战线的民主联盟的国家制度，我们把这样的国家制度称为新民主主义的国

---

① 《马克思恩格斯选集》第 1 卷，人民出版社 1995 年版，第 272-273 页。
② 《毛泽东选集》第 2 卷，人民出版社 1991 年版，第 645 页。

家制度。"① 十一届三中全会以后，邓小平在《新时期的统一战线和人民政协的任务》等文章中，科学地分析了新时期我国阶级状况和统一战线内部结构的变化，提出新时期的统一战线已不再是过去意义上的阶级联盟，而发展成为工人阶级领导的、以工农联盟为基础的社会主义劳动者、拥护社会主义的爱国者和拥护祖国统一的爱国者的联盟。爱国统一战线的提出，进一步体现社会主义民主的广泛性。

（二）统一战线理论是社会主义协商民主的理论源头

统一战线民主政治内容的性质使其在社会主义协商民主发展中，有其思想源头的地位。中国共产党的历代领导集体在中国革命、建设和改革事业的实践中，充分发挥统一战线大团结、大联合的本质和凝聚人心、汇集力量的优势，充分利用统一战线内在的团结、合作、协商的精神和"求同存异""照顾同盟者利益"等原则创造性地发展了统一战线理论和策略，不断丰富和深化对统一战线发展规律的认识。毛泽东的统一战线思想和改革开放以来中国特色社会主义统一战线理论，依据不同的历史条件、历史任务、国内阶级状况和整个政治形势的根本变化，不仅指导我党先后建立了抗日民族统一战线、人民民主统一战线以及爱国统一战线、新时代统一战线等，也为我国社会主义协商民主的产生提供了丰富的理论资源。

新民主主义革命时期，中国共产党先后建立的民主联合战线、抗日民族统一战线和人民民主统一战线，是我党政治协商思想萌生的最主要历史载体。"三三制"抗日民主政权建立时期，毛泽东提出要学会打开大门和党外人士实行民主合作的方法，要学会善于同别人商量问题。在筹备召开中国人民政治协商会议的过程中，周恩来强调指出，新民主主义的议事精神不在最后的表决，主要在于事前的协商和反复讨论②。第一届中国人民政治协商会议的召开，多党合作和政治协商制度的正式确立，标志着中国

---

① 《毛泽东选集》第 3 卷，人民出版社 1991 年版，第 1056 页。
② 路笃盛：《发挥统一战线作用提升社会主义协商民主制度化水平》，载《中央社会主义学院学报》2014 年第 6 期。

共产党领导的各革命阶级联合专政、协商建国、协商治国的统一战线精神被发扬光大。可以说，中华人民共和国诞生就是中国共产党与各民主党派和各界社会团体"协商建国"的体现。中华人民共和国成立后，尤其是改革开放以来，随着我党统一战线的不断巩固和壮大，统一战线理论也不断发展且更加完善。"长期共存、互相监督、肝胆相照、荣辱与共"的十六字方针，中共中央关于多党合作与政治协商制度建设，《中国共产党统一战线工作条例》、《中共中央关于加强中国特色社会主义参政党建设的意见》、关于人民政协工作以及党外代表人士队伍建设等重要文件的相继颁发，也都为我国社会主义协商民主提供了直接的思想理论指导。

（三）统一战线实践是社会主义协商民主的实践源头

社会主义协商民主是中国共产党领导人民进行革命、建设、改革实践的伟大创造。它最初起源于新民主主义时期各革命阶级联盟的统一战线，体现为阶级民主，即各革命阶级为争得民主而实施革命阶级间的政治联合与协商。

中国共产党成立时，我国的社会性质仍然是半殖民地半封建社会。辛亥革命虽然推翻了封建君主专制统治，建立了民主共和政体，但并没有从根本上铲除帝国主义和封建主义势力在中国统治的根基，没有改变中国深层次的社会结构，也没有改变中国半殖民地半封建的社会性质，广大人民群众仍然受到"三座大山"的压迫和剥削。西方帝国主义凭借由不平等条约获取的特权，对中国人民进行剥削和压迫；农村依然是封建主义的地主土地所有制，军阀和官僚取代原来的清王朝皇室和贵族，成为全国最大的地主；官僚买办资本依靠反动国家政权和外国帝国主义势力急剧发展，衍生出官僚买办资产阶级。为了实现民族独立和人民解放，中国共产党依据当时的社会性质、阶级状况和斗争任务，确立了新民主主义革命纲领。1922年党的第二次代表大会明确指出，中国革命的性质是民主主义革命；革命的对象是帝国主义和封建军阀；革命的动力是工人、农民和小资产阶级，民族资产阶级也是革命的力量之一；革命的战略是组成各阶级的联合战线；革命的任务和目标是打倒军阀，推翻国际帝国主义的压迫，实现中华民族的独立和中国的统一。二大通过的《关于"民主的联合战线"的议决案》，号召全国的工人、农民团结在共产党的旗帜下进行斗争，并提出"共产党应该出来联合全国革新党派，组织民主的联合战线，以扫清封建军阀推翻帝国主义的压迫，建设真正民主政治的独立国家为职志"①。这是中国共产党最早提出统一战线的思想和主张。

在阶级社会中，阶级、阶层关系是最基本的社会关系，决定着社会的阶级性质和发展方向。新民主主义革命时期，中国共产党领导的统一战线主要是通过各革命阶级的团结与联合，动员、整合、凝聚各方面革命的社会力量，最终达到人民民主专政的目的。新民主主义革命胜利后，阶级的联合必然发展为阶级的民主，为人民民主的实现提供力量之源，各革命阶级通过联合与合作来保障自身的政治地位和政治权利。这种统一战线本身也内含着协商民主的因素，因为阶级间的联合是以相互承认为前提的，通过相互合作、相互尊重、相互沟通和协商等形式来实现共同的目的，充分体现了民主过程中的相关主体不是对抗性的，而是基于理性思考、公开对话、讨论和辩论，来实现全体人民广泛、多层的政治权利。中国共产党正是通过各革命阶级的联合与团结，逐步将社会上的积极力量聚集到自己的旗帜下，形成了以中国共产党为领导核心的社会力量聚合结构。

具体来讲，中国共产党通过各革命阶级联盟的统一战线，把广泛的社会力量纳入人民民主的范围内。人民是一个集合概念，在不同时期具有不同的内涵。党的统一战线的内部构成，就是人民内涵的具体体现。例如，第一次国内革命战争时期，党的统一战线以推动国民革命为目的，以国共合作为基础，建立了由广大工人、农民、城市小资产阶级和民族资产阶级参加的反帝反封建的革命统一战线。抗日战争时期，党的统一战线以抗日救亡为目的，建立了一个包括工人阶级、农民阶级、城市小资产阶级、民族资产阶级、海外华侨，以及除汉奸、投降派以外的地主阶级和亲英美的

---

① 《建党以来重要文献选编》第1册，中央文献出版社2011年版，第139页。

官僚买办资产阶级在内的广泛联盟。解放战争时期，党的统一战线又发展成为人民民主统一战线，这是一个"包括工人、农民、城市小资产阶级、民族资产阶级、开明绅士、其他爱国分子、少数民族和海外华侨在内"的广泛联盟。社会主义改造完成后，剥削阶级作为阶级已经被消灭，我国的阶级关系发生了根本变化，统一战线不再具有阶级联盟的性质，而逐步发展为以工农联盟为基础的，包括全体社会主义劳动者、社会主义事业的建设者、拥护社会主义的爱国者、拥护祖国统一和致力于中华民族伟大复兴的爱国者的最广泛联盟。

各革命阶级联盟的统一战线，奠定了新中国人民民主专政的国体形态，为社会主义协商民主提供了政治制度基础。国体即国家的本质，是指社会各阶级、阶层在国家中的地位，即各阶级、阶层在国家中所处的统治与被统治、领导与被领导的关系。新民主主义时期统一战线中的阶级联盟关系，揭示了当时社会各阶级、阶层在国家中的地位与关系，所以毛泽东在《新民主主义论》中将这种统一战线置于"国体"的地位："国体——各革命阶级联合专政。政体——民主集中制。这就是新民主主义的政治，这就是新民主主义的共和国，这就是抗日统一战线的共和国"①。中国共产党通过统一战线将各革命阶级和政治力量团结在自己的周围，建立了以无产阶级为领导力量的多革命阶级联合的人民民主共和国，并在此基础上确立了人民民主专政的国家制度，确立了人民代表大会制度、中国共产党领导的多党合作和政治协商制度等基本政治制度，为我国国家层面的政治协商、国家与社会之间的社会协商、社会层面的人民协商等一系列协商民主体系奠定了基础。

---

① 《毛泽东选集》第 2 卷，人民出版社 1991 年版，第 677 页。

三、统一战线文化为社会主义协商民主奠定文化基础

（一）统一战线文化的渊源

统一战线文化直接源于马克思主义统一战线理论和中国传统"和合"文化中的优秀成分。马克思主义是无产阶级政党的指导思想和理论基础，是关于全世界无产阶级和全人类彻底解放的学说。统一战线作为无产阶级政党进行社会力量布局和整合的总政策，必然要以马克思主义为指导。马克思、恩格斯从无产阶级的历史使命出发，在总结当时无产阶级革命实践和吸收人类优秀文化思想成果的基础上，创立科学社会主义，其中包含着丰富的统一战线理论。

首先，马克思主义从人的社会本质出发，揭示了统一战线发展的最高目标。历史唯物主义认为，社会历史中的一切活动都是由人来承担的，而人是生活在一定社会关系中的实践着的现实的人。马克思、恩格斯指出："人们在生产中不仅仅影响自然界，而且也相互影响。他们只有以一定方式共同活动和相互交换其活动，才能进行生产。为了进行生产，人们相互之间便发生一定的联系和关系；只有在这些社会联系和关系的范围内，才会有他们对自然界的影响，才会有生产。"① "人的本质并不是单个人所固有的抽象物。在其现实性上，它是一切社会关系的总和。"② 这表明，人的现实性和人的价值在于与社会的融合以及与他人的合作。统一战线作为人的社会政治联盟，首先要契合人的社会性，其生命力在于与人的社会关系发展的一致性。马克思、恩格斯在《德意志意识形态》中论及人的共同体的生命力时，曾提出"虚假的共同体"和"真正的共同体"两个概念，认为"虚假的共同体"相对于个人而言表现为外在的独立，"真正的共同体"

---

① 《马克思恩格斯选集》第 1 卷，人民出版社 1995 年版，第 344 页。
② 《马克思恩格斯选集》第 1 卷，人民出版社 1995 年版，第 60 页。

则是"各个人在自己的联合中并通过这种联合获得自己的自由"①。这一观点同样适用于统一战线。后来，他们在《共产党宣言》中又明确提出，未来的理想社会"将是这样一个联合体，在那里，每个人的自由发展是一切人的自由发展的条件"②。在这种社会或共同体中，人们克服了社会关系的狭隘性、对抗性和外在性，实现了个人与社会、个体利益与公共利益之间的和谐。

其次，马克思主义从历史主体合力论出发，界定了统一战线和谐发展的力量和方向。历史主体论认为，历史是一个不依人们意志为转移的客观进程，社会历史的发展是在一定社会历史条件下由现实的人表现出来的"历史合力"来实现的："历史是这样创造的：最终的结果总是从许多单个的意志的相互冲突中产生出来的，而其中每一个意志，又是由于许多特殊的生活条件，才成为它所成为的那样。这样就有无数互相交错的力量，有无数个力的平行四边形，而由此就产生出一个总的结果，即历史结果，这个结果又可以看作一个作为整体的、不自觉地和不自主地起着作用的力量的产物。"③历史合力论表明，社会历史的发展是多种力量相互作用的结果，任何社会都是由若干种类和层级的社会群体和阶层构成的，历史发展不是由某个人的意志决定的，而是无数相互冲突的意志和力量交互作用所形成的"合力"的结果，合力的大小强弱取决于各分力及其组合方式和发挥的程度。在组成合力的各个力量中，总是矢量最大的那些力量对合力的大小和方向起着主导作用。无产阶级或现代工人阶级作为先进生产力的代表，在实现自己历史使命的历史进程中，不仅要把无产阶级本身的力量集中起来，而且要把一切进步力量和一切有利于进步的积极力量联合起来，形成一种强大的"历史合力"，使社会历史朝着无产阶级解放的方向发展。

再次，马克思主义从实现无产阶级历史使命的实践出发，论述了必须通过统一战线加强团结合作以及正确处理好领导者和同盟者的关系。无产

---

① 《马克思恩格斯选集》第 1 卷，人民出版社 1995 年版，第 119 页。
② 《马克思恩格斯选集》第 1 卷，人民出版社 1995 年版，第 294 页。
③ 《马克思恩格斯选集》第 4 卷，人民出版社 1995 年版，第 697 页。

阶级及其政党面对强大的敌人，要实现自己的历史使命就必须建立广泛的统一战线，谁不懂得这一点，谁就是丝毫不懂得马克思主义，丝毫不懂得现代的科学社会主义。为此，首先要把本阶级的力量团结联合起来，使工人阶级内部各阶层、各政治派别结成一个整体力量；其次，无产阶级要与农民阶级结成巩固的工农联盟；第三，无产阶级及其政党要善于团结和联合其他进步的阶级、阶层、政党或集团，结成政治联盟；第四，无产阶级政党在联合其他阶级和政党时必须坚持无产阶级的领导权。统一战线领导权事关统一战线的发展方向，是统一战线共同思想政治基础的保障。统一战线是一致性和多样性的统一体，没有一致性统一战线就无法建立起来，没有多样性统一战线就没有存在的必要。因此在统一战线中，要把政治底线这个圆心固守住，包容性的多样性半径越长，画出的同心圆就越大。

统一战线文化的另一个重要来源是中国传统"和合"文化中的优秀成分。中国是一个有着上下五千年历史的国家，在5000多年文明历史的发展进程中，中华民族形成了自己的优秀文化，得到了整个中华民族的认可、认同和接受，其中最核心的内容已经成为中华民族最基本的文化基因。炎黄文化是中华传统文化的根祖文化、龙头文化，是中华优秀传统文化的重要组成部分。据古文献记载，神农之治天下，"怀其仁诚之心""养民以公""因天地之资而与之和同"（《淮南子·主术训》），神农为寻药而尝百草，"一日而遇七十毒"（《淮南子·修务训》）；黄帝之治天下，"施惠承天，一道修德，惟仁是行，宇内和平"（《韩诗外传》），黄帝"始作制度，得其中和，万世长存"（《白虎通义》）。炎黄二帝所体现出的这种修道德、行仁义、牺牲奉献、协和万邦、创造发展等精神，我们称之为"炎黄精神"，它既是民族精神的源头和根脉，也是形成民族精神的内核和基因。中华民族自古以来就是一个崇尚"和谐"的民族。在中国传统文化中，"和合"思想占有重要地位，是中华民族的基本精神，是中国哲学的最高价值标准。习近平总书记在党的十九大报告中指出："中国特色社会主义文化，源自于中华民族五千多年文明历史所孕育的中华优秀传统文化"①。

在古代汉语中，"和"作为动词表示协调不同的人和事并使之均衡，如《尚书·尧典》说"百姓昭明，协和万邦"。作为描述事物存在状态的形容词，"和"表示顺畅、适度的意思，如《广韵》说"和，顺也，谐也，不坚不柔也"；《新书·道书》说"刚柔得适谓之和，反和为乖"。和谐思想发展为一种政治哲学思想，具有丰富的内容。早在西周末年，郑国史官史伯在同郑桓公谈论"周其弊乎"时，提出了"和实生物，同则不继"的思想，认为周朝衰败的主要原因是周的统治者"去和而取同"。在史伯看来，"以他平他谓之和，故能丰长而物归之。若以同裨同，尽乃弃矣"。也就是说，"和"是万物生成发展的根据，也是社会得以发展的基础。

在儒家学说中，"和"是一个很重要的范畴，如"和而不同""中和""和为贵""天人合一"等价值观念。儒家思想的代表和集大成者孔子，在《论语·子路》中提出"君子和而不同，小人同而不和"，即后来所称的"和而不同"的哲学命题。《礼记·中庸》指出："致中和，天地位焉，万物育焉。"这些都说明"和"是多样性的统一，而不是简单的同一，通过"和"的方法就能达到共生、共存、共赢、共荣的境界。继孔子之后，儒家最杰出代表孟子也对"和"进行了阐述，提出"天时不如地利，地利不如人和"的思想，倡导通过施王道、行仁政来实现社会和谐。

墨家关于"和"的思想主要表现为"兼爱""非攻"。墨子从当时中国特殊的时代环境出发，认为国与国之间的战争和人与人之间的利益争夺对社会是最不利的，主张"天下兼相爱则治，交相恶则乱"。他的兼爱思想具有反宗法等级制的特点，是人与人、家与家、国与国之间无差等的爱。《墨子·兼爱》提出："天下之人皆相爱，强不执弱，众不劫寡，富不侮贫，贵不敖贱，诈不欺愚。凡天下祸篡怨恨，可使毋起者，以相爱生

---

① 习近平：《决胜全面建成小康社会　夺取新时代中国特色社会主义伟大胜利》，人民出版社，2017年版，第41页。

也。"《墨子·非攻》强烈反对战争,认为战争的弊端在于:"春则废民耕稼树艺,秋则废民获敛。今唯毋废一时,则百姓饥寒冻馁而死者,不可胜数。今尝计军上,竹箭、羽旄、幄幕、甲、盾、拨、劫,往而靡弊腑冷不反者,不可胜数。又与矛、戟、戈、剑、乘车,其列住碎拆靡弊而不反者,不可胜数。与其牛马,肥而往,瘠而反,往死亡而不反者,不可胜数。与其涂道之修远,粮食辍绝而下继,百姓死者,不可胜数也。与其居处之不安,食饭之不时,饥饱之不节,百姓之道疾病而死者,不可胜数。丧师多不可胜数,丧师尽不可胜计,则是鬼神之丧其主后,亦不可胜数。"墨子主张"非攻",表达了他对社会安定和谐的期盼,但非攻并不等于非战,而是反对侵略战争、认可防御战争。墨家的"守御"思想也是很著名的,被称为"墨守"。

道家关于"和"的思想集中体现在对"和"的形而上理解上。老子《道德经·四十二章》指出:"道生一,一生二,二生三,三生万物。万物负阴而抱阳,冲气以为和。"这说明,万物都在道中,万物都是阴阳二气相互激荡而生成的,都是和气所致。阴阳二气尽管相互对立,却始终和谐地处在"道"的统一体中,合乎和气者就能顺其自然而与道同体,不合乎和气者就会受到自然规律的惩罚。老子用阴阳的辩证关系来阐述"和"的思想,无疑具有哲学上的重大意义。此外,道家还对其理想的社会和谐进行了描述,《道德经·八十章》讲:"小国寡民,使有什伯之器而不用,使民重死而不远徙。虽有舟舆,无所乘之;虽有甲兵,无所陈之;使民复结绳而用之。甘其食,美其服,安其居,乐其俗。邻国相望,鸡犬之声相闻,民至老死,不相往来。"在《庄子·马蹄》中,描绘了那种人与自然界融为一体、人禽共处的理想社会状态:"夫至德之世,同与禽兽居,族与万物并。"显然,道家所理想的社会和谐是一种清静无为、清心寡欲、回归自然的状态,它所主张的注重节俭、崇尚自然、人与自然和谐共处等理念,在今天对我们仍有借鉴意义。

在中国传统文化中,还有不少思想家、政治家就社会和谐问题提出了各种有价值的观点。例如,秦末陈胜、吴广起义时提出"均贫富,等贵贱",东晋陶渊明所勾画的"世外桃源",北宋张载提出"民吾同胞,物吾与也",洪秀全的"太平天国",康有为的《大同书》,以及孙中山的"天下为公"等。他们都表达了对平等、公平、富裕、和谐、美好社会的追求,提出了富有价值的思想观点。尽管由于社会历史条件和自身的局限性,他们的思想主张在社会实践中都没有取得成功,但仍对后人极具启示。

(二)统一战线文化的主要内容

所谓统一战线文化,是服从和服务于中国共产党领导的统一战线工作需要的战略指导思想与工作理念的集合,它既具有文化的一般属性,又体现统一战线特色的文化形态,是在统一战线工作长期实践中形成的凝聚人心的精神纽带。中国共产党的统一战线文化具有十分丰富的内涵。

首先团结合作、民主协商。中国共产党领导的多党合作与政治协商制度、民族区域自治制度,不仅是我国的基本政治制度,同时也是具有中国特色的统一战线文化。这种统战文化以"团结合作、民主协商、协商共事"为主旋律,坚持"长期共存、互相监督、肝胆相照、荣辱与共",形成同心同德、同心同向、同心同行的政治共同体。这种文化倡导民主协商、协商共事,不仅推动建立了深入了解民情、充分反映民意、广泛集中民智、切实珍惜民力的决策机制,而且完善了听证、评估、问责、纠错等程序和规定,使党和政府决策科学化的水平不断提高,使人民利益得到更好的保障。坚持长期共存、互相监督、肝胆相照、荣辱与共,意味着执政党执政与参政党参政是一个有机整体,执政与参政是同一过程的两个方面,二者是辩证统一的关系,统一于共同坚持中国特色社会主义道路,共同坚持中国特色政治发展理念,共同坚持中国特色社会主义制度。

二是和而不同、求同存异。"和"文化强调包容性、妥协性,实际上是对和谐的追求。在中华民族形成发展的历史长河中,各民族共生共荣、交相辉映,创造出各具特色的民族文化。因此,和而不同、求同存异是中华民族文化独特的精神魂魄,是中华民族生命力的不竭源泉,也是维护国家统一和民族团结的精神纽带。在大力发展一体多元的中华文化的过程中，必须着力坚持对民族优秀文化传统的继承和发展。丢掉民族传统文化这一前提，就谈不上民族文化的繁荣与发展。不仅如此，在中国现代化进程中，还要使民族传统文化的发展与世界先进文化接轨，只有这样才能推动建设中华民族共有的精神家园，巩固和发展平等、团结、互助、和谐的社会主义民族关系。中国传统的"和"文化不仅承认多样性和差异性，承认矛盾的存在，而且强调平衡妥协、相互包容，倡导取长补短、寻求共赢。"和"文化也是倡导协商对话、寻求共识的中国式协商民主形成的丰厚文化土壤。

三是护国利民、崇和向善。我国宗教界始终具有护国利民的历史传统，抑恶扬善的道德准则，崇顺尚和的处事原则。儒家主张中庸，道家强调事物的相生相克、相辅相成，佛教强调戒和同修、身和同住、口和无诤、意和同悦、利和同均。中国各大宗教协会的宗旨也充分体现了护国利民、崇和向善的宗教原则。不仅如此，这些原则还体现在各大教派的日常行为活动之中，并反过来不断丰富着宗教文化的内涵。所以，党的各级统战部门必须组织社会力量，深入发掘宗教文化精髓，剔除其封建糟粕，使宗教文化更好地为社会主义先进文化建设服务。

四是明礼守信、义利兼顾。在社会主义市场经济建设中，新的社会阶层人士在打拼事业、创造社会财富的过程中，形成了开拓进取、敢为人先的创业精神，诚信重德、以义为重的发展理念，扶危济困、回报社会的责任意识。这既是他们打拼事业的精神支撑，也是他们健康做人的思想道德基础。所以，各级统战部门要把培育信义文化作为引导新社会阶层人士履行社会责任、促进阶层关系和谐发展的重要途径，鼓励新的社会阶层人士为发展生产、解决就业、提供税收、增强国力多做贡献，激发他们在扶贫济困、服务社会、回报人民、奉献祖国等方面的责任感，使他们在参与社会公益事业和光彩事业方面发挥主人翁意识，为全面建设小康社会和构建社会主义和谐社会做出应有的贡献。

五是同宗同源、念祖爱乡。海内外中华儿女同根同源、血脉相连，他们遍布世界各大洲却心系中华、不忘故土。改革开放以来，以血缘、亲缘、地缘、文缘、业缘为基础，以姓氏文化、祖地文化、宗亲文化、民俗文化为表现形式，以"海外杰青汇中华""公祭黄帝陵""中华同根文化行动"以及各种垦亲大会为载体，形成了具有很强凝聚力的同根文化。党的各级统战部门要充分利用这一感情纽带，切实增进海外中华儿女对祖国的认同，动员他们自觉服务祖国建设，为引进资金、技术和人才牵线搭桥，支持他们为传承和传播中华文化贡献力量，鼓励他们为促进两岸同胞的沟通理解、遏制"台独"分裂势力及活动、促进祖国统一做出贡献，号召他们为促进祖国与居住国的经济文化交流、增进中国人民和世界各国人民的友谊贡献智慧和力量。

（三）统一战线文化是社会主义协商民主的文化基础

首先，以求同存异、体谅包容为基本特征的统战文化有利于社会主义协商民主政治文化的形成。中华文化有容乃大的恢宏气度，海纳百川的文化精神，造就了其独有的"和而不同、求同存异"的基本特质。这种特质在中国政治生活领域一直产生着重要影响，也成为中国共产党统战文化的重要组成部分，为社会主义协商民主提供了深厚的文化基础。统战文化是一种以实现大团结和大联合为目标的文化，这从根本上决定了它具有包容与和谐的特征。统一战线本身就是同与异的矛盾统一体，"同"即统一性或一致性，"异"即矛盾性或差异性。"同"就是共赢、和谐、联合，这是统一战线产生和发展的基础。中国共产党领导的统一战线在长期发展过程中形成了"求同存异、体谅包容"的组织文化，其核心概念和基本范畴，如党的领导、共同利益、共同目标、团结合作、政治引导、民主协商、多样性与一致性对立统一、同和异对立统一等，都与社会主义协商民主的价值追求相契合。不仅如此，统一战线在我国政治生活中的长期实践及其所发挥的"凝聚人心、汇聚力量"的独特作用，使"求同存异、体谅包容"的政治协商理念获得了广泛的社会认同，这种先进的政治文化对我国社会政治的发展起着重要的促进作用。统一战线发展中所形成的政治协商文化，与协商民主所要求的多元参与、平等协商的运行机制，在谋求共同利益的基础上坚持求同存异、体谅包容、协调关系、化解矛盾的指导方针等，在基本精神与原则上是完全一致的。作为具有多元性、包容性、社会性、广泛性特征且获得广泛认同的政治组织，统一战线在我国政治生活中长期发挥着独特的作用，其所长期坚持的政治参与理念和方式，对人们社会政治生活参与理念和参与模式的建构无疑具有巨大的影响力和示范效应。因此，统一战线的协商理念，对推动社会主义协商民主理念深入人心，提高全社会对协商政治的文化认同，促进协商民主逐步扩展和深入到政治、经济、文化、社会生活的各个方面，都具有深远的意义。

其次，以团结合作为目标的统战文化为社会主义协商民主的建构提供了精神动力和支撑。统战文化注重在多样性中谋取共识，在多元中主导、团结、带领统一战线成员为共同目标而奋斗。注重"团结合作，民主协商"的统战文化，要求在工作实践中不仅实现好、维护好、发展好统战成员的根本利益，不断满足他们日益增长的物质文化需要，着力解决他们反映强烈的突出问题，而且还要求坚持问政于民、问需于民、问计于民，努力从统战成员中汲取智慧和力量。团结合作、包容和谐，统战文化的这一特征是在合作共事中形成的，而合作共事的过程则离不开协商民主。协商民主是我国人民民主的重要实现形式，统一战线又是社会主义协商民主的重要实现形式。党的十八大提出了健全社会主义协商民主的目标任务，不仅要求推进协商民主广泛、多层、制度化发展，而且还要求坚持协商于决策之前和决策之中，认真听取各党派、各民族、各阶层、各团体的意见和建议，集思广益、正确决策，并在此基础上自觉接受社会监督，增强协商民主的实效性。团结合作的统战文化在理念上倡导发扬民主，鼓励合作共事，这有助于充分调动统战成员的积极性、主动性和创造性，不断扩大和拓展有序的政治参与，推进民主决策、科学决策和依法决策，促进党的领导、人民当家作主和依法治国的统一。因此，团结合作的统战文化在文化导向层面为社会主义协商民主的建构提供了重要的精神动力和支撑。

最后，统一战线的制度文化为社会主义协商民主制度的建设与发展提供了保障。统战文化高度凝练了中国共产党在革命、建设和改革各个时期对统一战线方针政策和制度的设计，深刻蕴含着统一战线内部多种力量之间的共同政治理念、价值追求和行为规范。在中国共产党的领导下，特别是通过中国共产党领导的多党合作和政治协商制度、民族区域自治制度等，日益强化了人们对制度文化的重要性的认识，以及对制度的重要性的认同。统一战线的制度文化，对于克服制度建设滞后、制度执行不力、制度不协调等现实难题，对于解决经济社会发展、改善民生等方面遇到的实际问题，对于履行政治协商、民主监督、参政议政的职能，以及对于完善统一战线中政治协商制度、工作制度、协商民主制度等，都具有重要意义。

四、统一战线组织为社会主义协商民主奠定组织基础

（一）统一战线合作方式是社会主义协商民主发展的平台

社会主义协商民主包括政党协商、政府协商、政治协商等不同的协商渠道。统一战线作为党和国家进行社会整合的政治联盟，以各主体相互承认为前提，以求同存异、体谅包容为原则，以合作为主要形式，在实践中创建一系列合作方式和组织形式，从而为我国社会主义协商民主的孕育发展提供了实践平台。

统一战线的合作形式最先表现为以第一次国共合作为基础的国民革命联合战线。在这一时期，通过共产党员以个人身份加入国民党的方式实现了国共合作，在改组后的国民党内开展政党合作和协商。这一合作形式虽然还不是真正意义的社会主义协商民主，但它开启了党际合作与协商的先例，是中国共产党进行政党协商的一次成功尝试。按照政治学原理，政党是代表一定阶级、阶层或集团的利益，通过自身的思想、组织等建设，以达到执掌或参与国家政权并实现其政纲为目的的政治组织。政党政治的出

现，使民众和公共权力的单相关系变成了民众、政党、公共权力的三相关系。以第一次国共合作为基础的统一战线表明，当时是由国民党和共产党共同担负着现代国家建设的政治主导者的任务，正如毛泽东后来所指出："中国的革命，自从一九二四年开始，就由国共两党的情况起着决定的作用。"①

第一次国共合作的组织特征是共产党员以个人身份加入国民党。这种合作方式一方面有助于促进国民党改组为民主革命的联盟，使国民党成为"各阶级合作的党"，即作为工人、农民、城市小资产阶级、民族资产阶级以及部分地主的合作联盟的党。另一方面，有利于加入国民党的共产党员在国民党内部与之进行合作和协商，在目标一致的前提下集中双方力量完成共同任务。毛泽东在《国共合作成立后的迫切任务》中曾这样评价："由于两党在一定纲领上的合作……孙中山先生致力国民革命凡四十年还未能完成的革命事业，在仅仅两三年之内，获得了巨大的成就，这就是广东革命根据地的创立和北伐战争的胜利。这是两党结成了统一战线的结果。"② 但这种合作方式却没有体现出两党之间的独立性和平等性，共产党与国民党的合作、沟通、协商主要是通过加入国民党的共产党员个体来进行，容易导致国民党内部不同派别的矛盾与分化。就共产党而言，如何处理自身发展与统一战线的关系也是一个难题，容易导致为维护统一战线而放弃自身发展的错误倾向。国共合作统一战线在后来的破裂，就表明了这种合作形式的局限性。

到了以第二次国共合作为基础的抗日民族统一战线时期，我党充分吸取了这一历史教训，在实践中建立了政党合作—协商的新形式。

第二次国共合作以反对日本帝国主义及汉奸走狗为主要目的，是两党基于共同抗日而在政治上和军事上的合作。政治上，国民党承认共产党的合法地位；军事上，把共产党领导的军队编入国民革命军序列。因此这是国共双方都有军队和政权的合作。鉴于第一次国共合作的教训，共产党在

① 《毛泽东选集》第2卷，人民出版社1991年版，第364页。
② 《毛泽东选集》第2卷，人民出版社1991年版，第364页。

这次合作中较好地坚持了既统一又独立的原则，以及又联合又斗争的策略。在实践中，中国共产党深入敌后大力发展党组织和军队，开展独立自主的游击战争，并在统一战线的基础上建立了体现协商民主精神的"三三制"抗日民主政权。其中，"三三制"抗日民主政权是中国共产党的一个伟大创造，是把统一战线思想和协商民主原则有机结合起来的成功尝试。

"三三制"政权是在中国共产党领导下，在陕甘宁边区和各敌后抗日根据地建立的一种统一战线性质的抗日民主政权，是一种包括不同阶级、阶层、民主人士等多方面政治和社会力量在内的政治协商与合作的民主政权。在"三三制"抗日民主政权的人员组成上，共产党员占三分之一，代表无产阶级和贫农的利益；非党的左派进步分子占三分之一，代表小资产阶级利益；不左不右的中间派占三分之一，代表中等资产阶级和开明绅士的利益。这种政权形式开启了中国共产党与党外民主人士合作协商、构建民主政权的新篇章。从 1940 年 3 月中共中央提出"三三制"政策，到 1946 年 4 月陕甘宁边区在延安召开第三届参议会，"三三制"政权在边区有六年的实践，积累了丰富的政权建设经验。

尽管"三三制"政权的实践是初步的也是局部的，但它对中国共产党后来联合各民主党派和民主人士协商建国、实行多党合作和政治协商制度有着直接的影响，成为通过协商民主推动新民主主义政治建设的典范，开启了我国政治协商制度的先河。邓小平曾指出，"三三制"政权"不仅是今天敌后抗战的最好政权形式，而且是将来新民主主义共和国所应采取的政权形式"①。可以说，"三三制"政权实际上是一种以中国共产党为领导核心的政党合作—协商结构，是中国政治协商制度的雏形②。"三三制"政权关于民主政权内人员分配的比例原则，消除了一党包办的弊病，体现了不同阶级、阶层、民主人士之间的政治合作和协商；充分吸收各阶层、各界人士的代表参政议政，体现了充分尊重和信任党外人士、真诚与党外人士分享权力的民主精神；"提倡民主作风，遇事先和党外人士商量"，克

---

① 《邓小平文选》第 1 卷，人民出版社 1994 年版，第 8 页。
② 肖存良：《中国政治协商制度研究》，上海人民出版社 2013 年版，第 33 页。

服了共产党人"不愿和不惯同党外人士合作的狭隘性"①。1942 年 12 月《陕甘宁边区政府党团规则（草案）》规定：党团对政府的领导不能"超越政权组织直接下命令指示解决问题，强制党外人士服从。一切决议只有经过自己党员的努力，在政府会议或参议会中说服非党人士通过，才能发生效力"②。这种制度安排，有利于增强党与群众的联系，提高共产党的领导能力和水平，正如邓小平所说："党的优势不仅在于政权中的适当数量，主要在于群众的拥护。"③

"三三制"政权还探索实行了丰富的协商内容和协商方式。在"三三制"政权中，各阶层协商的主要内容是政府的大政方针，包括抗日救亡、发展生产、提高文化等，协商的方式包括会内协商和会外协商等。时任陕甘宁边区政府主席林伯渠指出："一切重要问题全靠至少主要靠会前会后经过个别协商，以座谈方式决定，提到正式会议上只是取得合法手续而已。遇有意见分歧，争议不能避免时，也要尽量使用会外谈话方式求得解决。"④ 在实践中，"三三制"政权还开创了非党民主人士座谈会的民主协商形式，对此周恩来曾指出："中国的事情，一定要经过党派协商，这也就是实行了毛泽东同志的'三三'制思想。"⑤

（二）人民政协的组织形式是社会主义协商民主的制度资源

中国人民政治协商会议（人民政协）是统一战线的组织形式，是中国共产党领导的多党合作和政治协商制度的重要机构。1949 年 9 月 21 日，中国人民政治协商会议第一届全体会议在北平举行，参加会议的代表共662 人，包括中国共产党、各民主党派、各人民团体、各地区、人民解放军、少数民族、国外华侨、宗教界人士等 46 个单位的代表以及特别邀请的

---

① 《毛泽东选集》第 2 卷，人民出版社 1991 年版，第 742-743 页。
② 中共延安市委统战部：《延安时期统一战线研究》，华文出版社 2010 年版，第 195 页。
③ 《邓小平文选》第 1 卷，人民出版社 1994 年版，第 9 页。
④ 《陕甘宁边区政府文件选编》第 8 辑，档案出版社 1987 年版，第 119 页。
⑤ 《周恩来选集》上卷，人民出版社 1990 年版，第 253 页。

人士，具有十分广泛的代表性。会议通过了具有临时宪法性质的《中国人民政治协商会议共同纲领》及《中国人民政治协商会议组织法》《中华人民共和国中央人民政府组织法》等，选举产生了中央人民政府，通过了关于国都、纪年、国歌、国旗的决议等。《中国人民政治协商会议共同纲领》及《中国人民政治协商会议组织法》明确规定："中国人民政治协商会议，就是人民民主统一战线的组织形式。"在当时还不具备召开普选的全国人民代表大会的条件下，中国人民政治协商会议肩负起执行全国人民代表大会职权的重任。人民政协的诞生，标志着中国革命统一战线在组织上的最后形成，标志着我国统一战线由一般的政治联盟上升为具有具体组织形式和共同纲领的政治联盟。1954 年 9 月第一届全国人民代表大会召开后，中国人民政治协商会议不再代行全国人民代表大会的职权，但它作为中国共产党领导的统一战线组织继续存在，在国家政治生活中成为共产党领导的多党合作和政治协商的重要机构，并逐步发展成为中国特色的政党制度体系。

从我国目前的政治体系架构来看，人民政协虽然不是国家权力机关，也不是国家行政机关，但它作为统一战线性质的政治协商机关，是国家政治生活中发扬社会主义民主的一种重要形式。毛泽东曾指出："人民代表大会是权力机关，有了人大，并不妨碍我们成立政协进行政治协商。各党派、各民族、各团体的领导人物一起来协商新中国的大事非常重要。……人大的代表性当然很大，但它不能包括所有的方面，所以协商仍有存在的必要。"[1] 人民政协的主要职能是政治协商、民主监督、参政议政。

在组织形式上，人民政协设全国委员会和地方委员会。全国委员会由中国共产党、各民主党派、无党派人士、人民团体、各少数民族和各界代表，香港特别行政区同胞、澳门特别行政区同胞、台湾同胞和归国侨胞代表以及特别邀请的人士组成，分为若干界别。在各省、自治区和直辖市，设中国人民政治协商会议的省、自治区、直辖市委员会；在自治州、设区的市、县、自治县、不设区的市和市辖区，凡有条件的均可设立中国人民

---

[1] 《建国以来毛泽东文稿》第 4 册，中央文献出版社 1990 年版，633–634 页。

政治协商会议的地方委员会。全国委员会对地方委员会的关系、地方委员会对下级地方委员会的关系是指导关系。这种组织形式，克服了单一政治组织的局限性，体现了中国共产党与各民主党派、各人民团体、各界人士之间团结合作、政治协商、民主监督的关系。人民政协组成人员的广泛性、界别性以及委员产生的协商性，为社会主义协商民主提供了协商主体的多样性。人民政协进行民主协商的宪法和政策依据，使之成为我国一种制度化的民主形式，具有政治合法性，这是西方协商民主所无法相比的。人民政协的组织形式和特点，使之具有能够将社会多元力量、多层次参与主体纳入体制内的天然优势。

中国人民政治协商会议通过多党合作、参政议政和民主监督，将社会各阶层代表的意愿反映到政治体系之中，实现政治参与主体之间的政治互动。通过充分协商和沟通，人民内部各方面在重大决策之前尽可能就共同性问题取得共识。人民政协强大的组织力和覆盖面，使之成为促进和完善我国社会广泛、多元、多层次协商参与的重要组织资源。正如习近平总书记在庆祝中国人民政治协商会议成立 65 周年大会讲话中所指出的：在中国社会主义制度下，有事好商量，众人的事情由众人商量，找到全社会意愿和要求的最大公约数，是人民民主的真谛。人民政协既集中体现了政党之间的民主协商，又充分体现了国家机构之间的民主协商，同时还广泛包容了社会各界及各方面代表人士之间的民主协商。可见，人民政协不仅开启了中国特色的协商民主形式在全国范围的实践，而且在其实践和发展中坚持以宪法、政协章程及相关政策为依据，以共产党领导的多党合作和政治协商制度为保障，集协商、监督、参与、合作于一体，有力地推动了我国社会主义协商民主的发展。

（三）统一战线制度规范是社会主义协商民主的制度保障

统一战线的制度建设是我党统一战线建设的重要领域。从党的统一战线的历史发展来看，其最初表现为一种思想理念和战略策略，在后来的实践中发展成为党领导的政治联盟组织乃至政权形式。随着中国共产党领导地位、执政地位的确立，我党又将统一战线中好的思想、理念、政策、经验、做法、形式等固定下来，以党的文件、国家法律法规的形式规范下来，从而形成了一整套的统一战线制度规范体系。所谓统一战线制度规范体系，就是与我党统一战线及统战工作各领域有关的法律、法规和文件的总和。中国特色社会主义法治体系中的"法"，不仅包括国家的法律、法规，而且包括党内法规，"国家法律和党内法规在中国社会的并存是中国社会法治的一个明显的特色"。统一战线的法规体系既包括宪法、基本法律、行政法规、地方性法规和规章，也包括党内法规和其他规范性文件。

首先是宪法中的统一战线制度规范。宪法是我国的根本大法，是具有最高法律效力的法，也是据以制定其他法律的基础。宪法包括序言和正文等部分，序言是宪法的重要组成部分。我国现行宪法在序言部分明确指出："社会主义的建设事业必须依靠工人、农民和知识分子，团结一切可以团结的力量。在长期的革命、建设、改革过程中，已经结成由中国共产党领导的，有各民主党派和各人民团体参加的，包括全体社会主义劳动者、社会主义事业的建设者、拥护社会主义的爱国者、拥护祖国统一和致力于中华民族伟大复兴的爱国者的广泛的爱国统一战线，这个统一战线将继续巩固和发展。中国人民政治协商会议是有广泛代表性的统一战线组织，过去发挥了重要的历史作用，今后在国家政治生活、社会生活和对外友好活动中，在进行社会主义现代化建设、维护国家的统一和团结的斗争中，将进一步发挥它的重要作用。中国共产党领导的多党合作和政治协商制度将长期存在和发展。"虽然学术界对宪法序言部分是否具有法律效力的问题存在争议，但是宪法对统一战线的权威性规定则是不容否认的。在此需要特别指出的是，1993 年八届全国人大一次会议通过的宪法修正案，首次把"中国共产党领导的多党合作和政治协商制度将长期存在和发展"作为重要内容载入我国根本大法，把具有统一战线性质的多党合作和政治协商制度提升为我国基本政治制度，这是我国政治生活和多党合作史上的一个里程碑，标志着我国新型政党制度的正式形成。

其次是法律法规中的统一战线法规制度。法律法规是指全国人大及其常委会行使立法权而制定的具有普遍约束力的法律文件，也包括国务院制定的行政法规、条例等规范性文件。我国第一部具有国家性质要素的规范性文件是由中国人民政治协商会议第一届全体会议通过的《中国人民政治协商会议组织法》。该法第一条明确规定："中国人民政治协商会议（以下简称中国人民政协）为全中国人民民主统一战线的组织，旨在经过各民主党派及人民团体的团结，去团结全中国各民主阶级、各民族，共同努力，实行新民主主义，反对帝国主义、封建主义及官僚资本主义，推翻国民党的反动统治，肃清公开的及暗藏的反革命残余力量，医治战争创伤，恢复并发展人民的经济事业及文化教育事业，巩固国防，并联合世界上以平等待我之民族及国家，以建立及巩固由工人阶级领导的以工农联盟为基础的人民民主专政的独立、民主、和平、统一及富强的中华人民共和国。"虽然这部《组织法》还不是严格意义上的国家法律，也不是纯粹的统一战线法律，但它作为统一战线法律的雏形，在当时发挥了非常重要的作用。

此外，作为规范人民政协的各党派团体和各族各界人士共同的行为准则的《中国人民政治协商会议章程》和《政协全国委员会关于政治协商、民主监督、参政议政的规定》等，规定了政治协商、民主监督、参政议政的主要内容、具体形式、会议议事规则和工作程序等，促进了协商民主的程序化和科学化，使之操作性更强，从而进一步完善了中国共产党领导的多党合作和政治协商制度①。此外，统一战线除了政党关系、阶级阶层关系外，还涉及民族、宗教、海内外同胞和侨胞等一系列群体，因而与之相关的基本法律还应包括《民族区域自治法》《宗教事务管理条例》《反分裂国家法》《中华人民共和国归侨、侨眷权益保护法》等。

再次是党内法规中的统一战线法规制度，主要包括：

1. 党章中关于统一战线的法规制度。统一战线不仅具有宪法地位，在《中国共产党章程》中同样具有重要地位。党章作为党内根本大法，在总纲部分对统一战线作了以下规定："中国共产党同全国各民族工人、农民、

---

① 于刚：《中国各民主党派》，中国文史出版社1987年版，第57页。

知识分子团结在一起，同各民主党派、无党派人士、各民族的爱国力量团结在一起，进一步发展和壮大由全体社会主义劳动者、社会主义事业的建设者、拥护社会主义的爱国者、拥护祖国统一和致力于中华民族伟大复兴的爱国者组成的最广泛的爱国统一战线""坚持和完善人民代表大会制度、中国共产党领导的多党合作和政治协商制度、民族区域自治制度以及基层群众自治制度。发展更加广泛、更加充分、更加健全的人民民主，推进协商民主广泛、多层、制度化发展，切实保障人民管理国家事务和社会事务、管理经济和文化事业的权利"。这与我国《宪法》对统一战线的规定是完全一致的。

2. 党内相关条例中对统一战线的规范。中国共产党关于统一战线法规制度建设的成绩非常显著，主要表现在党内文件和党代会政治报告对统一战线的有关规定，以及党中央出台的一系列关于统一战线的指导性文件或意见。例如，1989 年中共中央颁布的《关于坚持和完善中国共产党领导的多党合作和政治协商制度的意见》中，将共产党领导的多党合作和政治协商制度确定为我国的一项基本政治制度，明确了民主党派作为参政党的地位，提出了发展和完善多党合作制度的一系列政策措施，规定了民主党派参政的基本点和具体形式，是推进中国共产党领导的多党合作与政治协商制度建设的重要里程碑。1992 年党的十四大报告从社会主义领导力量和依靠力量的角度，论述了统一战线的重要作用，并把中国共产党领导的多党合作和政治协商确定为中国特色社会主义理论和制度的重要内容。2005 年和 2006 年，中共中央相继颁发了《关于进一步加强中国共产党领导的多党合作和政治协商制度建设的意见》《关于加强人民政协工作的意见》和《关于巩固和壮大新世纪新阶段统一战线的意见》三个重要文件，对新世纪统一战线的地位、特征和作用进行了新的规范，提出了一系列新的理论观点和政策，在中国共产党统一战线和多党合作史上具有重要的里程碑意义。2015 年中共中央颁布《中国共产党统一战线工作条例（试行）》，这是我党关于统一战线及统战工作的第一部党内专门法规，对统一战线的性质、地位、作用、指导思想、主要任务、范围和对象等作了明确规定。

《条例》进一步完善了我党关于民主党派和无党派人士工作的理论政策，把民主党派的职能确定为"参政议政、民主监督，参加中国共产党领导的政治协商"，并对支持民主党派履行职能的内容、程序、形式等作了规范；明确了统一战线各领域工作的基本要求和方针政策，使统战工作有章可循、有规可依；加强了党对统战工作领导的职责要求，规范了统战部门履行职责、发挥作用的要求等。

3. 中央各部门制定的党内法规。中央各部门制定的党内法规也称为部门党内法规，主要由中央办公厅、中央组织部、中央宣传部、中央统战部、中央对外联络部、中央政法委、中央政策研究室、中央编办、中央直属机关工委、中央国家机关工委等职能部门制定。中央各部门制定的党内法规的名称只能是规则、规定、办法、细则等。目前，规范统一战线具体工作的部门党内法规主要由中央统战部制定。

4. 省、自治区、直辖市党委制定的党内法规。省、自治区、直辖市党委有权制定本辖区内以规则、规定、办法、细则命名的党内法规，如《中共河南省委关于贯彻〈中共中央关于进一步加强中国共产党领导的多党合作和政治协商制度建设的意见〉的实施意见》《中共安徽省委贯彻〈中国共产党统一战线工作条例（试行）〉实施办法》《四川省〈中国共产党统一战线工作条例（试行）〉实施细则》等。这些党内法规也是中国共产党统一战线法律规范的重要组成部分。

上述统一战线制度和规范，为我国社会主义协商民主的发展提供了制度保障，主要体现在：

第一，确保社会主义协商民主的重要渠道和专门机构——中国人民政治协商会议的长期有效运行。从协商渠道上讲，社会主义协商民主主要包括政党协商、政府协商、政协协商、人大协商、人民团体协商、基层协商等。人民政协作为民主协商的重要渠道和专门机构，在社会主义协商民主发展中发挥着重要作用。我国宪法和党内法规中关于统一战线、中国共产党领导的多党合作和政治协商制度的规定，为人民政协的长期存在和有效运行提供了法律和制度保障。在1954年第一届全国人大召开以后，曾发生过人民政协是否还有必要存在下去的争论。当时有人认为，既然有了人民代表大会和新宪法，人民政协就没必要存在了；也有人认为，人民政协仍应成为国家的权力机构或半权力机构。为了打消各方面的疑虑，毛泽东专门召集参加全国政协二届一次会议的部分党外人士座谈，明确指出：有了人大，并不妨碍人民政协进行政治协商，各党派、各民族、各团体的领导人物一起来协商新中国的大事非常重要；人大的代表性当然很大，但它不能包括所有的方面，所以协商仍有存在的必要；政协不仅是人民团体，而且是个党派的协商机关，是党派性的机关①。时任中央统战部部长李维汉也明确指出："我国人民民主统一战线的内部关系是经过协商来调整的，国家事务中的重要问题是协商成熟而后决定的……中国人民政治协商会议全国委员会和地方委员会是政治协商机关，又是统一战线组织，在统一战线和国家政治生活中起着重要作用。"② 这就明确了人民政协长期存在的必要性，规定了人民政协具有的大团结大联合的统一战线性质。经过60多年的发展，人民政协作为中国人民爱国统一战线组织的地位始终没有改变，而统一战线存在的长期性以及宪法等赋予它的政治地位，也决定了人民政协必将长期存在和发展。人民政协的长期存在和发展，无疑为我国社会主义协商民主的制度化建设提供了重要平台和机构载体。

　　第二，促进了我国社会主义协商民主的独特形态——中国共产党领导的多党合作和政治协商制度的形成与发展。新民主主义革命时期，中国共产党通过两次国共合作分别建立了民主联合战线和抗日民族统一战线，以及抗日根据地的"三三制"抗日民主政权，这些都是我党统一战线政策的生动体现，开启了中国共产党与党外人士协商合作的典范。第一届中国人民政治协商会议的召开，标志着中国共产党领导的多党合作和政治协商制度的确立，使中国共产党领导下各革命阶级联合专政、协商建国、协商治国的统一战线精神进一步发扬光大。党的十一届三中全会后，统一战线得到恢复和发展，多党合作和政治协商走向制度化、规范化、程序化。多党

---

① 《建国以来毛泽东文稿》第4册，中央文献出版社1990年版，634页。
② 《老一代革命家论人民政协》，中央文献出版社1997年版，第222-223页。

合作和政治协商制度是我国社会主义协商民主的独特形态，是在党的统一战线理论与政策指导下逐步孕育、形成、发展和完善起来的。

第三，提供了社会主义协商民主制度不断创新发展的生动范例。中国共产党在统一战线和民主协商的实践中获得许多宝贵经验，这些经验经过不断积累沉淀，最后形成一系列制度规范。1989 年颁发的《中共中央关于坚持和完善中国共产党领导的多党合作和政治协商制度的意见》，是我国多党合作和政治协商走向制度化发展的重要标志。2005 年和 2006 年颁发的《中共中央关于进一步加强中国共产党领导的多党合作和政治协商制度建设的意见》和《中共中央关于加强人民政协工作的意见》，使我国多党合作和政治协商制度建设更加规范化，进一步明确了各协商主体的平等原则，体现了社会主义协商民主的基本特征，既为中国共产党同各民主党派、无党派人士、各界代表人士自由、平等、有序、有效的政治协商提供了保障，也为其他领域民主协商的形式和制度创新提供了参考借鉴。

第四，提供了稳定而规范的组织与制度保障。制度建设具有根本性、全局性、稳定性和长期性的特点。中国共产党同各民主党派、无党派人士在长期合作、共商国是的实践中，形成了一套完整的组织体系和制度性规范。从人民政协履行政治协商、民主监督、参政议政基本职能及其在中国政治体制中的地位作用来看，它不同于人民代表大会制度下的选举民主，而是人民内部各方面在重大决策之前和决策执行中进行的民主协商，是一种就共同性问题取得共识的民主形式。这种民主形式既体现为政党之间的民主协商，也体现为国家机构之间的民主协商，同时还广泛包括社会各界及各方面代表人士之间的民主协商。因此，人民政协不仅开启了中国特色协商民主形式的实践，而且在实践中形成了以宪法、政协章程和相关政策为依据，以多党合作和政治协商制度为保障，集协商、监督、参与、合作于一体的制度规范体系，从而为我国社会主义协商民主的发展和制度化建设奠定了坚实基础。

第四章

统一战线推进社会主义协商民主
制度化的主要优势

统一战线的发展对于推进社会主义协商民主制度化建设具有十分重要的意义，这是因为我们今天的政治制度及其形式与统一战线紧密相连，统一战线自身的优势、结构和功能，奠定了它在中国革命、建设和改革发展中的"法宝"地位。中国统一战线嵌入党的领导制度体系和国家治理的历史实践表明，不懂得中国共产党领导的统一战线，就不懂得中国政治，只有懂得了中国共产党领导的统一战线，才能真正懂得中国特色社会主义政治发展道路。统一战线以其最广泛的代表性和完整的组织体系，奠定了它在我国社会主义协商民主制度化建设中的突出地位，或者说，社会主义协商民主制度化建设离不开党的爱国统一战线的支持和参与。具体来说，统一战线对推进社会主义协商民主制度化的主要优势体现在以下几个方面。

一、协商主体的广泛性和智力优势

《中共中央关于加强社会主义协商民主建设的意见》明确提出，要加强政党协商、政府协商、政协协商，积极开展人大协商、人民团体协商、基层协商，逐步探索社会组织协商。作为我国社会主义民主政治的重要实现方式，协商民主充分体现在国家政权机关、政协组织、党派团体、基层组织和社会组织的运行中。与协商民主相契合，统一战线中的各界代表人士参加国家经济、政治、社会和文化事业管理，是我国社会主义民主政治的体现者、参与者和实践者，无论是立法协商、行政协商还是民主协商、参政协商和社会协商，都有统一战线成员作为协商主体参与其中，发挥着积极作用。习近平总书记在中央统战工作会议上强调："统一战线是做人的工作，搞统一战线是为了壮大共同奋斗的力量。"如果没有社会各界民主协商对决策的介入和对实施过程的监督，就很难保证决策的科学和落实的有效①。

（一）协商主体的广泛性

在新世纪新阶段，爱国统一战线具有空前广泛性、巨大包容性、鲜明多样性、显著社会性等特征。这一特征为协商民主提供了广泛的主体。从社会主义协商民主的重要渠道和专门协商机构——人民政协来看，作为统一战线的组织形式的人民政协，其主体涵盖各党派、各团体、各民族、各阶层、各界别和各方面代表人士。根据《中国人民政治协商会议章程》第二十条规定：中国人民政治协商会议全国委员会由中国共产党、各民主党派、无党派人士、人民团体、各少数民族和各界的代表，香港特别行政区同胞、澳门特别行政区同胞、台湾同胞和归国侨胞的代表以及特别邀请的人士组成。作为中国共产党领导下的各党派、各团体、各民族、各阶层和各界人士的大团结大联合组织，统一战线紧密联系着八个民主党派、中华全国工商联、五大全国性宗教组织、几十个全国性社会团体以及三十四个界别，联系着全国六十多万各级政协委员②，为反映和集中民情、民意、民智、民力，调动和发挥一切积极因素，提供了广阔坚实的基础。统一战线通过充分发挥自身联系各党派、各人民团体、社会各界和少数民族群众的优势，使各种利益要求通过体制内渠道经常地、畅通地反映到决策部门，从而有效协调各种利益关系。以第十二届全国政协委员为例，在2237名委员中，少数民族委员有258名，56个民族都有代表人士进入全国政

---

① 楚龙强：《协商民主、统一战线与公共决策》，载《学习与实践》2008年第1期。
② 朱红梅、薛婉雯：《统一战线：中国协商民主实现的有效途径》，载《广东省社会主义学院学报》2014年第4期。

协。统一战线还通过积极推动社会各阶层、团体、党派的有序政治参与，充分表达其各自所联系群众的具体利益，围绕社会热点难点问题和事关民众切身利益的问题，促进民主党派成员、无党派人士、非公经济代表人士以及新的社会阶层人士有机会依托统一战线参与协商。统一战线坚持求同存异，秉持合作、参与、对话、妥协、包容的精神，使社会各界人士可以通过协商对话充分发表意见，并在民主、平等的协商讨论中达成共识①。习近平总书记在十九大报告指出，"坚持一致性和多样性统一"。在不同主体参政过程中求同存异，才能共存共荣。多样主体的参政在增进社会稳定的同时，可以提高人民政协的公信力，加大人民群众的政治认同感，这有助于吸纳越来越多的人支持、参与人民政协的工作，为国家治理现代化提供源源不断的群众力量。多样主体的参政有利于党和政府及时化解矛盾，使得社会成员各司其职，各尽其能，从而为社会主义现代化建设凝聚力量。

（二）人才与智力优势

统一战线还具有智力密集、人才荟萃的独特优势。在统一战线 15 个方面的工作对象中聚集了一大批优秀人才，他们分布在社会各行各业，对社会上一些热点、难点问题往往有独到见解②。这些统一战线成员通常有着较高的政治责任感和较强的参政议政能力，长期在党的统一战线实践中经受锻炼，具备良好的政治素养，是推进社会主义协商民主制度建设的重要社会基础。随着我国经济社会结构的调整、产业延伸、技术创新以及互联网技术的广泛应用，一些新的社会阶层人士纷纷参与到统一战线工作中来，特别是随着自媒体的迅速发展，他们日益成为公共舆论的重要引领者，对公众合理表达利益诉求发挥着重要作用。例如，人民政协根据多元

---

① 李淑萍：《统一战线与协商民主广泛多层制度化发展浅议》，载《广东省社会主义学院学报》2015 年第 1 期。

② 葛歆：《统一战线在社会主义协商民主中的重要作用研究》，载《天津市社会主义学院学报》2015 年第 3 期。

社会结构与社会阶层分布现状，不断调整优化界别，其界别设置的数量和界别的名称也发生一定变化。人民政协界别数量从第二届政协的 28 个界别增加到第七届的 32 个界别，第八届到目前第十三届全国政协一直稳定在 34 个界别，政协界别调整过程中有增有减但整体呈现增加，近年来趋向稳定。人民政协每一界别代表都代表着一定社会群体的利益，其界别数量会根据社会结构发生变动，如八届全国政协增设了"经济界"，又将原来的"港澳同胞界"分为"香港同胞界"和"澳门同胞界"，为社会主体参与政治提高了更广阔空间。人民政协界别的变化不仅反映了其代表的广泛性，而且体现了统一战线智力密集、人才荟萃的独特优势。因此，统一战线能够充分利用这些优势，通过广泛的民主讨论和科学论证，使党和政府的决策更科学、更合理，也更规范、更有效。

二、协商内容的多层次性优势

随着全面深化改革的推进以及社会关系的重大调整，我国逐渐从同质型社会向分化型社会转变，多党派、多阶层、多民族、多宗教等不同群体间的利益多元化特征更加明显，迫切需要开展多层次的民主协商，通过融洽、平等、广泛的协商来促进冲突和问题的解决。公民参与是民主政治的核心问题之一，只有通过广泛有序的公民参与，民主政治才能真正运转起来。统一战线具有广泛的群众基础和社会基础，各方面代表人士都联系着特定的社会成员群体，统一战线内部的民主协商涉及各政党、阶层、界别和群体，它们不仅为自己所代表的界别群体表达利益诉求，而且重视全局利益。例如，它们紧紧围绕党和国家中心工作，聚焦全面深化改革的目标任务和经济社会发展重大问题，对解决产能过剩、设备制造业结构调整、大数据技术运用、生态环境保护、医疗卫生和司法体制改革等问题进行深入调查研究，为中央决策提供了重要依据。同时，它们还依托统一战线，围绕社会热点难点问题和事关民众切身利益的问题与党政机关进行广泛协商，就支持大学生就业创业、推进农村土地制度改革、推进城镇化健康发展、支持企业技术创新等提出意见和建议。

以政协十二届一次会议为例，政协委员、政协各参加单位和各专门委员会，认真贯彻落实中共十八大和十八届二中、三中全会精神，积极通过提案履行职能。一年来，共提出提案5884件，其中，大会提案5641件，平时提案243件。经审查，立案5403件，其中，委员提案5023件，民主党派中央和全国工商联提案361件，人民团体提案6件，界别和界别小组提案11件，政协专门委员会提案2件。① 总体来看，提案内容丰富，针对性强，通过提案办理，许多意见和建议被采纳，并落实或体现到国家相关政策、发展规划和部门工作中，促进了决策的科学化、民主化，为推动党和国家事业发展发挥了积极作用，展现了新一届政协委员的履职能力和水平。其中，包括重点围绕以下内容展开：第一，围绕加强和改善宏观调控、加快产业结构调整、促进区域经济协调发展、推动城乡发展一体化、加强生态文明建设等方面，提出提案2628件，为国家重要政策的制定和完善提供了参考。关于淘汰落后和过剩产能，遏制钢铁、水泥等行业盲目扩张的提案，国家发展改革委、工业和信息化部在编制国务院关于化解产能严重过剩矛盾的指导意见中，积极吸收和采纳了提案中的建议。关于加快推进营业税改征增值税改革的提案，提案委员会和经济委员会与提案人、提案承办单位开展了提案办理协商，财政部、国家税务总局吸纳提案意见，推动加快改革步伐，于2013年8月将交通运输业和部分现代服务业"营改增"试点推向全国，2014年1月起在铁路运输业和邮政业实施改革试点。多位政协委员提出关于建设自由贸易区的提案，商务部、海关总署等部门高度重视，为加快实施建立中国（上海）自由贸易试验区的国家战略，及时出台相关配套措施发挥了积极作用。针对雾霾等大气污染问题，提案就强化区域联防联控、严控污染物新增量、减少交通污染等提出多项建议，环境保护部会同有关部委在起草国务院《大气污染防治行动计划》

---

① 韩启德：《韩启德在政协第十二届全国委员会第二次会议上的讲话》，人民网 http://cpc.people.com.cn/n/2014/0313/c64094-24620655.html。

时充分采纳。关于加强中小投资者合法权益保护、开展优先股试点、建立原油期货市场、发展资产证券化业务等提案，证监会采纳提案建议，并体现在国务院出台的有关政策措施中，有力地促进了资本市场改革发展。关于加快推进珠江—西江经济带建设的提案，为完善国家区域发展整体布局提供了决策参考，相关规划已列入国务院区域规划审批计划。第二，围绕教育、卫生、社会保障等民生问题，提出提案1531件，及时反映关系人民群众切身利益的重要问题，推动了相关工作的改进。针对促进教育公平、大力发展职业教育等提案，教育部在制定关于全面改善贫困地区义务教育薄弱学校基本办学条件的意见、加快发展现代职业教育等政策措施中积极采纳相关建议。关于尽快解决企业退休人员养老金偏低问题的提案，人力资源和社会保障部积极采纳提案意见，再次提高了企业退休人员的基本养老金。针对社会普遍关注的养殖业滥用抗生素问题，提案提出了健全药物残留监控体系等应对之策，农业部在与提案人充分沟通协商的基础上，出台了6项具体措施，进一步保障动物产品的质量安全。针对我国经济社会发展与人口形势的不断变化，提案提出调整完善生育政策的建议，为国家卫生计生委落实中央决策部署，研究制定"单独两孩"政策提供了重要参考。第三，在完善中国特色社会主义法律体系、加强社会治理和廉政建设、促进社会和谐稳定等方面，提出提案1244件。各提案承办单位将认真办理提案，作为反对"四风"、密切联系群众的重要内容，推动解决了提案中提出的相关问题。对提案提出的遏制豪华晚会，反对形式主义和奢侈攀比之风的意见，中央宣传部、财政部、文化部、审计署、国家新闻出版广电总局，在贯彻落实中央八项规定中充分吸纳，出台了制止豪华铺张、提倡节俭办晚会的文件。提案关注家庭暴力问题，呼吁推进立法进程，全国人大常委会法工委采纳落实提案建议，将制定《反家庭暴力法》列入十二届全国人大常委会立法规划。提案对普通百姓关注的便利公民出入境证件办理问题提出了具体建议，公安部积极采纳提案意见，出台5项便民利民措施，提高了公共服务水平。针对提案提出的改进科技进步奖励评选制度、严格评奖内容审核机制等建议，科技部积极采纳，并在奖励制度改革中付诸实施。

以政协十二届二次会议为例，政协委员、政协各参加单位和各专门委员会，认真贯彻落实中共十八大和十八届三中、四中全会精神，聚焦改革发展和依法治国中的重大问题，积极通过提案履行职能。一年来，共提交提案6101件，其中，大会提案5875件，平时提案226件。经审查，立案5052件，其中，委员提案4663件，各民主党派中央和全国工商联、政协各专门委员会等提出集体提案389件。① 总体看，提案内容丰富、重点突出，问题导向鲜明、针对性强，体现了政协委员、政协各参加单位的高度责任感、使命感。截至2015年2月20日，已办复提案5046件，办复率为99.8%。从整体办理情况看，已经解决或采纳的占20.6%；列入计划拟解决或采纳的占63.8%；作为工作参考的占15.6%，为推动党和国家中心工作的落实发挥了重要作用。其中，包括重点围绕以下内容展开：第一，围绕全面深化改革，提出提案1108件。关于发展混合所有制经济、推进国有企业改革、促进中小企业发展等提案，发展改革委、国资委、工业和信息化部在研究推进国有企业发展混合所有制经济、实施扶助中小企业专项行动中，积极采纳相关建议。关于加大简政放权力度，推进行政审批制度改革的建议，推动了行政审批制度改革取得阶段性成果。关于推进市场监管转型、建立统一开放竞争有序市场体系的提案，商务部落实委员建议，完善配套立法，加大对垄断行为的查处力度。关于建立健全政府性债务预算管理机制和风险预警机制的提案，财政部充分吸收提案建议，修改完善了加强地方政府性债务管理的相关细则。关于建立全覆盖的社会保障制度的提案，有关部门认真研究采纳，积极稳妥推进机关事业单位养老保险制度改革。针对提案提出有序放开中小城市落户限制等建议，公安部等部门在起草户籍制度改革意见时充分吸纳，提案建议转化为实实在在的改革措施。第二，围绕全面推进依法治国，提出提案808件。关于制定和修改相

---

① 齐续春：《中国人民政治协商会议全国委员会常务委员会关于政协十二届二次会议以来提案工作情况的报告》，中国政协网 http://www.cppcc.gov.cn/zxww/2017/12/16/ARTI1513333598298524.shtml。

关法律法规的建议，得到充分吸收，环境保护法、行政诉讼法已修订通过，反恐怖主义法、食品安全法正在制定和修改，海洋基本法、网络安全法已列入相关立法计划。关于完善行政执法程序、加强执法队伍建设等建议，国务院法制办在起草行政执法程序条例、监督条例中吸纳。关于完善人民陪审员制度等建议，最高人民法院认真采纳，开展改革试点工作，拓宽了人民群众有序参与司法的渠道。关于深入落实八项规定等提案，为加强党风廉政建设、推动反腐败工作创新提供了重要参考。关于坚持法治与德治相结合、培育和践行社会主义核心价值观等提案，中央宣传部、共青团中央等积极采纳落实，进一步推动社会主义核心价值观融入各行各业、融入大众生活。第三，围绕促进经济持续健康发展和生态文明建设，提出提案1451件。关于推动工业节能减排、淘汰和压缩过剩产能、发展新能源汽车产业的建议，有关部门在制订节能减排低碳发展行动方案、产能置换实施办法、新能源汽车推广应用指导意见中积极采纳。关于推动农村土地承包经营权流转、培育和发展农村新型生产经营主体的提案，农业部、国土资源部、保监会等充分吸收提案建议，中央出台了引导农村土地经营权有序流转发展农业适度规模经营的意见。关于加强互联网金融监管、建立人民币国际结算中心、启动沪港通等提案，人民银行、银监会、证监会予以落实，促进了金融市场健康发展。关于探索跨区域跨流域生态补偿机制、加大海洋生态环境保护力度、建设生态文明示范区的提案，环境保护部、水利部、林业局、海洋局等充分吸收提案建议，统筹推进国家生态保护综合试验区建设，建立海洋生态红线制度，促进毕节等地建设生态文明示范工程试点市。第四，围绕保障和改善民生，提出提案1012件。关于促进教育公平、统筹教育资源均衡配置等提案，教育部等充分采纳有关建议，调整了国家助学贷款资助标准和资助比例、加大了义务教育学校校长教师的交流轮岗力度。关于加快公立医院改革的提案，卫生计生委等部门加大工作力度，取消以药补医，深入推进县级公立医院改革。提案提出的公共文化服务均等化、培育体育产业新型市场主体等建议，文化部、体育总局在制定出台相关文件中切实研究吸纳。对提案关注的建筑工人工伤维权问题，人力资源和社会保障部、安全监管总局、全国总工会等制定实施了《关于进一步做好建筑业工伤保险工作的意见》。关于建立基本住房保障制度、完善住房公积金制度的提案，住房和城乡建设部等部门积极采纳，加快研究制定城镇住房保障条例、修订住房公积金管理条例。第五，委员们还就民族地区跨越式发展，促进宗教与社会主义社会相适应，推进国防和军队现代化建设，贯彻"一国两制"方针、坚持基本法、维护港澳地区长期繁荣稳定，深入做好台湾民众工作、推进祖国和平统一，维护华侨合法权益等，提出提案673件，为党政部门改进工作、科学决策发挥了重要作用。

以政协十二届四次会议为例，政协委员、政协各参加单位和各专门委员会，认真贯彻中共十八大和十八届三中、四中、五中、六中全会精神，紧密团结在以习近平同志为核心的中共中央周围，按照统筹推进"五位一体"总体布局和协调推进"四个全面"战略布局要求，贯彻落实新发展理念，围绕"十三五"规划的实施，深入调查研究，积极建言献策，提交提案5769件。经审查，一年来，立案4279件，转"意见和建议"1159件，并案230件，撤案101件。① 在经济建设方面，提出提案1718件。关于在供给侧结构性改革中化解过剩产能、鼓励大型国有企业兼并重组、妥善处理国有商业银行不良贷款资产、金融支持民营企业发展的建议，国家发展改革委、国务院国资委、财政部、中国银监会在完善企业退出机制、出台财政金融支持政策时予以采纳。关于加快推进"一带一路"建设的建议，中国贸促会等在建设"一带一路"国际信息共享平台、为企业走出去提供全方位信息服务工作中予以采纳。关于全面提升中国制造业竞争力、加快企业技术创新的建议，工业和信息化部等在《关于完善制造业创新体系，推进制造业创新中心建设的指导意见》中予以采纳。关于进一步防范化解金融风险、完善互联网金融准入管理、理顺网络借贷法律关系的建议，中国人民银行等在开展互联网金融风险专项整治、加强网络信贷信息中介机

---

① 马培华：《中国人民政治协商会议全国委员会常务委员会关于政协十二届四次会议以来提案工作情况的报告》，中国政协网 http://www.cppcc.gov.cn/zxww/2017/03/14/ARTI1489455590147389.shtml。

构管理中予以采纳。关于解决新型农业经营主体融资难的建议，农业部、中国农业发展银行在支持建立农业信贷担保体系工作中予以采纳。关于发挥电子商务在脱贫攻坚中作用的建议，国务院扶贫办、商务部等在《电子商务"十三五"规划》《关于促进电商精准扶贫的指导意见》中予以采纳。关于建立全国统一的市场主体信用信息共享平台的建议，工商总局等在深化商事制度改革中予以采纳。关于明确网约车服务标准、推动出租车行业改革的建议，交通运输部等在制定《网络预约出租汽车经营服务管理暂行办法》时予以采纳。在政治建设方面，提出提案 322 件。关于制定《行政程序法》的建议，全国人大常委会法工委等正在组织有关方面研究论证。围绕深化行政审批制度改革、运用互联网和大数据技术推动政务改革的建议，中央编办等加快推进政府职能转变，推出让信息多跑路、让群众少跑腿的网上"一条龙"服务。关于治理懒政怠政、建立监督举报投诉制度的建议，中央纪委等以贯彻《中国共产党问责条例》为契机，加强制度建设，加大查处失职渎职、懒政怠政典型问题力度。关于推进社会主义核心价值观建设的建议，在中共中央办公厅、国务院办公厅印发的《关于进一步把社会主义核心价值观融入法治建设的指导意见》中得到体现。关于促进民族团结、维护社会和谐稳定、推动民族地区持续健康发展的建议，国家民委等在编制"十三五"促进民族地区和人口较少民族发展、兴边富民行动等规划中予以采纳。在文化建设方面，提出提案 460 件。关于加强红军长征主题纪念设施保护和长征历史宣传的建议，中央宣传部在组织开展长征胜利 80 周年纪念活动中予以充分考虑。关于发挥科技在文化遗产保护中作用的建议，科技部、文化部、国家文物局等将此列入《"十三五"文化遗产保护与公共文化服务科技创新规划》。关于媒体要带头激活全民科技创新思维的建议，新闻出版广电总局等加强科技平台建设，推进科技、科普类视听节目的制作与传播。关于充分利用筹办冬奥会的历史机遇，推动冰雪运动及产业发展的建议，体育总局等在制定《群众冬季运动推广普及计划（2016—2020 年）》时予以采纳。在社会建设方面，提出提案 1344 件。关于做好化解产能过剩过程中人员安置工作的建议，人力资源和社会保障部等在实施创业担保贷款支持就业、化解钢铁煤炭等过剩产能行业职工安置工作中予以采纳。针对解决好随迁子女入学的建议，教育部等将随迁子女义务教育纳入发展规划和财政保障范围，坚持以流入地政府为主、以公办学校为主接收随迁子女入学。关于建立新型社会化养老体系的建议，国家卫生计生委、住房城乡建设部、全国老龄办等完善居家养老支持政策，加快提升居家养老服务供给能力。关于加快食品安全监管体系建设的建议，食品药品监管总局等予以采纳，出台《食品生产经营日常监督检查管理办法》等 5 项规章制度。针对提案反映强烈的电信网络新型违法犯罪问题，公安部等开展专项打击行动。在生态文明建设方面，提出提案 303 件。关于加强长江经济带生态保护区域合作、构建长效机制的建议，环境保护部等在编制《长江经济带生态环境保护规划》中予以采纳。关于推动节能减排、治理大气雾霾的建议，国家能源局等在推进燃煤发电清洁化、调整供热能源消费结构等工作中予以采纳。关于快递业包装减量化的建议，国家邮政局在推进快递业绿色包装工作中予以采纳。关于加强湿地保护的建议，水利部、国家林业局等在开展湿地保护修复等工作中予以采纳。关于修复和治理矿山地质环境的建议，国土资源部在加强矿山地质环境修复和综合治理中予以采纳。一些提案还就贯彻"一国两制"方针、促进祖国和平统一、扩大对外交往等提出了意见和建议，有关单位高度重视，认真办理。

再比如，政协十三届一次会议期间，政协委员、政协各参加单位以习近平新时代中国特色社会主义思想为指导，聚焦决胜全面建成小康社会、开启全面建设社会主义现代化国家新征程重大问题，瞄准抓重点、补短板、强弱项，积极通过提案建言献策。截至 2018 年 3 月 9 日 17 时，共收到提案 5360 件。根据政协全国委员会提案工作条例、提案审查工作细则，经审查，立案 4438 件，合并处理 88 件。不予立案 834 件，其中，转为意见和建议 777 件。在立案提案中，委员提案 4049 件，占 91.23%；集体提案 389 件，占 8.77%。总体看，提案重视质量、不比数量，注重一事一案，围绕中心选题准，反映民意接地气，内容精练、建议具体。但也有些提案过于宏观、内容空泛、涉及办理部门较多。在立案提案中，经济建设方面提案 1613 件，占立案总数的 36.35%；政治建设方面提案 437 件，占 9.85%；文化建设方面提案 336 件，占 7.57%；社会建设方面提案 1446 件，占 32.58%；生态文明建设方面提案 403 件，占 9.08%；其他提案 203 件，占 4.57%。① 反映比较集中的建议：一是在发展社会主义民主政治方面，主要有坚持和加强党的全面领导；加强宪法实施、宣传和教育，深化依法治国实践；坚持和完善中国共产党领导的多党合作和政治协商制度；深化党和国家机构改革；助推"放管服"改革；优化营商环境；解决政务"信息孤岛"；完善监察程序与司法程序衔接机制；推进科学立法、民主立法、依法立法。二是在打好防范化解重大风险、精准脱贫、污染防治攻坚战方面，主要有强化金融监管统筹协调，防范化解地方政府债务风险；加大对深度贫困地区支持力度，激发脱贫内生动力，改进考核监督方式；持续打赢蓝天保卫战，加强污染物排放治理。三是在推动高质量发展方面，主要有深入推进供给侧结构性改革；推动集成电路、新能源汽车、新材料等产业发展；大数据与实体经济融合；共享经济新业态健康发展；提升军民融合整体水平；进一步减轻企业税负，改革个人所得税；创新知识产权融资租赁模式，促进科技成果转化；深化基础性关键领域改革，加强国家质量基础设施建设；大力实施乡村振兴战略，推进农村土地制度、经营制度和集体产权制度改革；持续推动京津冀协同发展，高标准建设雄安新区，加快粤港澳大湾区建设。四是在社会主义文化繁荣兴盛方面，主要有广泛弘扬社会主义核心价值观；继承发展中华优秀传统文化；壮大数字文化产业；加快大运河文化带建设，深化"一带一路"文化交流合作。五是在提高保障和改善民生水平方面，主要有鼓励大学生、返乡农民工创业就业；普惠性学前教育健康发展；构建中国特色现代学徒制，培养"大国工匠"；推动家庭医生签约服务广泛覆盖；打击房地产投机炒作，加快培育

---

① 《中国人民政治协商会议第十三届全国委员会第一次会议提案审查委员会关于政协十三届一次会议提案审查情况的报告》，中国政协网 http://www.cppcc.gov.cn/zxww/2018/03/15/ARTI1521108918818309.shtml。

住房租赁市场；大力发展医养结合养老模式；切实保护妇女儿童权益；运用大数据、物联网等信息技术，提升社会治理智能化水平。六是在建设美丽中国方面，主要有扩大山水林田湖草生态保护修复工程试点；加强垃圾源头减量和资源化利用；整治农村人居环境；完善环境监测体系；建立健全生态文明建设责任审计制度。七是提案还在促进民族团结、宗教和睦，落实侨务政策，走中国特色强军之路，全面准确贯彻"一国两制"方针，推进祖国和平统一进程，推动构建人类命运共同体等方面，提出了建议。

由此可见，政党协商的内容主要涉及国计民生等重大问题，各民主党派履行的是参谋的职责，可以直接向各级中共党委建言献策，具有很强的直接性和时效性。人大协商主要体现在人大代表选举、立法、重大问题审议、重大决定决策、人事任免、人大代表提案等方面，从统一战线的角度看，一是在人大代表中保持一定比例的党外候选人和党外人士任职数，二是在人大立法环节中党外人士对立法草案提出意见和建议，充分征求社会各方面的意见，最后再进入立法表决程序。在政府协商中，充分发挥统一战线的人才和智力优势，建立党外代表人士与政府部门之间互动的长效机制，提高协商的规范化程度。在政协协商中，统一战线的重要作用体现在：在政协委员产生机制中，选出具有协商意识和能力的政协委员；在政协委员履职反馈评价体系中，增强人民政协活力，确保协商的有效性；在政协协商内容的确定机制中，提升政协协商的制度化水平；引导各界各部门发挥自身优势，在专题协商、对口协商中发挥作用。人们团体协商与其他协商存在交叉和共同关切的内容，不同层级的协商侧重点也有所不同，例如全国妇联、全国工商联、中华全国总工会等全国性人民团体在政党协商中发挥重要作用，而基层人民团体组织则主要在社区层面开展协商。基层协商直接关系到人民群众的切身利益，是扩大公民有序政治参与的主要形式，是中国特色社会主义协商民主实践的基础和重点。

三、协商平台的多元化和便捷化优势

统一战线组织为社会主义协商民主的发展提供了多元化和便捷化的平台。例如，在政党协商中，党中央及各级党组织在作出决策之前，一般都要听取民主党派和党外人士的意见建议，其主要途径包括：就即将提出的国家大政方针邀请民主党派和无党派人士进行协商；根据形势和现实需要不定期邀请民主党派和无党派人士举行高层次、小规模的会谈，交换意见、沟通思想；召开民主党派和无党派人士座谈会通报或交流重要事项，传达重要文件，听取政策建议等。政党协商的开展一方面促进国家大政方针的民主决策，另一方面通过在党内外广泛开展协商增强社会团结。

协商民主贯穿于人大立法和政府决策的始终，其协商形式和平台构成了协商民主和科学决策的重要依据。立法协商是人大协商的重点内容，越来越频繁地被各级人大所采用，以便实现民主立法。近年来，全国和地方各级人大在立法协商程序中最具代表性的措施，就是把立法听证制度纳入立法程序，取得了显著实效。开展政府决策协商是扩大社会治理、减少决策失误的有效途径。统一战线在推动政府协商方面已积累了一定经验，确立了政府协商决策的基本原则，凡是涉及社会经济发展和人民群众切身利益的问题和事项，必须在听取社会各方意见和建议的基础上协商决策。同时把与民主党派和无党派人士的协商纳入决策过程，并在涉及特定群体利益的事项时加强与相关人民团体、社会组织和群众代表的协商沟通。

人民政协是爱国统一战线组织，既是中国共产党领导的多党合作和政治协商的重要机构，也是社会主义协商民主的重要组织形式。人民政协作为社会主义协商民主的重要渠道和专门协商机构，其特点是覆盖面广、包容性强，能更全面地反映各界人士的声音。此外，体察民情、反映民意也是人民政协的一项基本工作，人民政协内部各部门都可以参与到协商民主平台的搭建中来。

人民团体不仅是人民群众自我管理的组织，也是中国共产党联系人民群众的重要桥梁和纽带，是组织各界群众贯彻落实党和国家方针政策的重要载体，是我党广泛听取各界群众声音、了解各界群众意见和建议的重要渠道。其中，许多人民团体本身也是统一战线的组织形式，在联系和团结各自成员积极参加社会主义建设方面发挥着重要作用。此外，一些民族区域自治地方在中央政府的统一领导下，在宪法和法律的范围内，通过自治机关行使自治权，就本地区各项事务进行协商，也是统一战线促进协商民主发展的重要渠道。

除以上协商平台以外，基层协商平台的发展充分发挥了协商民主的便捷化优势。当前，我国各种社会矛盾和纠纷大多发生在基层，因此广泛开展基层协商对于推动社会矛盾的源头治理具有重要意义。植根于群众日常生活的基层协商和社会组织协商，在现实实践中孕育了各种具有地方特色的多样化协商平台。

比如，宁夏回族自治区石嘴山市大武口区长胜街道长胜村通过"两访三评一决议"机制化解矛盾促和谐。宁夏回族自治区石嘴山市大武口区长胜街道长胜村位于大武口城区西南，下设6个村民小组536户1760人，总耕地面积3200亩。由于部分土地协议缺失、开荒手续不全、界址不清、土地权属不清等历史遗留问题，导致村民与村集体、村民与村民间的矛盾纠纷易发多发，这一矛盾随着工业园区建设，征地补偿问题进一步被激化，社会矛盾纠纷引发的各类群体性事件时有发生，影响了社会稳定。为此，村"两委"积极探索和推进民主协商，建立了"两访三评一决议"的民主协商模式，有效化解矛盾纠纷，实现了村民"话有地方说、愿有地方表、惑有组织解、难有政府帮"。第一，"两访"查实情，畅通群众利益诉求渠道。"两访"即驻村干部、村两委、街道党工委，积极接访与主动走访相结合，全面、客观、及时了解村民的利益诉求。在街道设立"综合治理中心"，在各村设立矛盾纠纷调解室，搭建起覆盖村居、街道两级的受理群众利益诉求平台。各驻村干部以及村"两委"班子成员、街道党工委委员在工作日轮流坐班接访，会同司法所法律顾问、专职调解员以及法官和检察官等司法人员为群众解答相关政策、提供法律援助、调处矛盾纠纷。在做好接访工作的同时，村"两委"班子、街道党工委委员及驻村干部深入村队，按照网格划分和"五个一"工作法，定期收集社情民意，排查矛盾纠纷、服务重点群体。街道"综合治理中心"根据街道、驻村干部反馈的信息，特别是对涉及土地纠纷等关系群众切身利益的事情，采取定责定人限时办结的方法及时安排调解。第二，"三评"辨情理，多方参与调解争议纠纷。"三评"即针对土地纠纷历史成因复杂、部分村民重利轻法的特点，调解中以严守法律规定、尊重历史现实、解决合理诉求为原则，村两委、村监会成员向村民讲清道理；司法人员向村民讲解《土地管理法》《农村土地承包法》等土地权属和征地补偿的相关政策法辨明法理；红白理事会成员、威望高长者、懂事理的邻里亲友在给双方充分表达诉求权的基础上，对存在纠纷的土地权属进行举证、评判以理清情理。最终化解矛盾，止纷定争，并将处理结果和过程向村民及时反馈。第三，"一决议"解纠纷，民主决议合理化解矛盾。"一决议"即涉及村级重大事项和多数群众利益的矛盾纠纷，召开村民会议或村民代表会议，按照"五步工作法"进行民主决议。充分发挥村级组织的自治作用，对于重大事项，依据村级民主管理的有关规定，经过司法人员、街道调委会成员、村民代表三方评议提出的矛盾纠纷处理意见，并经村民代表会议集体讨论、决定，并及时进行公示，广泛接受群众监督。"两访三评一决议"纠纷调解模式已被应用于多起村民与村集体间的土地纠纷案件，如汝箕沟二期防洪工程征用长胜村土地56.3亩。村民杨某某到村上反映被征用土地是他依法取得的开荒地，并要求获得合理补偿。长胜村村委会即时启动"两访三评一决议"调解模式，就杨某某所反映的情况进行全面摸底调查后，邀请人大代表、村监会成员、法官对调查结果进行评议。评议结果表明，杨某某在土地开发期间没有严格按照相关法律规定进行开垦，同时缺少向土地管理相关部门登记备案的手续，其并不享有此块土地使用权。但考虑到杨某某对这块土地的开垦属于既成事实，因此建议按实际开垦情况和费用支出给予一定的经济补偿。对于这一评议结果，长胜街道党工委与长胜村村"两委"联合"两代表 委员"讲清道理、司法工作人员辨明法理、有威望的家族长者理清情理，后经村民代表会议形成决议。最终使矛盾各方达成一致，问题得到妥善解决。自采用"两访三评一决议"模式以来，已成功化解了遗留疑难复杂信访件8件，涉及当事人28人，涉及土地面积175.4亩，涉及金额90余万元，进一步拓宽了群众利益诉求的渠道，妥善解决了群众的合理诉求，实现了"小事不出门、大事不出村、矛盾不上交"。①

再比如，山东省济宁市经济开发区疃里镇大王社区的"三三五"协商机制。2016年，山东省济宁市经济开发区出台了《关于进一步做好城乡社区协商工作的实施意见》，并选取疃里镇大王村为第一批城乡社区协商工作试点村。疃里镇大王庄村全村315户，总人口1168人。大王村充分发挥民主协商议事会和乡贤参事会的独特作用，不断推进农村社区协商制度化、规范化和程序化进程，取得了良好效果。第一，搭建平台，建立村级重大事项社区协商制度。广泛参与，形式多样。在原有村务监督委员会、党员代表会议、村民代表会议等传统组织机构基础上，相继成立了民主协商议事会、乡贤参事会、青年创业联盟、青年志愿者联盟、文体协会、门球队、舞蹈队、种植合作社等新型组织；创建了家园论坛、大王村微信群等多种参与形式的宣传互动载体，增加了与村民的沟通渠道。完善制度，公开运行。在建立完善各项社区协商规章制度的基础上，制订了社区协商工作计划，绘制了《大王村社区协商示意图》，明确协商内容、规范协商程序、完善工作台账，重大事项全程依规进行，决策过程公开透明。社区协商过程中提出的意见、建议，由专人负责记录，经整理后形成书面意见，向村"两委"及镇党委、镇政府报送。村"两委"对民主协商后的重大事项决策、执行情况，在公开栏内公开，接受群众监督。村务监督委员会始终参与其中，确保各类事项落实到位。第二，规范机制，促使社区协商体系不断完善。打造"三大理念"。六送理念：指送政策、送服务、送爱心、送技能、送法律、送平安。七有理念：指有组织、有章程、有骨

---

① 宁夏回族自治区石嘴山市民政局：《"两访三评一决议"化解矛盾促和谐》，《乡镇论坛》2018年第4（上）期，第11页。

干、有计划、有场地、有投资、有作用。八好理念：指党支部堡垒作用巩固好、村委会自治水平发挥好、党员先锋引领好、妇女组织带动好、弱势群体关爱好、乡贤形象树立好、惠民政策落实好、社区便民服务好。分为"三类内容"。村党支部根据年度工作重点，将协商内容分为三类，即：表决类、恳谈类、通报类。表决类：指涉及村级经济发展、社会事务等重大事项，通过表决的方式提出明确的建议意见。恳谈类：指涉及群众切身利益的民生工程，在调研的基础上，通过恳谈进一步听取意见，或者围绕某一群众关注的热点问题需要进行专题恳谈等事项。通报类：指需要向群众通报的两委干部分工、履职承诺、工作计划及工作落实情况等。经过"五个步骤"。选题定事。年初由村党支部根据年度工作重点、班子承诺等初步排出全年民主协商工作计划。调研明事。将确定课题分工落实到人，开展课题调研、可行性分析。协商议事。由村党支部书记主持，一般以党员、村民代表及民主协商议事会成员为参加主体，也可邀请有关领导、部门、专业技术人员及乡贤参事会成员参加。研究决事。村党组织召开班子会议研究，或按照法定程序提交村民代表会议表决通过。结果公示。将办理结果通过村务公开栏、村级微信群、广播等形式予以公示，接受群众监督。第三，创新形式，乡贤助力社区协商工作。为了提升农村社区服务水平，注重树立乡贤形象，创新和发展乡贤文化，大王村于2017年年初成立了7人组成的民主协商议事会和20人组成的乡贤参事会，把老党员、老干部、老族长、在外创业的本村籍企业家、祖籍在村的政企届精英和进步青年、种植大户、贤德女性纳入社区协商的组织之中，给他们搭建平台，让他们发声，给他们身份和尊重，激发他们建设家乡的热情；目前共有10位乡贤人士赞助了8万元支持村内各项建设事业。通过建组织、搭平台、定制度、搞活动，并以座谈、讨论、书面建议、及时通报等多种方式，把民主协商的新成员融入"四议两公开"工作法之中，为全村发展注入了新的活力。最后，积极实践，社区协商成效显著。在创建美丽乡村过程中，充分发挥社区协商的独特作用，确立大王庄村发展理念、发展主题和农业产业转型升级的规划设计。为打造人居优美环境，建设完成了一条主街，建设了"乡贤文化宣传栏"。为提高村民收入水平，完成 1000 余亩的上地流转，400 亩低产田改良建设项目，培养扶持 4 个种植大户，完成了粮食烘干建厂、食油压榨商标注册等村旅游衍生品制作等产业链条拉长的推动工作。为提升村民文化素质，开办了"村民大讲堂"，通过宣传传统文化、聆听普法讲座、传授生产技能、指导妇女维权、创办创业论坛等方式，普及群众关心关注的生活常识，提高群众自身素质和生活技能，实现了"村庄变学校，村民进课堂"。为优化产业结构调整，加快转变农业发展方向，借力乡贤人士的人脉力量和经济基础，打造出山东济宁美丽田园景观区。①

从以上两个案例可以看出，城乡社区是社会治理的基本单元。城乡社区治理事关党和国家大政方针贯彻落实，事关居民群众切身利益，事关城乡基层和谐稳定。十八大以来，党和国家高度重视社会治理创新。2018 年 3 月 5 日，李克强总理连续第五年在政府工作报告中强调相关议题，并指出要"打造共建共治共享社会治理格局""完善基层群众自治制度，加强社区治理"。协商民主作为一种创新社会治理的具体形式，其回应的是现代社会发展过程中出现的因利益分化而产生的"文化多元"和"社群分裂与对立"，其"在本质上以公共利益为取向，主张通过对话实现共识，明确责任，进而做出得到普遍认同的决策"。社区协商立足基层基础，更应该在坚持党的领导的前提下，增进政府治理和社会调节、居民自治的良性互动，全面提升城乡社区治理法治化、科学化、精细化水平和组织化程度，促进城乡社区治理体系和治理能力现代化。第一，社区协商要坚持法治化路向。习近平总书记指出，发展人民民主必须坚持依法治国、维护宪法法律权威，使民主制度化、法律化。推进社区协商法治化，是推进社会治理体系和治理能力的重要依托，有助于解放和增强社会活力、促进社会公平正义、维护社会和谐稳定、确保党和国家长治久安。具体来说，社区协商法治化就是要坚持依法协商，保证协商活动有序进行，协商结果合法有效。宁夏长胜村在处理征地拆迁历史遗留问题中，通过会同司法所法律

---

① 山东省济宁市民政局：《协商新机制激发社区活力》，《乡镇论坛》2018 年第 4（上）期，第 12 页。

顾问、专职调解员以及法官和检察官等司法人员为群众解答相关政策、提供法律援助，在普及法律知识的同时将法治的精神融入协商的过程，做到定纷止争于法有据、矛盾调解公平合理，在"情""理""法"的价值判断与价值选择中实现法的正义性，值得肯定。第二，社区协商要坚持科学化路向。社区协商作为一种决策形式，其必须遵循决策科学化的基本要求：每一个环节要以充足的事实为依据，按照事物的内在联系对大量的资料和数据进行分析和计算，遵循科学的程序，进行严密的逻辑推理，从而做出正确决策。中共中央办公厅、国务院办公厅颁布的《关于加强城乡社区协商的意见》指出，注重坚持全过程协商和因地制宜，增强决策的科学性和实效性，防止社区协商流于形式，不断提升基层治理能力和治理水平。宁夏长胜村通过"两访"查实情，山东省大王社区通过选题定事、调研明事，将协商过程建立在明确的计划和扎实的调研基础之上，很大程度确保了协商问题的真实性，值得学习。第三，社区协商要坚持精细化路向。精细化管理是社会分工的精细化以及服务质量的精细化对现代管理的必然要求，是建立在常规管理的基础上，并将常规管理引向深入的基本思想和管理模式，是一种以最大限度地减少管理所占用的资源和降低管理成本为主要目标的管理方式。社区协商精细化，要求的是协商过程能够"容纳每个受决策影响的公民；实现参与的实质性政治平等以及决策方法和确定议程上的平等；自由、公开的信息交流，以及赋予理解问题和其他观点的充分理由"。山东省大王社区把老党员、老干部、老族长、在外创业的本村籍企业家、祖籍在村的政企届精英和进步青年、种植大户、贤德女性纳入社区协商的组织之中，将乡贤的作用尽可能放大，为当地社区活力的激发引来本土力量，值得推广。第四，社区协商要增进社区组织化程度。社区居民的参与缺乏组织化渠道是制约我国城乡社区治理和社区发展的瓶颈问题之一。如何在基层群众生产生活和社区自治中提高社区居民的组织化程度也是党和国家长期思考的问题。早在 21 世纪之初，习近平在《中国农村市场化建设研究》一文中就提出了"要走组织化的农村市场化发展路子"。2017 年民政部发布的《关于大力培育发展社区社会组织的意见》

指出，要大力培育发展社区社会组织，充分发挥其在提供服务、反映诉求、规范行为的积极作用。这为引导社区居民参与公共生活、开展社区协商提供了新的指向。山东省大王社区通过搭建平台，组织社区居民成立乡贤参事会、青年创业联盟等新型社区社会组织，创建家园论坛、微信群等方式，有效地增加了社区协商制度的"用户黏度"，成为创新基层社会治理的有力支撑，值得借鉴。

四、协商程序的制度化与规范化优势

统一战线向来高度重视履行职能的制度化、规范化、程序化建设，不断探索建立社会协商机制和对话制度，鼓励扩大群众有序政治参与，促进听证会、恳谈会、议事会等形式向制度化安排发展。

新中国成立之初，中国共产党与各民主党派和无党派民主人士共同探索出了双周座谈会、协商座谈会、最高国务会议等行之有效的协商方式，对恢复国民经济、推动社会主义改造和建设发挥了积极作用。随着中国共产党领导的多党合作和政治协商制度的建立，这些形式的民主协商逐渐走向制度化。统一战线在协商的方式方法上力求体现平等、包容、求同存异的原则，是社会主义协商民主广泛多层制度化发展的重要载体①。

改革开放以来，党中央先后颁布了二十多个重要文件，涉及中共党委、人民政协、各民主党派、相关团体等方面的民主协商，使统一战线成员政治参与的内容、途径和形式不断规范化，极大地推进了社会主义协商民主制度化和规范化的实现。1989 年 12 月中共中央颁发《关于坚持和完善中国共产党领导的多党合作和政治协商制度的意见》，规定了新时期我国多党合作的基本原则和主要内容，对我国多党合作和政治协商以及社会主义协商民主的制度化发展具有里程碑意义。2005 年 2 月中共中央颁布

---

①　路笃盛：《发挥统一战线作用提升社会主义协商民主制度化水平》，载《中央社会主义学院学报》2014 年第 6 期。

《关于进一步加强中国共产党领导的多党合作和政治协商制度建设的意见》，提出要把政治协商纳入决策程序并使之成为一种制度，并指出："协商的议题提前通知各民主党派和有关无党派代表人士，并提供相关材料；各民主党派应对协商议题集体研究后提出意见和建议；在协商过程中充分发扬民主，广泛听取意见，求同存异，求得共识；对民主党派和无党派人士提出的意见和建议要认真研究，并及时反馈情况。"这就明确了政治协商的程序体系，包括协商之前的准备、协商之中的交流和协商之后的反馈。2006 年 2 月颁布的《中共中央关于加强人民政协工作的意见》明确指出："人民通过选举、投票行使权利和人民内部各方面在重大决策之前进行充分协商，尽可能就共同性问题取得一致意见，是我国社会主义民主的两种重要形式。……把政治协商纳入决策程序，就国家和地方的重要问题在决策之前和决策执行过程中进行协商，是政治协商的重要原则。"2006 年，胡锦涛在第二十次全国统战工作会议上指出，政党关系、民族关系、宗教关系、阶层关系、海内外同胞关系是政治领域和社会领域中涉及党和国家全局的一些重大关系，也是统一战线需要全面把握和正确处理的重大关系。统一战线五大关系论为统一战线制度发挥作用提供了理论依据。《中共中央关于进一步加强中国共产党领导的多党合作和政治协商制度建设的意见》《中共中央关于加强人民政协工作的意见》，推进了多党合作和政治协商规范化、制度化、程序化建设，统一战线制度得到进一步完善。2006 年 11 月《中共中央关于巩固和壮大新世纪新阶段统一战线的意见》再次重申，要不断推进多党合作和政治协商的制度化、规范化和程序化。党的十八大报告提出要"健全社会主义协商民主制度""加强同民主党派的政治协商。把政治协商纳入决策程序，坚持协商于决策之前和决策之中，增强民主协商实效性"。

党的十八大以来，中国特色社会主义进入新时代，统一战线制度取得了创新发展。党的十八大提出"健全社会主义协商民主制度"。这是首次从制度层面阐释社会主义协商民主。2015 年 5 月中共中央印发的《中国共产党统一战线工作条例（试行）》和 2020 年 11 月中共中央发布的《中国共产党统一战线工作条例》，首次以党内法规的形式对统一战线制度进行了系统性规定。以习近平同志为核心的党中央对统一战线制度做出了一系列新定位：创造性提出了中国新型政党制度，首次把人民政协视为一种具有中国特色的制度安排，首次提出坚持我国宗教的中国化方向，首次把促进"两个健康"作为非公有制经济统战工作主题，首次明确提出了"特别行政区制度"的概念，把统一战线制度作为中国特色社会主义制度的重要内容。同时，统一战线工作制度取得了重大发展，各级党委成立统一战线工作领导小组，统一战线工作体制改革得到突破。在新一轮中央党和国家机构改革中，中央统战部统一领导国家民族事务委员会、统一管理宗教工作、统一管理侨务工作、统一领导海外统战工作，加强了党对统一战线工作的集中统一领导。

党的十九大以来，政协协商更加突出专门协商机构特色，彰显双向发力优势作用。以十三届全国政协的工作为例，其坚持发扬民主与增进团结相互贯通、建言资政和凝聚共识双向发力，发挥专门协商机构作用。2018年共召开1次全体会议、2次专题议政性常委会会议、2次专题协商会、19次双周协商座谈会、2次网络议政远程协商会、1次网络讨论会、18次对口协商会、4次提案办理协商会，进一步形成常态化、多层次、各方面有序参与的协商议政格局。广泛征求意见，科学确定议题，周密制订协商计划，精心组织协商活动，转化运用调查研究成果，在交流中完善建议，在共商中集思广益，增强议政建言实效。更加注重互动性协商，在协商中深化认识，寓建言、支持、监督于协商之中，使协商议政的过程成为思想引领、宣传政策、释疑增信的过程，成为沟通情况、换位思考、交换看法的过程，凝聚起对党和国家大政方针的共识，形成同心同德贯彻落实党和国家决策部署的强大合力。

统一战线制度的健全和程序的规范，对推动社会主义协商民主制度化发展具有重要作用。党的十八届三中全会《关于全面深化改革若干重大问题的决定》提出要"发挥统一战线在协商民主中的重要作用""中共中央根据年度工作重点提出规划，采取协商会、谈心会、座谈会等进行协商。

完善民主党派中央直接向中共中央提出建议制度""重点推进政治协商、民主监督、参政议政制度化、规范化、程序化。各级党委和政府、政协制定并组织实施协商年度工作计划，就一些重要决策听取政协意见"。2015年5月习近平总书记在中央统战工作会议上的讲话进一步指出，各级党委要把统战工作摆在重要位置，真正把统战工作纳入党委重要议事日程，纳入党政领导班子工作考核内容，纳入宣传工作计划，纳入党校、行政学院、干部学院、社会主义学院的重要教学内容。党的十九大报告进一步明确"巩固和发展最广泛的爱国统一战线，发展社会主义协商民主，健全民主制度，丰富民主形式，拓展民主渠道，保证人民当家作主落实到国家政治社会和社会生活之中"。① 党的十九届四中全会《中共中央关于坚持和完善中国特色社会主义制度　推进国家治理体系和治理能力现代化若干重大问题的决定》在"坚持和完善人民当家作主制度体系，发展社会主义民主政治"中，明确提出"坚持社会主义协商民主的独特优势，统筹推进政党协商、人大协商、政府协商、政协协商、人民团体协商、基层协商以及社会组织协商，构建程序合理、环节完整的协商民主体系，完善协商于决策之前和决策实施之中的落实机制，丰富有事好商量、众人的事情由众人商量的制度化实践。"这些重要论述，为统一战线组织和社会主义协商民主的制度化发展指明了方向。

五、协商结果的转化优势

纵向衔接、横向联动的社会主义协商民主体系，能够广泛、平等、深入地听取各方面真实意见，防止决策偏差。统一战线通过"把政治协商纳入决策程序"，将协商结果转化为党和政府的决策。在大政方针的协商方面，中共中央一些文件在起草和定稿的整个过程中，都充分吸收党外人士

---

① 习近平:《决胜全面建成小康社会　夺取新时代中国特色社会主义伟大胜利》，人民出版社2017年版，第22页。

的意见和建议，例如，党的十八大报告征求意见稿，在吸纳的有价值意见中，党外人士的意见占比约为 7.7%。在法律法规的协商中，民主党派代表的很多意见和建议被中共中央和全国人大采纳，例如，1993 年武汉市原民建主委李崇淮建议在宪法序言中增加"中国共产党领导的多党合作和政治协商制度"，1997 年建议把"邓小平理论""依法治国""社会主义初级阶段基本经济制度"写入宪法等①。

（一）高度重视协商提案办理工作

以政协十二次会议为例，李克强总理主持召开国务院常务会议听取了政协提案办理工作情况汇报，对国务院各部门办理提案提出要求。各提案承办单位按照中央统一部署和全国政协的总体要求，认真办理政协提案，并把办理工作与开展党的群众路线教育实践活动紧密结合、与全面深化改革紧密结合，选择了深化国有企业改革、发展农村金融助推城镇化建设等 60 个提案进行重点办理，由主要负责同志带队深入基层、深度研究，通过提案办理推动改革发展。截至 2014 年 2 月 20 日，已办复提案 5396 件，办复率为 99.8%。从整体办理情况看，已经解决或采纳的占 24.2%；列入计划拟解决或拟采纳的占 61.7%；一些前瞻性较强，短期内不具备条件采纳落实的，向提案人说明了情况。为使委员们更多地了解提案办理情况，选择了 6 个承办单位 2013 年提案办理情况作为报告附件，供参阅。②

（二）提高协商质量

提高工作质量是新时代党和国家事业发展的重要要求，也是加强和改进人民政协工作的迫切需要。十九大以来，政协协商将提高工作质量摆在更加突出位置。围绕加强薄弱环节、改进不足之处，把质量导向鲜明树立

---

① 武汉市社会主义学院课题组：《论统一战线在协商民主中的重要作用》，载《中央社会主义学院学报》2015 年第 1 期。

② 韩启德：《在政协第十二届全国委员会第二次会议上的讲话》，人民网 http://cpc.people.com.cn/n/2014/0313/c64094-24620655.html。

起来，推动政协工作从注重"做了什么""做了多少"向"做出了什么效果"转变。制定提高提案质量的意见，加大平时提案和集体提案征集力度、提案办理协商力度。各种协商议政活动提前聚焦提炼，持续跟进讨论，更加注重互动交流，更加注重营造协商氛围，更加注重协商实效。创建委员移动履职平台，开展网络议政远程协商，为委员不受时空限制履职创造条件。落实谈心谈话制度，通过同党外委员和民营企业家、专家学者等进行小范围座谈，以心交心、凝聚人心。创设委员讲堂和重大专项工作委员宣讲团，面向社会宣传政策、加强引领。制定提高协商议政质量、开展履职建言质量评价的制度文件。

（三）发挥协商式监督的特色优势

比如，政协十二届全国委员会通过强化政协民主监督职能，重点监督党和国家重大改革举措、重要决策部署贯彻执行情况，通过调研察看发现问题、围绕履责不力提出批评、针对存在不足督促改进。重点监督性议题纳入年度协商计划，寓监督于会议、视察、提案、专题调研、大会发言、社情民意信息等工作之中，做到监督有计划、有题目、有载体、有成效。视察调研的监督性议题逐年增加，由2015年的12项占11%，发展到2017年的20项占28%，开展营改增执行情况、全面两孩政策实施等监督性调研协商活动。年年聚焦精准扶贫、精准脱贫，相关视察调研涉及17个省区市，遍及脱贫攻坚主战场。鼓励和支持委员参与对口帮扶实践，推动形成脱贫攻坚合力。2016年、2017年连续两年围绕精准扶贫、精准脱贫召开专题议政性常委会议。2017年"实施精准扶贫中存在的问题和建议"专题议政性常委会议前，6位副主席带队、101名委员参加，随机走访、进村入户，以全面调研和专题调研两轮调研压茬进行为主干形式，以问卷调查为典型支撑，辅以分析24个贫困县财政支出情况专项调研和有关地方政协协同调研，着力解剖麻雀、发现问题；会上多角度分析论证，集中提出意见；会后继续跟进，促进落实。创新监督方式，针对腾格里沙漠污染治理等问题，明查暗访综合运用，深入一线摸准情况，追踪监督推动整改。①

除此之外，围绕经济、社会、文化、生态和民生领域中相关问题的协商也取得显著效果，例如，2014 年政协十二届二次会议立案的 4982 件提案，大多聚焦于全面深化改革，紧密关注事关人民群众切身利益的热点、难点问题。在过去十年中，武汉市各民主党派和无党派人士向各级人大、政府和政协部门提交了大量有价值的建议、提案和研究报告，如"中小企业的创新值需重视""建立'武汉·中国光谷'""抓住西部开发机遇，大力整治长江航道，促进长江航运发展""关于在武汉设立国家综合配套改革试验区的建议""关于尽快启动纪念辛亥革命 100 周年筹备工作的建议"等，产生了很大影响和积极作用。为充分发挥人民政协的协商民主重要渠道和专门协商机构作用，必须做到真落实、真协商、真推动，不断促进政协协商民主工作的开展和成果转化。首先要坚持规范有序真落实，确保成果转化有基础；其次要围绕重大决策真协商，确保成果转化见实效；再次要强化措施保障真推动，确保成果转化能落地。

---

① 俞正声：《在全国政协十三届一次会议开幕会上的讲话》，中国新闻网 http：//www.chinanews.com/gn/2018/03-04/8459291.shtml。

第五章

统一战线推进社会主义协商民主
制度化的基本经验

统一战线具有协调关系、化解矛盾、开放包容、建立共识的重要功能。统一战线追求多样性与一致性的辩证统一，这与社会主义协商民主通过平等的对话、沟通、协商来取得共识的价值取向高度契合，对推进协商民主制度化建设具有独特优势和重要作用①。本章结合历史情况和现实发展，分析统一战线在社会主义协商民主制度化中的重要地位和作用，并回答"为什么要推进统一战线与社会主义协商民主制度化"的问题。

一、统一战线是社会主义协商民主制度化的政治保障

统一战线的根本目的在于团结各方面力量，促进政党关系、民族关系、宗教关系、阶层关系、海内外同胞关系和谐，这为社会主义协商民主制度化提供了发展的方向。正确处理一致性和多样性关系是统一战线的一项基本原则，其宗旨是有效整合社会各方面力量，为社会主义协商民主提供了渠道保障。

（一）统一战线有利于维护和传播社会主义核心价值观

我国社会主义协商民主内在地蕴含着中国特色社会主义民主政治的核

---

① 于小英：《协商民主与国家治理研究》，中央编译出版社 2015 年版，第 106 页。

心价值，需要以社会主义核心价值观为引领，以社会主义核心价值体系为理论指导，以社会主义制度为根本保证，坚持中国共产党的领导。统一战线在革命战争年代做出了巨大贡献，是我们党取得新民主主义革命胜利的三大法宝之一。在社会主义建设新时期，我们党又领导建立了最广泛的爱国统一战线，不仅对社会主义建设和改革开放发挥了巨大作用，也成为团结和维系中华民族的精神纽带，实现了社会主义协商民主的核心价值——团结。习近平总书记指出，人心向背、力量对比是决定党和人民事业成败的关键，是最大的政治。统一战线工作的本质要求是大团结大联合，解决的就是人心和力量问题，是我们党治国理政必须花大心思、下大气力解决好的重大战略问题。但另一方面，面对社会结构多元化带来的价值取向多元化，社会主义协商民主所体现的核心价值观并不会自动得到全社会认知和接受，必须通过适当的方法和途径进行培育和传播。在这一过程中，统一战线作为中国共产党在长期革命和建设实践中行之有效的重要法宝，在推动社会主义协商民主建设中必然要担当起传播这一意识形态的功能，使党的政治主张和方针政策通过协商民主的方式为社会普遍接纳和认同。从传播学的角度来看，社会主义核心价值观的传播至少需要五个要素，即传播者、受众、内容、媒介和传播环境，这五者缺一不可。弘扬社会主义核心价值观既要解决传播者和受众等主体的素质问题，又要提高传播内容的质量和传播媒介的有效性，同时要改善传播环境。统一战线在不同程度上有助于解决这些问题，将不同阶层、不同群体的公民纳入一个能够弥合异质性的框架内，为传播者和受众设置共同奋斗目标，从而拉近了不同群体或个体在空间上的距离，减少了传播成本。

（二）统一战线有利于巩固政治参与和协商的社会基础

作为执政的中国共产党团结人心、整合政治资源的重要途径，统一战线在我国社会政治生活领域发挥着重要作用，通过加强与社会各种政治力量的沟通、提供政治参与渠道、协调政治利益等，有效增进社会各阶层对党的意识形态的认同。政治参与的社会基础是公民个人和群体，衡量政治参与有效性、代表性及科学性的标准不仅是政治参与的组织者和政治参与机制，更在于参与者的素质和广泛性。如果党内缺乏民主参与机制，党内成员就会脱离人民群众，就有可能失去群众基础，甚至失去执政地位。如果没有社会各界的支持和认可，缺乏公民的有效参与，政府就没有足够的合法性来源与权威。

我国是世界上最大的发展中国家，疆土辽阔、民族众多造成我国各类矛盾复杂多变，不同宗教信仰、不同文化环境和地理环境下的人们具有不同的政治效能感。必须承认，在中国这样一个发展中大国，任何一个政党或政治力量都无法单独实现国家繁荣和民族复兴，必须充分调动各种社会力量共同参与。能否将中国人口众多、潜在政治参与者多的优势真正转化为政治参与和协商的社会基础，完全要取决于执政党的能力。随着时代和民主政治进程的发展，我国各方面事业已进入了新时代新阶段，党和政府在深化改革方面取得重大成就，通过各种形式的制度创新不断提高广大人民的政治参与水平，推进我国社会主义民主政治建设不断发展，这些都与统一战线密不可分。

统一战线不仅拥有众多人才资源，而且具有各种资源优势。在新时代新阶段，统一战线成员广泛分布于各个行业、各个领域，他们在协调关系、化解矛盾方面有着得天独厚的优势。近年来，随着党外代表人士和无党派人士队伍的不断壮大，其中大批优秀人才进入各级政府机关或企事业单位担任领导职务，还有许多党外专家学者被聘为政府参事。他们拥有丰富的政治、经济、社会、文化等资源，对经济社会发展有着巨大影响力。随着社会新阶层的不断涌现，这些人在协调利益关系、引导社会舆论方面发挥着越来越重要的作用。例如，改革开放以来出现的信息、法律、咨询等机构的从业者，在维护社会和谐、推动社会民主和法治进程中发挥了重要作用。许多统一战线成员当选为人大代表或政协委员，认真履行职责，代表群众发表意见和建议。一些民主党派成员和无党派人士还被各级党政部门聘为特约检察员、监察员、教育督导员等。从这种意义上说，统一战线为社会主义协商民主的制度化奠定了重要的社会基础。

（三）统一战线有利于政治资源整合和政治关系协调

政治稳定受诸多因素的影响，包括传统文化、价值理念、经济发展、政党政策等。在社会利益分化和社会结构多元化的情况下，保持政治稳定的一个基本条件是政治制度具有广泛的包容性，能够反映和满足不同社会阶层和群体的利益愿望和要求。如果政治体制不能及时根据利益关系的分化与重组进行适应性变革和调整，合理发挥自身的协调与整合功能，进行有效的制度设计并将其应用于现实政治生活，就会激化社会生活中各方面的矛盾。有效协调各阶层利益关系，需要合理配置社会利益资源，对社会各阶层和群体的利益需要进行有效调控和适度满足。在当前改革和社会转型过程中，要实现利益关系调整与政治稳定齐头并进，关键在于利益关系的分配问题，需要在既有的规则和原则下进行制度创新。

我国法律和政策蕴含的基本精神，为社会资源整合和关系协调提供了方向。利益协调应该遵循的基本原则是平等、公正和有序，建立更加理性、科学、制度化的利益协调机制，确保利益表达、利益竞争、利益实现的有序化，确保社会政治稳定的巩固与持久发展[1]。在我国当今政治生活中，统一战线通过执行党的路线方针政策，无论在宏观层面还是微观层面都有利于实现对不同党派团体利益诉求的有效调节，整合各领域、各主体参与推动协商民主共识的达成。正如有学者指出，随着我国经济结构调整和社会结构多样化，它们造成的利益格局变迁会映射到国家政治生活中，导致不同经济利益群体和不同社会阶层政治认同感发生变化，这就需要统一战线在社会主义协商民主制度化进程中，在实现政治整合、加强政治协调、增进政治反馈等方面发挥独特的积极作用[2]。党的统一战线具有深厚的群众基础和社会基础，能够把不同的利益主体、社会阶层、社会群体联

---

[1] 杨超：《试论转型期利益关系的协调与政治稳定》，载《毛泽东邓小平理论研究》2004 年第 4 期。

[2] 刘杰：《协商民主的中国特色与统一战线的保障功能》，载《上海市社会主义学院学报》2013 年第 5 期。

结起来，能够调整利益关系、化解社会矛盾。社会主义协商民主建设必须充分发挥统一战线的作用和优势，灵活地协调各主体间的利益关系，使不同利益主体能够本着包容理解的态度对待利益诉求的分歧①。

（四）统一战线有利于促进民主政治文化的形成

作为社会意识的重要组成部分，政治文化由现实经济关系以及建立在此基础上的政治关系所决定，一定的现实政治生活必将产生与之相适应的政治文化②。"求同存异、体谅包容"是党的统一战线在长期发展过程中形成的基本文化理念，这一理念与协商民主的理念是相通的。统一战线具有"凝聚人心、汇聚力量"的独特作用，能够使"求同存异、体谅包容"的理念获得广泛社会认同，成为我国先进政治文化的重要组成部分。

社会主义协商民主是我国社会主义民主政治的特有形式和独特优势，大力推进广泛多层制度化的协商民主，符合我国社会主义政治文明的发展方向。统一战线所体现的协商文化与协商民主所遵循的多元参与、平等协商原则，以及求同存异、体谅包容、协调关系、化解矛盾的指导方针是完全一致的。作为具有多元性、包容性、社会性、广泛性特征的政治组织形式，统一战线在我国政治生活中发挥着独特作用，其政治参与理念和方式对人们的社会政治参与具有巨大影响力和示范作用。因此，统一战线的协商理念对推动我国社会主义协商民主发展，对提高全社会的协商政治文化认同，都具有重要意义。

二、统一战线是社会主义协商民主制度化的重要载体

党的十九大报告指出：有事好商量，众人的事情由众人商量，是人民

---

① 毕朝文：《统一战线在基层协商民主中的作用研究》，载《黑龙江省社会主义学院学报》2018 年第 1 期。

② 蔡宇宏：《统一战线是社会主义协商民主的内生性要素》，载《当代世界社会主义问题》2017 年第 3 期。

民主的真谛。协商民主是实现党的领导的重要方式，是我国社会主义民主政治的特有形式和独特优势。要推动协商民主广泛、多层、制度化发展，统筹推进政党协商、人大协商、政府协商、政协协商、人民团体协商、基层协商以及社会组织协商。加强协商民主制度建设，形成完整的制度程序和参与实践，保证人民在日常政治生活中有广泛持续深入参与的权利。在推进社会主义协商民主制度化发展过程中，必须统筹推进多种协商共同发展，充分发挥统一战线在其中的重要载体作用。

（一）政党协商领域

党的统一战线是发展社会主义协商民主的一个重要手段。回顾历史，统一战线的发展符合中国不同阶段的实际和国情，尽管它的形式在不同历史时期各不相同，但其内涵与要求却始终是一脉相承的。新中国成立前夕，随着第一届中国人民政治协商会议的召开，中国共产党领导的多党合作和政治协商制度正式确立。党的十一届三中全会以后，随着党的统一战线的恢复和发展，各民主党派的地位和作用不断突显，多党合作和政治协商进入快速发展阶段，并日益走向制度化、规范化、程序化①。在此过程中，以统一战线为基本载体的协商民主的工作方式方法，也转化为制度化的协商民主，即社会主义协商民主制度②。我国宪法明确规定，中国共产党领导的多党合作和政治协商制度将长期存在和发展；《中共中央关于坚持和完善中国共产党领导的多党合作和政治协商制度的意见》规定，中国共产党领导的多党合作和政治协商制度是我国的一项基本政治制度；《中国共产党统一战线工作条例》进一步拓展了民主党派的基本职能，即"参政议政、民主监督，参加中国共产党领导的政治协商"③。政党协商作

---

① 武汉市社会主义学院课题组：《论统一战线在协商民主中的重要作用》，载《中央社会主义学院学报》2015 年第 1 期。

② 李君如：《中国共产党的协商民主及其与统一战线、选举民主的关系》，载《中共天津市委党校学报》2015 年第 3 期。

③ 《中国共产党统一战线工作条例》，法律出版社 2021 年版，第 3 页法律出版社 2021 年版，第 11 页。

为社会主义协商民主的重要组成部分，作为我国新型政党制度的重要内容，是由宪法和党内法规规定的一种制度性安排。

中国共产党领导的多党合作和政治协商制度是统一战线的主要制度载体，为我国社会主义协商民主制度建设提供了政治基础和制度架构。根据宪法和有关法规，执政的中国共产党与各民主党派在国家政治生活中的关系得到明确界定，作为参政党的各民主党派的政治和法律地位得到确认，并使党和政府、民主党派、社会组织间的活动有了制度化和规范化的保障，有利于各类社会主体主动积极地参与社会主义协商民主制度化建设。通过这一制度，各民主党派选派代表直接参政议政，或以政党组织参与民主协商和民主监督，并以其所联系的人民群众为依托广泛吸纳和反映社会各方面、各阶层的意见与建议，从而有助于维护国家政治生活的民主化，充分体现社会主义制度下人民当家作主的本质要求。

中国人民政治协商会议是我国宪法规定的人民爱国统一战线组织，具有其他群众团体和社会组织无可比拟的政治合法性优势，对巩固和加强社会主义协商民主的社会基础发挥着无可替代的主体性作用，是社会主义协商民主的主要形式和制度载体。从全国政协的 34 个界别组成来看，完全包含了统一战线领域的 16 个界别，且党外政协委员占全部政协委员总数的 60% 以上，体现出鲜明的统一战线特征。统一战线的长期性决定了作为爱国统一战线组织的人民政协的长期存在和发展，因而充分发挥人民政协的职能是社会主义协商民主制度化建设的重点。一方面，人民政协所体现的多党合作关系，不仅能使执政的中国共产党经常听到来自民主党派的意见，而且可以充分发挥民主党派的参政作用，有利于长期共存、互相监督；另一方面，中国共产党通过发挥人民政协的制度优势，可以进一步加强对民主党派、群众团体、社会组织的引导，不断丰富和完善以人民政协为重要组成部分的社会主义协商民主制度。按照"大民主、大团结"原则建立起来的人民政协高度重视党派间的协商，以党派名义进行的调查和建议，党派间的批评和监督等，从而有效发挥政协组织的民主协商功能，成为社会主义协商民主的重要民意吸纳和提取机制①。

社会主义协商民主作为对选举民主的补充，在我国政治实践中通过多党合作和政治协商制度得到贯彻落实，是我国社会主义民主政治发展的重要渠道和内容，有着重大的理论和实践价值。随着社会主义市场经济的不断完善，我国国民经济呈现健康、稳定、可持续发展的趋势，这成为我国政治体制改革和民主政治建设的强劲动力，为我国社会主义民主政治的发展提供了重要保障。中国特色社会主义需要有崭新的民主政治发展模式，我国政党制度所体现的协商民主精神完全符合这一要求。另一方面，随着我国社会文化多元化的趋势越来越明显，由此产生的矛盾与问题也需要通过大力发展协商民主来化解，需要进一步发挥统一战线凝聚人心、汇聚力量的作用。作为社会主义国家，我国必须以马克思主义为指导思想，把马克思主义置于意识形态领域的主导地位，这是中国共产党执政兴国的坚定不移的原则。从本质上说，意识形态问题不仅仅是一个政治问题，也是一个文化问题。改革开放以来，随着我国经济结构、社会结构和阶层结构的变化，文化发展的格局也发生了重大变化，与人民群众日益丰富的文化生活相联系，文化的多元化发展已成为不容否认的事实。社会主义协商民主不仅利于坚持马克思主义意识形态的主导地位，也有利于社会文化的多元发展②。

（二）国家机构与基层间的中观协商领域

目前，在我国协商民主实践中存在着国家正式机构间的协商和基层公民自治中的协商，这两类协商分别在两个层次上开展。作为协商中观层次的统一战线，是联系和促进二者互动的桥梁，主要包括人大协商、政府协商、人民团体协商等。人大协商是"协商民主机制在人大制度框架下及人大具体工作中的嵌入和运用"，是在人大代表选举以及人大行使立法权、

---

① 李淑萍：《充分发挥统一战线在协商民主中的重要作用》，载《中央社会主义学院学报》2014 年第 1 期。

② 王义保：《中国特色多党合作和政治协商制度发展 30 年》，载《山东社会科学》2008 年第 9 期。

决定权、人事任免权、监督权等工作中引入和运用协商民主的机制①。政府协商主要是围绕有效推进科学、民主、依法决策，增强决策透明度和公众参与度，解决好人民最关心、最直接、最现实的利益问题，推进政府职能转变，提高政府治理能力和水平。人民团体协商是我国协商民主的重要形式之一，有助于党的统一战线和群众路线在新时期的创新发展②。在社会中观领域的协商民主实践中，统一战线发挥着联结、沟通、协调的作用，这得益于该层面的统一战线组织。

我国的统一战线组织是不同社会政治力量以共同利益为基础，为实现特定共同目标而组成的政治联盟，其重要原则是照顾同盟者利益，在政治上具有最大限度的包容性，在组织上具有最广泛的代表性，体现出强大的民主功能。可以说，统一战线组织及其兼涉的广阔领域，是我国社会主义协商民主实践的重要领域。统一战线拥有广泛的群众基础和社会基础，与各党派、各民族、各宗教、各阶层保持着密切联系，并通过在各领域的代表人士广泛联系着特定社会成员和群众，与各方面社会成员和群众形成四通八达的联系渠道和工作平台。一方面，通过提案、议案和合理化建议等多种方式，统一战线成员向党和政府有关部门反映情况；另一方面，在履行政治协商、民主监督职能过程中，他们能够充分了解党委和政府的工作意图，及时向各界群众传达。

从国家与社会二分的视角来看，统一战线是我国整合社会关系、发展民主政治的有效机制，统一战线领域的协商主体无论来自哪个党派、团体、民族，都将超越信仰、利益和观念差异，成为沟通政府与不同群体间关系的桥梁和纽带。以对话、交流、理解、共识为基本宗旨的统一战线工作，本身就具有很强的协商特征，与我国民主政治的发展具有内在一致

---

① 李蕊：《人大协商：内涵、理论与要素》，载《经济社会体制比较》2018 年第 4 期。
② 熊茜：《人民团体协商概念的界定及其解读》，载《黑龙江省社会主义学院学报》2018 年第 2 期。

性，对于推进和完善我国社会主义协商民主制度化建设具有重大作用①。

（三）基层协商领域

大量涉及人民群众切身利益的决策和工作发生在基层。某种程度上说，基层协商是我国国家层面的协商民主制度设计在基层的具体应用。社会组织协商在基层协商领域也较为普遍。常见的社会组织即通常所说的非营利组织，又称"第三部门"或"非政府组织"，是指不以营利为目的的群团组织，其目标通常是支持或处理个人关心或公众关注的议题及事件。尽管社会组织并非政府直属部门，但它们往往承担许多公共责任，对公共事务建言献策，增进公共利益。社会组织所涉及的领域非常广，在教育事业、社会环保等方面的表现尤其突出。非营利性是这类组织的主要特征，同时它们还具有民间性、自治性、志愿性、非政治性、非宗教性等重要特征。由于社会组织的准入门槛相较于政府组织更低，对参与人员的限制较少，因而可以吸引更多公民参与其中共同讨论和协商。在社会组织内部没有明显的等级划分，公民以平等的身份进行协商，具有较强的代表性，契合协商民主的要求。

近年来，社会组织在政治和社会生活中的作用受到人们重视，社会组织本身也更加正规化，管理更加制度化和科学化，这使其作为公民与政府部门沟通渠道的作用得到更好的发挥。社会组织的存在，使很多社会矛盾和问题在较低层面得以缓解甚至解决，它们与政府的有效合作也促使政策制定得到群众更大程度的理解。统一战线作为我国各民主党派、社会组织、社会群体共同参与的组织形式，对于缓解基层矛盾、凝聚社会共识具有重要作用。新时代，我国社会主要矛盾已转化为人民日益增长的美好生活需要和不平衡、不充分的发展之间的矛盾，发展不平衡、不充分的问题日益凸显，而统一战线正好可以发挥其沟通协调作用，通过对话、协商等方式解决或化解各种分歧。对于有关利益各方，利用统一战线工作思维与方法，遵循求同存异、和

---

① 李淑萍：《充分发挥统一战线在协商民主中的重要作用》，载《中央社会主义学院学报》2014 年第 1 期。

而不同、平等尊重原则，能够最大限度地凝聚共识，减少基层协商过程中可能存在的矛盾和摩擦，推动基层协商和谐稳定发展。

按照协商于民、协商为民的要求，逐渐把农村统战、社区统战、社会组织统战、企业统战等纳入大统战工作格局，使之成为基层协商民主的重要参与主体。对基层党政机关而言，统一战线的资源优势、网络优势、制度优势和功能优势，成为其开展协商民主的重要组织资源。统一战线还有利于加强中国共产党在基层协商民主中的领导地位，是"增强党的阶级基础、扩大党的群众基础、巩固党的执政地位的重要法宝"①。发挥统一战线在基层协商民主中的作用，也为加强党在基层的领导核心作用提供了契机。从统战工作自身来看，一方面致力于完善基层组织联系群众的制度，加强议事协商，为人民依法管理好自己的事务提供保障；另一方面，通过开展形式多样的协商推进基层协商民主制度，例如，通过设立基层政协委员联络室、委员工作室、政协工作委员会、社情民意办公室、公布热线电话和网址等方式，不断拓宽基层群众理性、合法、有序表达利益诉求的渠道，推进基层协商民主的规范化和制度化，使之成为社会主义协商民主制度在基层发展的重要载体。

此外，统一战线能够为基层协商民主搭建组织平台和人才平台，推进基层协商民主制度化发展。一些地方依据《关于加强城乡社区协商的意见》，积极探索各自特点的基层协商民主平台。例如，浙江温岭市的"民主恳谈会"，民主恳谈会是一种政府与社会、干部与群众进行平等对话、交流、协商的制度安排。它不同于传统座谈会单向式传达精神和被动参与，而是公民参与的重要论坛，是双向沟通交流的民主政治基本形式，具有协商、协调、参与和咨询的意义。在其他一些地方的城乡社区也自发产生了"民主理财会""民主议政会""民主听证会""民主议事会""民主评议会"等多种协商民主形式。如安徽省安庆市在全市农村推行"党员代表议事会"制度、吉林省辉南县在农村建立了"党群议事会"制度、四川

---

① 《中国共产党统一战线工作条例（试行）》，载《人民日报》2015 年 9 月 23 日第 5 版。

省邛崃市在农村开始推广新型农村基层群众自治组织"新村发展议事会"。上海城市社区的"居民议事会",居民议事会是由社区居民代表大会选举的以民主议事、民主监督等为主要职能的社区自治组织。在实践中,它行使了居民会议的部分权力,例如,上海静安寺社区居民议事会拥有议事权、监督权、决策权。近年来在我国一些城市社区还出现了一种社区论坛的形式,亦称居民论坛或议事园,它主要由社区居民构成,是社区居民对社区内的公共问题进行平等讨论、协商、评议的一种面对面协商对话机制。信阳市人大以人大代表联络站为依托,以行政村(社区)、企事业单位、国家机关、新经济组织、新社会组织、人民团体为基本单元,从基层组织强、群众基础好、负责人是县级以上人大代表的基层单位中,先后创建省级示范点、市级示范点、县级示范点,通过基层示范点的建设,既打通了各级人大和人大代表联系群众的"最后一公里",也便利了人民群众充分参与基层民主治理。在民主协商方面,基层示范点分别从开辟协调议事平台、拓宽协商渠道、扩充协商主体、明确协商内容、创新协商方式以及规范协商程序等方面落实落细民主协商,做到"众人的事情由众人商量"。息县曹黄林镇依托全镇 21 个中心网格设立议事"板凳会""圆桌会",每个网格辐射 6 到 8 户农户,建立了网格长、网格员、人大代表、党员、农户共同参与的协商机制,让群众能够见到想见的人、说上想说的话。总之,基层协商民主的良性发展需要科学合理的组织程序,需要有协商能力较高的协商主体,有切实可行的操作方法或规则。统一战线与协商民主具有天然的契合性,且在自身发展完善过程中积累了行之有效的经验,能够为基层协商民主制度化建设搭建各种平台。

三、社会主义协商民主拓展了统一战线的政治发展空间

社会主义协商民主是中国共产党的伟大创造,是具有中国特色的社会主义民主政治形式,是实现人民民主和人民当家作主的重要途径。协商民

主的各种形式——对话、磋商、讨论、听证、交流、沟通、审议、辩论
等，都是公民参与政治生活的重要渠道以及决策科学化、民主化不可或缺
的环节①。社会主义协商民主的提出及其制度化建设，是中国特色社会主
义民主政治发展的必然选择，是中国共产党领导人民不断进行理论创新和
实践突破的结果。社会主义协商民主的制度化建设，与党的统一战线的实
践和发展有着深刻的内在联系。

（一）拓宽政治空间

社会主义协商民主是一个反映多元价值诉求、鼓励大众参与、通过沟
通交流形成共识的过程。这个过程与党的统一战线的目标完全一致，它的
发展不仅将有力促进统一战线有机体系的形成，而且大大拓展了我国社会
主义民主政治的发展空间。首先，社会主义协商民主具有增进爱国统一战
线内部团结的功能。团结是爱国统一战线的首要任务，没有团结爱国战线
统一性就难以实现，其广泛性就无法保障。而团结又是求同存异的过程和
结果。社会主义协商民主是大众参与共同协商的主要机制，是推动社会政
治共识形成的过程，具有强大的凝聚社会力量的功能，并有力推动着爱国
统一战线的巩固与壮大。协商民主能够促进全体社会主义劳动者与建设
者、广大爱国者就共同利益达成共识，通过民主的协商对话增加相互理
解，形成共同的价值取向和思想认识，进一步巩固爱国统一战线的思想价
值基础。其次，社会主义协商民主具有强化爱国统一战线内部沟通协调的
功能，是畅通民意表达的主渠道。爱国统一战线的参与主体数量巨大，涉
及领域广泛，其主体的多元性决定了多渠道的沟通协调机制的重要性，以
便人们广泛交流意见，达成相互理解，形成共识与认同。爱国统一战线主
体的多元性，决定了其利益诉求的复杂性，作为利益协调平台的协商民主
制度，在尊重不同利益主体的利益诉求、承认多元利益冲突的前提下，能
够促成各利益主体间达成共识、实现利益最大化，从而为爱国统一战线奠

---

① 陈家刚：《协商与协商民主》，中央文献出版社 2015 年版，第 88 页。

定坚实的共同利益基础。协商民主制度还是化解各种社会矛盾的重要渠道。再次，社会主义协商民主具有提升爱国统一战线自我教育的功能。协商民主不仅是协商参与者之间的沟通协调机制，也是他们自我学习、自我提高、培育民主精神的重要机制。在爱国统一战线中推行协商民主，能够增进全体统战成员之间的相互了解和共同提高，促进爱国统一战线的巩固和发展。通过在爱国统一战线中开展广泛交流与协商，在相互尊重、相互理解的基础上，能够加强人们对祖国发展与统一的责任感和使命感，增进人们的爱国情感，激发人们积极参与建设祖国和促进祖国统一的热情。通过民主协商，还能培养人们的协商技巧和能力，不断提高协商水平和效率，以便及时有效地达成有关共识，提升爱国统一战线的包容力和宽容度①。

（二）提升统一战线组织性

社会主义协商民主也有助于提升爱国统一战线的组织性。社会主义协商民主的提出，使统一战线由过去党的政策策略发展为治国理政的重要平台，不仅是中国共产党凝聚人心、汇聚力量的政治优势和战略方针，也是推进我国民主政治建设、国家治理体系和治理能力现代化的重要法宝。首先，协商民主理念能够极大提升统一战线的制度创新空间。统一战线工作的主要方法是自上而下，这虽然有其有利的一面，但同时也由于主要依靠政策推动的原因，在现实中存在过分讲究程序、过多依靠党的组织系统开展工作的问题，一定程度上限制了其制度化创新。而协商民主的内容和方法，由于与民生政治和社会建设息息相关，因而可以在更广泛的层面上布局落子，便于建章立制和完善工作机制。例如，可就协商主体的联络机制、协商内容确定机制以及协商成果转换落实机制等进行完善创新，以此推动统一战线更好地发挥自身功能②。其次，有利于完善基层统一战线工

---

① 参见苏红军：《协商民主：推进爱国统一战线的有效机制》，载《中央社会主义学院学报》2013 年第 4 期。

② 参见董朝霞：《价值观视域下协商民主与统一战线的内在逻辑初探》，载《党政研究》2016 年第 2 期。

作领导机制。社会主义协商民主制度包括政党制度和人民政协制度两个核心制度，以及基层民主协商制度等各项具体制度，形成了一个总的制度体系。基层统战工作是统一战线的重要基础，同时也是一个薄弱环节，其中一个重要原因在于基层统战制度不健全，机制不完善，广大基层人员参与统战工作的动力不足。而协商民主的柔性特质和极具生命力的特性，有助于统战工作目标的实施，可以有针对性地选择协商议题和内容，通过制定相关协商议程和方法来实现统战的目的。例如，在基层协商民主建设中，健全社区、居民、村民的监督渠道和形式，必然有助于拓展统一战线的主体范围和创新统一战线工作机制。

总之，社会主义协商民主的提出拓展了统一战线的发展空间，使统一战线、多党合作和政治协商向广泛多层制度化发展。从协商渠道看，拓展了政党协商、人大协商、政府协商、政协协商、人民团体协商、基层协商、社会组织协商等多种渠道和途径；从协商类型看，拓展了政治协商、立法协商、行政协商、民主协商、社会协商、基层协商等多种类型；从协商方式看，拓展了提案、会议、座谈、论证、听证、公示、评估、咨询、网络等多种方式。所以，社会主义协商民主既坚持了中国共产党的领导，又发挥了各方面的积极作用，既坚持了人民主体地位，又贯彻了民主集中制的领导和组织原则，既坚持了人民民主的原则，又贯彻了团结和谐的要求。

四、社会主义协商民主把统一战线嵌入
整个政治体系和政治生活

（一）对政治体系的完整嵌入

如果说人民政协是社会主义协商民主的主要制度载体的话，那么随着我国各项政策和制度的落实，统一战线也被嵌入了我国整个政治体系和政治生活之中。首先是嵌入了立法、行政和司法体系。早在1995年6月，在《中共中央组织部、中共中央统战部关于进一步做好培养选拔党外干部担任政府

和司法机关领导职务工作的意见》中就规定："培养选拔党外干部，是党的干部工作的重要组成部分，是巩固和发展爱国统一战线的基础性工作。"①为此，中共中央办公厅还专门制定了《各民主党派中央、全国工商联机关参照试行〈国家公务员暂行条例〉实施方案》，把民主党派机关干部纳入公务员队伍行列。

统一战线被纳入国家政治制度和政治体系后，势必会带来国家政治生活的转型，特别是涉及公共政策制定的程序性问题。为此，胡锦涛同志在十届全国人大第一次会议和政协第十届全国委员会第一次会议党员负责人会议上强调指出"人民政协要发挥作用，必须进一步推进政治协商、民主监督和参政议政的制度化、规范化和程序化"，为各级政协履行好职能、进一步调动广大政协委员的积极性提供有力的制度保证②。2004年3月修订通过的《中国人民政治协商会议章程》，对人民政协的性质及其在国家政治生活中的地位和作用表述为："中国人民政治协商会议是中国人民爱国统一战线的组织，是中国共产党领导的多党合作和政治协商的重要机构，是我国政治生活中发扬社会主义民主的重要形式。"2005年2月，中共中央发布《关于进一步加强中国共产党领导的多党合作和政治协商制度建设的意见》，强调要"进一步完善政治协商的内容、形式和程序……把政治协商纳入决策程序，就重大问题在决策前和决策执行中进行协商"，并将其视为提高中国共产党执政能力的重要途径③。2006年2月，中共中央在《关于加强人民政协工作的意见》中不仅正式提出社会主义民主的"两种重要形式"，而且强调"坚持和完善人民政协这种民主形式，既符合社会主义民主政治的本质要求，又体现了中华民族兼容并蓄的优秀文化传

---

① 《新时期统一战线文献选编（续编）》，中共中央党校出版社1997年版，第703页。
② 《人民政协重要文献选编》（下），中央文献出版社、中国文史出版社2009年版，第680-681页。
③ 《人民政协重要文献选编》（下），中央文献出版社、中国文史出版社2009年版，第762页。

统，具有鲜明的中国特色"①。在同年7月召开的第二十次全国统战工作会议上，胡锦涛同志首次明确提出统一战线中"五大关系"的概念，即政党关系、民族关系、宗教关系、阶层关系和海内外同胞关系，进一步拓展了统一战线这一政治联盟的范畴，凸显了统一战线在构建社会主义和谐社会中的作用，以及统一战线作为我党重要法宝的功能②。随后"五大关系"被写入党的十七大报告，党的十八大报告又对其作了进一步概括："统一战线是凝聚各方面力量，促进政党关系、民族关系、宗教关系、阶层关系、海内外同胞关系的和谐，夺取中国特色社会主义新胜利的重要法宝。"③ 党的十八届四中全会通过的《中共中央关于全面推进依法治国若干重大问题的决定》，将"建设中国特色社会主义法治体系、建设社会主义法治国家"确立为全面推进依法治国的总目标，具体内容主要是"形成完备的法律规范体系、高效的法治实施体系、严密的法治监督体系、有力的法治保障体系，形成完善的党内法规体系，坚持依法治国、依法执政、依法行政共同推进，坚持法治国家、法治政府、法治社会一体建设，实现科学立法、严格执法、公正司法、全民守法，促进国家治理体系和治理能力现代化"。④ 党的十九届四中全会通过的《中共中央关于坚持和完善中国特色社会主义制度、推进国家治理体系和治理能力现代化若干重大问题的决定》，明确提出"坚持和完善人民当家作主制度体系、发展社会主义民主政治"，并在坚持和完善中国共产党领导的多党合作和政治协商制度中，强调"坚持社会主义协商民主的独特优势，统筹推进政党协商、人大协商、政府协商、政协协商、人民团体协商、基层协商以及社会协商，构建程序合理、环节完整的协商民主体系，完善协商于决策之前和决策实施

---

① 《人民政协重要文献选编》（下），中央文献出版社、中国文史出版社2009年版，第793页。
② 《人民政协重要文献选编》（下），中央文献出版社、中国文史出版社2009年版，第815—818页。
③ 《十八大以来重要文献选编》（上），中央文献出版社2014年版，第23页。
④ 《十八大以来重要文献选编》（中），中央文献出版社2016年版，第157页。

之中的落实机制，丰富有事好商量、众人的事情由众人商量的制度化实践。"①

（二）实现了最广泛的民主

我国革命、建设和改革的历史经验表明，是否正确坚持党的统一战线，能否处理好与各民主党派、无党派人士、各社会阶层和社会群体的关系，是决定中国革命成败和社会主义现代化建设是否平稳发展的关键。作为一种政治联盟，党的统一战线所关涉的基本政治问题，说到底就是要解决在中国这样一个幅员辽阔、人口众多、多民族、多宗教、多党派而又迅速变迁的超大型发展中国家，在坚持社会主义发展方向的同时，如何既能有效地保证中国共产党长期执政的地位，又能充分实现最广泛的人民民主。

人民民主是社会主义的生命，是中国共产党始终高扬的伟大旗帜。正是基于对人民民主的追求，中国共产党根据马克思主义关于民主政治的基本原理，设计了充分实现人民民主的政治制度安排，即人民代表大会制度。为了更多、更好地落实人民当家作主的民主权利，中国共产党创造性地把协商民主广泛运用到科学决策、统一战线、群众路线的实践之中。新民主主义革命胜利后，中国共产党与各民主党派协商建国，召开中国人民政治协商会议，标志着中国协商民主开始向制度化的实践。人民政协对实现人民民主发挥了巨大作用。改革开放以后，在总结我国社会主义民主政治实践经验教训的基础上，统一战线和人民政协走上了制度化、规范化、程序化发展的道路，成为实现人民民主和人民当家作主的一种独特形式。与此同时，政治协商的实践形式也广泛渗透到我国政治生活的各方面，为我国社会主义协商民主制度的提出和发展奠定了基础。如果说，人民代表大会制度体现了社会主义国家性质，是保证人民当家作主的根本政治制度，那么，社会主义协商民主制度实现"有事好商量，众人的事情由众人商量，找到全社会意愿和要求的最大公约数这一人民民主的真谛"。正是

---

① 《十九大以来重要文献选编》（中），中央文献出版社 2021 年版，第 276 页。

在这一现实基础上，党的十八大正式提出了社会主义协商民主概念，对健全社会主义协商民主制度进行了规划和部署。为推进社会主义协商民主广泛多层制度化发展，中共中央又先后颁布了《关于加强社会主义协商民主建设的意见》《关于加强人民政协协商民主建设的实施意见》和《关于加强政党协商的实施意见》，成为指导我国社会主义协商民主建设的纲领性文件。正是在这个意义上说，我国社会主义协商民主同西方的协商民主具有实质性不同，它内生于党领导的统一战线这一独特政治生态中，并在人民政协这一重要组织形式和制度平台中得到拓展，具有深厚的文化基础、理论基础、实践基础和制度基础。

纵观中国共产党成立以来的历史，统一战线的确是中国特有的政治现象和政治生态，是近代中国历史、经济、政治和社会发展的产物，是马克思主义与中国实际相结合的产物，是马克思主义中国化的重大理论成果之一，是中国共产党和中国人民的伟大创造，具有强大的生命力。因此，坚持和完善中国共产党领导的统一战线，是我国社会主义政治文明发展的根本方向，是党的历史经验的总结。党的十九届六中全会通过的《中共中央关于党的百年奋斗最大成就和历史经验的决议》，明确将"坚持统一战线"总结为中国共产党百年奋斗的十大历史经验之一。这充分说明统一战线的重要性。中国特色社会主义进入新时代，党面临的主要任务是，实现第一个百年奋斗目标，开启实现第二个百年奋斗目标新征程，朝着实现中华民族伟大复兴的宏伟目标继续前进。中国共产党在领导人民创造美好生活、促进人民全面发展、带领人民共同富裕、实现中华民族伟大复兴的实践中，还需要不断巩固和发展最广泛的统一战线，团结一切可以团结的力量，调动一切可以调动的积极因素，最大限度凝聚起共同奋斗的社会力量。

第六章

新时代统一战线
推进社会主义协商民主制度化的战略目标

统一战线与社会主义协商民主是相辅相成、互相促进的关系，在社会主义协商民主制度建设中起着基础性作用。因此，正确认识和充分发挥统一战线的独特政治优势和社会整合功能，积极推进社会主义协商民主广泛多层制度化发展，不仅是建设中国特色社会主义政治文明、深化政治体制改革的重要内容，也是推进国家治理体系和治理能力现代化的客观要求。随着社会主义协商民主制度的进一步完善，中国特色社会主义民主政治的独特优势必将进一步凸显。

一、充分认识社会主义协商民主是"人民民主的真谛"

党的十八大以来，以习近平同志为核心的党中央在实践上坚持中国特色社会主义民主政治发展道路，把党的领导、人民当家作主、依法治国有机统一，确立和完善了中国特色社会主义根本制度、基本制度、重要制度，通过建立健全全面、广泛有机衔接的人民当家作主制度体系，从各层次各领域扩大人民有序政治参与。在民主理论上，习近平总书记提出，"全过程人民民主是最广泛、最真实、最管用的社会主义民主"。① 在深入阐述全过程人民民主时，习近平总书记进一步指出："在人民内部各方面

---

① 《习近平谈治国理政》第四卷，外文出版社 2022 年版，第 258 页。

广泛商量的过程，就是发扬民主、集思广益的过程，就是统一思想、凝聚共识的过程，就是科学决策、民主决策的过程，就是实现人民当家作主的过程""在中国社会主义制度下，有事好商量，众人的事情由众人商量，找到全社会意愿和要求的最大公约数，是人民民主的真谛"①。

（一）社会主义协商民主是中国共产党领导人民有效治理国家、推进国家治理体系和治理能力现代化的重要方式

民主是全人类的共同价值，是中国共产党和中国人民始终不渝坚持的重要理念。在中国革命、建设和改革的实践中，以马克思主义为指导的中国共产党领导和团结各革命阶级和社会力量，高举人民民主旗帜，推翻剥削和压迫制度，建立和发展人民当家作主的社会主义民主政治。"人民通过选举、投票行使权利和人民内部各方面在重大决策之前进行充分协商，尽可能就共同性问题取得一致意见，是中国社会主义民主的两种重要形式"。② 我国的协商民主是中国共产党在革命、建设和改革的实践中发展起来的，它深深嵌入中国社会主义民主政治全过程。

第一，社会主义协商民主是中国共产党植根中国土壤创造的民主理论与伟大实践。中国共产党先后提出工农民主、人民民主等政治主张，创立工农兵代表苏维埃、"三三制"政权、政治协商会议、各界人民代表会议等民主形式。1949 年 9 月中国人民政治协商会议的召开以及通过的《中国人民政治协商会议共同纲领》，对我国人民民主专政的国体和人民代表大会制度的政体，进行探索和规定。1954 年 9 月，第一届全国人民代表大会第一次会议的召开和大会一致通过的《中华人民共和国宪法》（以下简称《宪法》），标志着人民代表大会制度作为新中国根本政治制度的正式确立，并从《宪法》高度进一步明确"中华人民共和国是工人阶级领导的、以工农联盟为基础的人民民主国家""中华人民共和国的一切权力属于人民"。改革开放和社会主义现代化建设新时期，中国共产党进一步提出"没有民主就没有社会主义，就没有社会主义的现代化……社会主义愈发

①　《习近平谈治国理政》第二卷，外文出版社 2017 年版，第 292-293 页。
②　《十八大以来重要文献选编》（中），中央文献出版社 2016 年版，第 74 页。

展，民主也愈发展"的理念。① 在此基础上，胡锦涛在党的十七大报告中进一步提出"人民民主是社会主义的生命"的重要论断。党的十八大以来，社会主义协商民主被提出并逐步发展完善，在实践中取得了显著成效。党的十八大提出，在发展我国社会主义民主政治进程中，要逐步完善协商民主制度及其工作机制，推进协商民主广泛多层制度化发展。党的十八届三中全会进一步指出："在全社会开展广泛协商，坚持协商于决策之前和决策实施之中。"② 在党的坚强领导下，开展上述民主协商活动，协商内容主要为经济社会发展重大问题和涉及群众切身利益的实际问题，协商范围为全社会，协商时间为决策前和决策实施中及时开展。可以说，党的十八届三中全会对协商民主的进一步阐释，是对党的十八大提出协商民主的丰富完善，为我国社会主义协商民主理论与实践的持续发展指明了前进的方向。2015 年，中共中央印发关于《关于加强社会主义协商民主建设的意见》，明确提出了社会主义协商民主的七种形式，即政党协商、人大协商、政府协商、政协协商、人民团体协商、基层协商、社会组织协商，并就各种协商形式的主要对象、基本内容、程序规则等进行了规定。把政党协商置于七种协商渠道之首。政党协商以其在社会主义协商民主中的开创性、典范性和引领性地位，成为政治协商最为重要的形式。《中国共产党统一战线工作条例》进一步规定，"政党协商是中国共产党同民主党派的政治协商"，"民主党派的基本职能是参政议政、民主监督，参加中国共产党领导的政治协商"。"参加中国共产党领导的政治协商"是民主党派三大基本职能之一。③ 为贯彻落实中共中央《关于加强社会主义协商民主建设的意见》，进一步加强政党协商，中共中央办公厅印发了《关于加强政党协商的实施意见》。它明确了政党协商的性质、地位、指导思想和意义作用，指出政党协商是中国共产党领导的多党合作和政治协商制度的重要内

---

① 《邓小平文选》第二卷，人民出版社 1994 年版，第 168 页。
② 《习近平谈治国理政》第二卷，外文出版社 2017 年版，第 291 页。
③ 《中国共产党统一战线工作条例》，法律出版社 2021 年版，第 3 页法律出版社 2021 年版，第 11 页。

容，是社会主义协商民主体系的重要组成部分，是中国共产党提高执政能力的重要途径，在协调推进全面建成小康社会、全面深化改革、全面依法治国、全面从严治党战略布局中具有独特优势和作用。2022 年 6 月，中共中央印发《中国共产党政治协商工作条例》，指出要准确把握政治协商的定位，通过党领导下的政治协商工作的制度体系和工作机制，确保政治协商正确的政治方向，提升政治协商效能，把党中央关于政治协商工作的方针政策和决策部署落到实处；要坚持围绕中心、服务大局，通过政治协商求同存异、聚同化异，在根本问题、重大问题上统一认识，把各方面力量紧密团结在党的周围，推动形成全面建设社会主义现代化国家、实现中华民族伟大复兴的强大合力，对于坚持和完善中国共产党领导的多党合作和政治协商制度，巩固和发展爱国统一战线具有重要意义。

　　第二，社会主义协商民主是中国社会主义民主政治的特有形式和独特优势。不同的国家有不同的民主制度，不存在一个全世界普适的民主标准和民主制度，特别是在实行不同社会制度的不同地域的国家。每个国家的民主制度都是独特的，都是由本国的人民群众、历史传统、经济基础等影响、决定和内生性演化发展的结果。社会主义协商民主，就是从中国的社会土壤中渐进生长、逐步发展、优化创新不断丰富完善而形成的。保证和支持人民当家作主，必须落实到治国理政和社会实际生活当中，使人民依法有效行使各种管理权力。那么，人民是否享有民主权利，既没有特定的普适的标准，也没有拘泥的形式；既不只有选举投票的权利，还有日常政治生活中持续参与的权利与实践。从具体地、现实地体现到人民对自身利益的实现发展上看：（1）社会主义协商民主是中国共产党人领导人民实现社会主义民主的生动实践。毛泽东指出："国家各方面的关系都要协商。"[1]周恩来曾强调："新民主主义的议事精神不在于最后的表决，主要是在于事前的协商和反复的讨论。"[2] 保证人民当家作主，在中国共产党的坚强领导下，通过选举的人民代表参与国家和社会生活的管理异常重要，同时通

---

[1] 《毛泽东文集》第六卷，人民出版社 1999 年版，第 386 页。
[2] 《周恩来统一战线文选》，人民出版社 1984 年版，第 134 页。

过社会主义协商民主的方式，坚持有事多商量，遇事多商量，做事多商量，商量得越多越深入越好，在人民内部形成商量的氛围、商量的习惯，才能凝聚起强大的力量和统一的共识，这样的两种民主形式互相补充、相得益彰，才是真正的社会主义民主。而且，中国社会主义民主的这两种形式共同构成了社会主义协商民主的制度特点和优势。（2）社会主义协商民主包含着中华民族优秀传统文化基因。社会主义协商民主的精神、形式、传统具有鲜明的中华民族优秀传统文化特征。中华民族具有历史悠久的天下为公、兼容并蓄、求同存异、多元一体等优秀政治文化，具有商量办事情的优良习惯传统，无论是国事、天下事、家事，还是大事、小事，自古以来中华民族就是在这种商量的环境下进行的。特别是中国近代政治实践的发展就是极有力的证明。（3）社会主义协商民主融入进了中国社会主义民主政治全过程。首先，从社会主义协商民主的内涵看，协商民主是中国共产党领导人民有效治理国家、推进国家治理体系和治理能力现代化的重要方式；也是在中国共产党领导下，人民内部各个方面不同类别的组织或个人围绕改革、发展、稳定重大问题和涉及群众切身利益的实际问题，在决策之前和决策实施之中开展广泛协商、努力形成共识、实现利益最大化的重要民主形式。其次，从社会主义协商民主的发展看，它源自中国共产党领导人民进行革命、建设、改革的长期实践。再次，从政治发展的逻辑上讲，社会主义协商民主是党的统一战线实践人民民主的有益成果。统一战线作为党联系广大民众的纽带，在有效动员、协调和整合社会各方面力量的实践中，探索、并创建了具有协商民主性质的政党合作和政治协商、"三三制"政权、中国人民政治协商会议等组织形式或制度平台。统一战线对象的广泛性、包容性、多样性奠定了社会主义协商民主多元主体的社会基础；统一战线内在的团结、合作、协商的精神和"求同存异"、"照顾同盟者利益"的原则，为社会主义协商民主提供了基本理念上的保障；统一战线的组织方式及制度规范为社会主义协商民主制度化的发展提供了渠道和平台。最后，从历史发展的逻辑看，我们可以将社会主义协商民主的历程概括为：统一战线思想→统一战线的政治联盟→统一战线政权→政治协商制度→民主协商制度。社会主义协商民主的提出，使统一战线由过去党的形态发展为党和国家治国理政的新形态，它不仅是中国共产党凝聚人心、汇聚力量的政治优势和战略方针，而且也成为推进国家民主政治建设和国家治理体系和治理能力现代化的"法宝"。中国社会主义协商民主，既坚持了中国共产党的领导，又发挥了各方面的积极作用；既坚持了人民主体地位，又贯彻了民主集中制的领导制度和组织原则；既坚持了人民民主的原则，又贯彻了团结和谐的要求。因此，社会主义协商民主是全过程性民主，保证人民群众的日常性政治参与和依法实行民主决策、民主管理、民主监督。

（二）社会主义协商民主是党的群众路线在政治领域的重要体现

第一，党的群众路线规定了协商民主的政治原则。群众路线是以毛泽东为主要代表的中国共产党人，把马克思列宁主义关于人民群众是历史创造者的原理，系统地运用于党的全部活动形成的党的根本工作路线。中国共产党一经成立，就把为中国人民谋幸福、为中华民族谋复兴确立为自己的初心和使命，并在革命实践中，逐步形成了党的群众路线。1922 年党的二大通过的关于党的组织章程决议案规定，"我们党既然是为无产阶级群众奋斗的政党，我们便要'到群众中去'要组成一个大的'群众党'"，要求"党的一切运动都必须深入到广大的群众里面去"。① 1928 年党的六大通过的政治报告作出"党的中心工作，是争取群众"。② 1929 年 12 月，毛泽东在《关于纠正党内的错误思想》中指出："党对于军事工作要有积极的注意和讨论，一切工作，在党的讨论和决议之后，再经过群众去执行。"③ 1943 年 6 月，毛泽东在《关于领导方法的若干问题》一文中，对党的群众路线的工作进行了集中阐述，指出："在我党的一切实际工作中，凡属正确的领导，必须是从群众中来，到群众中去。这就是说，将群众的意见（分散的无系统的意见）集中起来（经过研究，化为集中的系统的意

---

① 《建党以来重要文献选编》第一册，中央文献出版社 2011 年版，第 162 页。
② 《建党以来重要文献选编》第五册，中央文献出版社 2011 年版，第 284 页。
③ 《毛泽东选集》第一卷，人民出版社 1991 年版，第 88 页。

见），又到群众中去做宣传解释，化为群众的意见，使群众坚持下去，见之于行动，并在群众行动中考验这些意见是否正确。然后再从群众中集中起来，再到群众中坚持下去。如此无限循环，一次比一次地更正确、更生动、更丰富。这就是马克思主义的认识论。"①党的群众路线作为党的根本的政治路线，强调的是全心全意地为人民服务的根本宗旨和原则，形成以人民群众为主体的主客体价值关系，确立以人民群众的利益作为价值本位和价值选择取向。党的群众路线作为党的根本的工作路线，强调的是虚心向人民群众学习、请教，尊重和支持人民群众的革命首创精神。这就内在的要求，社会主义协商民主必须坚持"众人的事情有众人商量""涉及全国各族人民利益的事情，要在全体人民和全社会中广泛商量；涉及一个地方人民群众利益的事情，要在这个地方的人民群众中广泛商量；涉及一部分群众利益、特定群众利益的事情，要在这部分群众中广泛商量；涉及基层群众利益的事情，要在基层群众中广泛商量"的原则。②

第二，政治领域践行群众路线是由党的性质和宗旨所决定的。《中国共产党章程》（以下简称《党章》）规定："中国共产党是中国工人阶级的先锋队，同时是中国人民和中华民族的先锋队……代表中国最广大人民的根本利益。""党在任何时候都把群众利益放在第一位，同群众同甘共苦，保持最密切的联系……我们党的最大政治优势是密切联系群众……党在自己的工作中实行群众路线，一切为了群众，一切依靠群众，从群众中来，到群众中去，把党的正确主张变为群众的自觉行动。"③《中华人民共和国宪法》明确指出："中华人民共和国的一切权力属于人民。"④ 坚持一切为了群众，一切依靠群众，从群众中来，到群众中去，必须保持党同人民群众的血肉联系，在国家和社会各项事务管理中践行群众路线。由上可知，党的性质和宗旨决定，党是代表广大人民群众利益，为广大人民群众

---

① 《毛泽东选集》第三卷，人民出版社 1991 年版，第 899 页。
② 《十八大以来重要文献选编》（中），中央文献出版社 2016 年版，第 73 页。
③ 《中国共产党章程》，人民出版社 2017 年版，第 1，20 页。
④ 《中华人民共和国宪法》，中国民主法制出版社 2018 年版，第 8 页。

谋利益的，体现在政治领域就是通过社会主义协商民主，采取民主协商的形式广泛听取人民群众的意见建议和利益诉求，及时解决人民群众最关心、最直接、最现实的问题，把人民的利益放在首位，始终与人民群众同呼吸共命运。中国共产党人深知，政党及其政权的前途命运取决于人心向背。中国共产党之所以能够从一个胜利走向另一个胜利靠的就是始终保持党同人民群众的血肉联系，代表最广大人民群众的根本利益。全心全意为人民服务，是我们能够实行和发展协商民主的重要前提和基础。在中国共产党的领导下，通过多种协商形式广泛听取意见建议和广泛接受批评监督，可以广泛达成决策和工作的最大共识，可以广泛畅通各种利益要求和诉求进入决策程序的渠道，可以广泛形成发现和改正失误和错误的机制，可以广泛形成人民群众参与各层次管理和治理的机制，可以广泛凝聚全社会推进改革发展的智慧和力量。① 因此，党的性质和宗旨决定了中国共产党坚持践行群众路线，在政治领域就是要逐步推进社会主义协商民主，真诚倾听群众呼声，真实反映群众愿望，真情关心群众疾苦，充分调动群众参政议政积极性、主动性、创造性。

（三）构建程序合理和环节完整的社会主义协商民主体系

社会主义协商民主，是全方位、多层次的实实在在、真真切切的民主。从社会主义协商民主思想理念、具体实践的提出、发展、完善过程，可以看到社会主义协商民主有一个不断科学化、程序化、制度化的过程。因而，要确保协商民主有制可依、有规可循、有章可守、有序可循，必须推进协商民主广泛多层制度化发展，构建一个程序合理、环节完整的社会主义协商民主体系。②

第一，协商程序环节要合理完整。要想实现真协商，首要任务是制定完善科学合理的协商程序。（1）从协商时间上来看，协商要在决策之前和决策实施之中进行。只有在决策作出之前进行广泛、充分、平等协商，对有关各方面的意见建议做到兼听，将大家的共识凝聚起来，才可能作出较

---

① 《习近平谈治国理政》第二卷，外文出版社 2017 年版，第 295-296 页。
② 《习近平谈治国理政》第二卷，外文出版社 2017 年版，第 297 页。

为科学合理的判断，所作出的决策才会使人民群众满意。当一项决策在实施过程中遇到困难或问题，及时组织有关人员开展进一步协商，才有可能第一时间化解矛盾、完善方案、凝聚新的共识，使执行中的决策更符合民意。（2）从协商对象上来看，要和与协商内容有关的各方面人士进行沟通协商，众人的事由众人共同商量，保证协商主体广泛参与，在协商后要综合各有关方面的意见建议来决定或调整决策和正在实施中的工作。（3）从协商内容上来看，主要就改革发展稳定方面的重大问题和人民群众关心的切身利益问题进行广泛协商，对多数人的意愿和少数人的合理诉求都要尊重到、照顾周、维护好。（4）从协商成效上来看，要建立健全协商成果保障落实机制制度，使广纳群言、广集众智、达成共识的真知灼见和意见建议能够做到及时反馈、融入决策、付诸实施和落地生效。

第二，协商渠道方式要拓宽多样。社会主义协商民主的提出，使中国共产党领导的民主协商向广泛多层制度化方向发展。巩固国家安定团结的政治局面，一个很重要的条件就是采取民主协商的办法，广开言路，凝心聚力。（1）从协商渠道上来看，要积极拓宽中国共产党、人民代表大会、人民政府、人民政协、民主党派、人民团体、基层组织、企事业单位、社会组织等的协商渠道，相应地广泛开展政党协商、人大协商、政府协商、政协协商、人民团体协商、基层协商、社会组织协商等七种形式的民主协商，充分深入发挥七种协商渠道的民主作用。（2）从协商类型上来看，与有关政治组织和社会团体相对应，协商形式又可分为政治协商、立法协商、行政协商、民主协商、基层协商、社会协商等。不同的协商形式所针对的主体不同、内容不同、程序也可能不同。（3）从协商方式上来看，包括提案、会议、座谈、论证、听证、公示、评估、咨询、网络等多种方式，不同的协商渠道和协商类型又可以分别采取不同的协商方式开展协商。所以说，不同的协商主体采取一定的协商渠道、相应的协商类型和同中有异的协商方式，广泛多层制度化地开展民主协商，既保障了社会主义协商民主的广泛性、多层化，又可以逐步推动民主协商的制度化建设。

二、构建社会主义协商民主制度体系的理论基础

社会主义协商民主不是"舶来品",不是对西方民主经验的生搬硬套,而是产生于并长期发展于中国土壤的民主政治形式,具有鲜明的中国特色,是一个内容丰富、完整严密、不断发展的理论体系。围绕"什么是协商民主、怎样发展协商民主",中国共产党初步地、较系统地阐述了社会主义协商民主的地位、作用、内涵、指导思想、主要渠道、基本原则、程序方式等一系列基本理论问题。

(一)关于社会主义协商民主的地位作用

社会主义协商民主是我国人民民主的重要形式,是社会主义民主政治的重要组成部分,是党的群众路线在政治领域的重要体现,是深化政治体制改革的重要内容。协商民主在我国社会主义民主政治格局中是一种实质性民主,而不单是一种程序性民主,这就要求在中国共产党领导下,把协商民主与选举民主结合起来,实现和推进"公民有序的政治参与",通过协商在决策之前和决策执行之中,奠定各方意志统一和行动协调的基础。实行社会主义协商民主,把代议制民主和协商民主有机结合起来,既符合社会主义民主政治的本质要求,也符合中国幅员辽阔、人口众多的基本国情,并体现了中华民族兼容并蓄的优秀文化传统,具有鲜明的中国特色。通过社会主义协商民主,可以充分体现民主与集中、集中领导与广泛参与、国家稳定与社会进步、富有效率与充满活力的有机统一。

民主的本义是"人民的统治和管理",人民掌握国家政权、行使国家权力、当家作主,是民主实质最根本、最重要的体系。衡量一种政治制度是不是民主的,关键要看广大人民的意愿是否得到充分反映,广大人民当家作主的权利是否得到充分体现,广大人民的合法权益是否得到充分保障。在我国政治生活实践中,团结与民主是两大不可或缺的要素,要稳步

推进社会主义民主政治建设，就必须妥善处理团结与民主的关系。同时，随着改革开放的深入和社会主义市场经济的发展，我国社会生活多样、多元、多变的特征日益凸显，利益主体和社会诉求更加多元化，利益矛盾也时有激化。在此背景下，需要建立一个有效的协商机制，把各个阶层的价值观念、利益诉求汇集起来，通过化解矛盾促进经济发展和社会稳定。加强社会主义协商民主建设，有利于扩大公民的有序政治参与、更好实现人民当家作主的权利，有利于促进科学民主决策、推进国家治理体系和治理能力现代化，有利于化解矛盾冲突、促进社会和谐稳定，有利于保持党同人民群众的血肉联系、巩固和扩大党的执政基础，有利于发挥我国政治制度的优越性，增强中国特色社会主义的道路自信、理论自信、制度自信和文化自信。协商民主制度充分体现了我国社会主义民主政治的特色和优势，展现了社会主义制度的生机与活力。

（二）关于社会主义协商民主的内涵问题

通过社会主义协商民主，统筹推进政党协商、人大协商、政府协商、政协协商、人民团体协商、基层协商以及社会组织协商，构建程序合理、环节完整的协商民主体系，实现人们以自由而平等的对话、讨论、审议等方式参与公共决策和政治生活，这是对西方代议民主、多数民主和远程民主的一种超越。社会主义协商民主不仅是一种治理形式，即通过平等、自由的公民借助对话、讨论、审议和协商，提出各种相关理由，尊重并理解他人的偏好，在广泛考虑公共利益的基础上，利用理性指导协商，从而赋予立法和决策以政治合法性；而且是一种制度上的创新，就是通过完善协商民主制度和工作机制，推进协商民主广泛、多层、制度化发展，包括建立将政治协商纳入决策程序，并突出强调坚持协商于决策之前和决策之中的民主决策程序和机制。社会主义协商民主除了具备上述一般含义外，还具有不同于其他协商民主的特殊规定性，即在中国共产党领导下，社会各个政党、阶层、团体、群众组织等就共同关心或利益相关的问题，以适当方式进行协商，形成各方均可接受的方案，进而作出决策或决定，以实现整体的发展，其本质是实现人民群众当家作主。

（三）关于社会主义协商民主的指导思想

加强社会主义协商民主建设，必须贯彻落实党的十八大以来，党的代表大会和中央全会精神，高举中国特色社会主义伟大旗帜，以马克思主义、毛泽东思想、邓小平理论、"三个代表"重要思想、科学发展观、习近平新时代中国特色社会主义思想为指导，以坚持和完善我国根本政治制度和基本政治制度、充分保障人民当家作主为根本，将坚持党的领导、人民当家作主、依法治国有机统一，构建程序合理、环节完整的协商民主体系，推进协商民主广泛多层制度化发展，为我国社会主义民主政治的发展注入新活力，广纳群言、广集民智、增进共识、增强合力，以便实现好、维护好、发展好最广大人民的根本利益，为实现"两个一百年"奋斗目标、中华民族伟大复兴的中国梦凝聚智慧和力量。

（四）关于社会主义协商民主的基本原则

加强社会主义协商民主建设，必须坚持党的领导、人民当家作主、依法治国有机统一，贯彻民主集中制原则，坚定不移走中国特色社会主义政治发展道路。要坚持围绕中心、服务大局，不断促进经济持续健康发展，维护社会和谐稳定；坚持依法有序、积极稳妥，确保协商民主有制可依、有规可守、有章可循、有序可遵；坚持协商于决策之前和决策实施之中，增强决策的科学性和实效性；坚持广泛参与、多元多层，更好地保障人民群众的知情权、参与权、表达权、监督权；坚持求同存异、理性包容，切实提高协商质量和效率。

（五）关于社会主义协商民主的领导问题

社会主义协商民主必须坚持党的领导，充分发挥党总揽全局、协调各方的领导核心作用，形成强大合力，确保协商有序高效地开展。一方面，中国共产党领导是中国特色社会主义最本质的特征，是中国特色社会主义制度的最大优势，各级党委要高度重视协商民主建设。充分认识加强社会主义协商民主建设的重大意义，把协商民主建设纳入总体工作部署和重要议事日程，对职责范围内各类协商民主活动进行统一领导、统一规划、统一部署。党委领导同志要以身作则，带头学习和掌握社会主义协商民主理论，熟悉协商工作方法，把握协商工作规律，努力成为加强协商民主建设的积极组织者、有力促进者、自觉实践者。另外一方面，要建立健全党领导社会主义协商民主建设的工作制度，建立党委统一领导、各方分工负责、公众积极参与的领导体制和工作机制。各级党委要按照民主集中制原则，坚持民主基础上的集中和集中指导下的民主相统一，确保协商依法开展、有序进行，防止议而不决、决而不行。要加强统筹协调，认真研究制订协商计划，解决协商民主建设中的重大问题，支持人大、政府、政协、党派团体、基层组织和社会组织依照法律法规和各自章程开展协商，有计划、有步骤地推进协商活动，并对协商民主的落实情况进行监督检查。

（六）关于社会主义协商民主的社会氛围

社会主义协商民主的开展领域十分广泛，既可以在国家层面进行也可以在公民层面进行，既可以在政治领域进行也可以在经济、社会、文化领域进行。随着中国社会的发展，社会主义协商民主同样也应不断扩展自身的开展领域。加强公民协商精神的培育，增强其民主政治意识和责任感，是发展社会主义协商民主的重要基础。一方面要不断培育协商精神的文化基础，在全社会营造协商民主建设的良好氛围，包括努力营造民众讲真话、讲实话，与民众真协商，多沟通的良好社会氛围。涉及人民利益的事情，要坚持有事多商量、遇事多商量、做事多商量，通过商量或沟通、解疑释惑、弥合分歧；通过商量，理顺情绪、化解矛盾，增进共识、凝聚人心。另一方面，各级党委要自觉把协商民主建设贯穿于各领域，坚持遇事多协商，通过健全党内民主制度，以党内民主带动和促进协商民主发展。善于运用新媒体创新群众工作方法，通过网络听民意、了解民意、收集民意，同时加强正确的舆论引导，普及协商民主知识，宣传协商民主理论和实践，树立协商民主建设的先进典型，发挥好其示范引领作用。

三、构建社会主义协商民主制度的运作机制

随着我国社会结构的深刻变化，人们的利益诉求日益多元。这种情况下，整合社会各方面力量，调动一切积极因素，共同为建设中国特色社会主义服务，成为党的统一战线工作的迫切任务。2012 年 11 月，党的十八大从完善国家政治体制的层面，首次正式提出"社会主义协商民主是我国人民民主的重要形式"，要在发展我国社会主义民主政治的进程中不断完善协商民主制度和工作机制，推进协商民主广泛多层制度化发展。党的十八届三中全会又进一步强调，要在党的领导下，以经济社会发展重大问题和涉及群众切身利益的实际问题为内容，在全社会开展广泛协商，坚持协商于决策之前和决策实施之中。2015 年 2 月，在中共中央印发的《关于加强社会主义协商民主建设的意见》中，明确了社会主义协商民主的本质属性和基本内涵，以及加强社会主义协商民主建设的重要意义、指导思想、基本原则、渠道程序等，对新时代统一战线、人民政协、社会主义协商民主的制度化建设作出了全面部署。

（一）关于社会主义协商民主的开展渠道

社会主义协商民主主要通过中国共产党、人民代表大会、人民政府、人民政协、民主党派、人民团体、基层组织、企事业单位、社会组织、各类智库等多种渠道开展和进行，其重点是加强政党协商、政府协商、政协协商，积极开展人大协商、人民团体协商、基层协商，逐步探索社会组织协商。政党协商是指在中国共产党领导下，各党派之间开展的政治协商，主要包括中国共产党同民主党派就大政方针问题进行的协商。人大协商是指各级人大在重大决策之前根据需要进行充分协商，主要是推进立法工作协商，以及由人大代表与联系的群众之间就所关心的问题进行协商沟通，

其主要形式包括立法听证会、政策咨询会、人大代表工作站等。政府协商是政府就具体决策、经济社会发展相关问题、涉及公共利益或民生的事项，与相关群众、人民团体、社会组织和利益相关方开展的协商，侧重于决策咨询与民意沟通，主要形式包括听证会、专家咨询会、参与式预算等。政协协商是就国家和地方的大政方针，政治、经济、文化和社会生活中的重要问题，各党派参加人民政协工作的共同性事务，政协内部的重要事务，以及有关爱国统一战线的其他重要问题等而展开的协商。社会组织协商主要是指发挥社会组织非营利性、专业性、灵活性的优势，推动社会组织成员之间、社会组织之间、社会组织与权力机关的协商。

作为党的统一战线组织，人民政协是社会主义协商民主的重要机构，"人民政协政治协商、民主监督、参政议政等职能，都是广义的民主协商"。在人民政协的组织构成中，参政党成员在政协委员和常委中占有较大比例，在各专门委员会负责人、委员和政协机关中均占一定数量。因此，人民政协主要是党派间的政治协商机构，其民主协商的功能主要体现在政治协商、民主监督和参政议政等过程中。各参政党通过人民政协提供的各种协商方式，对国家大政方针以及经济、文化和社会生活中的重要问题，对民主党派参加人民政协工作的共同性事务、政协内部的重要事务以及有关爱国统一战线的其他重要问题等，进行协商和讨论，提出意见和建议。这虽是一种间接性的协商，却是最经常、最典型的协商方式，因为"政治协商是人民政协存在与发展的重要依据，也是实现人民政协协商民主的最基本运作形式"。

人民政协的政治协商主要有八种形式："政协全体会议，常务委员会议，主席会议，常务委员专题协商会，政协党组受党委委托召开的座谈会，秘书长会议，各专门委员会会议，根据需要召开由政协各组成单位和各界代表人士参加的内部协商会议。"《中国的政党制度》白皮书指出："政协的常务委员会会议、主席会议、秘书长会议、专门委员会会议内容不断丰富，为各民主党派更加广泛地参与政治协商创造了条件。"除此以外，《中国的政党制度》还列举了三种协商形式："中共中央主要领导人每年元旦和全国政协全体会议期间都要同各民主党派共商国是；担任政协委员的民主党派成员与其他政协委员一起列席人民代表大会的主要会议，参加国家重大问题的协商讨论，就事关国计民生的大政方针和重大问题提出意见建议；各民主党派积极参加人民政协同政府有关部门进行的专题协商会。"

民主党派通过政协委员进行协商和监督主要有三个途径。一是人民政协组织的活动，其形式主要有："政协全体会议、常委会议、主席会议向党委和政府提出建议案；各专门委员会提出建议或有关报告；委员视察、委员提案、委员举报、大会发言、反映社情民意或以其他形式提出批评和建议。"二是实职安排，即"政协委员应邀担任司法机关和政府部门特约监督人员等"。三是中共党委和政府部门组织的活动，如政协委员"参加党委和政府有关部门组织的调查和检查活动"。在这三个途径中，既有各种会议监督，也有各种书面监督；既有视察、调查和检查等临时性的监督，也有任期式的专职监督；既有间接性的监督，也有直接性的监督。从参政议政来看，主要是通过"开展调查研究，反映社情民意，进行协商讨论。通过调研报告、提案、建议案或其他形式，向中国共产党和国家机关提出意见和建议"。这种协商主要有两种表达意见的方式：一是会议式的商讨，二是通过书面方式提出意见和建议。

"从实体意义上而言，人民政协的协商式民主是人民民主的重要组成部分。政治协商、民主监督和参政议政，是人民政协的三项重要职能。人民政协履行职能的过程，就是实现协商民主的过程。因此，这种协商式民主的实现方式是多样的，不限于政治协商一种形式。政治协商、民主监督和参政议政，每一种职能履行的途径也是多样的，以尽可能细化的程序来保障人民民主落到实处。"从实践来看，人民政协三项职能的明确提出虽然有先有后，但在工作实际中这三项职能是有机地联系在一起的，形成三位一体的关系构架。所以，上述各种政党协商形式并不是彼此孤立的，协商场域也不是完全固定的，有些可以发生于人民政协之中，也可能是在人大和政府中；可以是"中国共产党同各民主党派的协商"，也可以是"中国共产党在人民政协同各民主党派和各界代表人士的协商"。

（二）关于社会主义协商民主的具体形式

社会主义协商民主的实施，需要一整套完整的中国特色的协商制度来承载。为更广泛地发扬社会主义民主，使广大人民群众在协商中更好地行使民主权利，要不断推进协商形式的制度化和规范化建设，通过规范协商形式的程序和组织方式，以及建立健全提案、会议、座谈、论证、听证、公示、评估、咨询、网络、民意调查等多种协商方式，不断提高协商民主的科学性和实效性。要完善协商民主的工作机制和制度保障，通过建立和完善专家咨询制度、公民旁听制度、社会听证制度、公民批评和建议制度、代表接待制度、民主监督制度、检举制度等，扩大公民有序的政治参与，提高领导决策的水平。要不断创新协商民主的运行载体，除人民政协制度、党内协商民主制度等载体外，还要尊重群众的首创精神，注重对实践经验的提炼总结，不断完善"民主恳谈会""听证会""网络协商民主"等具有时代特色的协商载体。要不断规范协商程序，按照科学合理、规范有序、简便易行、民主集中的要求，制订协商计划、明确协商议题和内容、确定协商人员，并注重对协商成果的运用和反馈，以确保协商活动有序、务实、高效。我们以河南信阳的郝堂协商民主为例，说明基层社区协商民主的具体形式。郝堂村是以美丽乡村建设闻名全国，它是河南省信阳市平桥区五里店办事处南部的一个丘陵山区村，2013 年 1 月 4 日《人民日报》"美丽中国，寻找最美乡村专题报道"以《画家画出的小村》开篇，对郝堂进行深度报道，在全国产生强烈反响和广泛好评；2013 年 11 月，郝堂村被住建部列入全国第一批 12 个"美丽宜居村庄示范"名单，被农业部确定为全国"美丽乡村"首批创建试点乡村；2014 年，又荣获"河南十佳美丽乡村"荣誉称号。郝堂村除了以美丽乡村建设闻名全国外，更重要在于它在建设过程中体现出来并逐步巩固的协商民主精神。平桥区积极运用协商民主开展乡村建设和基层治理，按照协商于民、协商为民的要求，使协商民主精神得以巩固，协商民主机制得以形成。郝堂的民主协商形式主要有：（1）政策落实类协商，通常会在郝堂村办公楼召开现场办公会议，并邀请区、办事处相关领导和村两委成员、党员代表、村民代表参加，以协商的形式讲清政策出台背景、工作实施计划，现场征求基层干部群众意见、答疑解惑。这摆脱了传统上靠口头或者书面通知的命令式管理，通过面对面的宣传和引导，增进了群众对政府工作的理解和认可，拉近了政府与群众的距离，提高了政策执行的效率。（2）村庄自治类协商，通过定期不定期（每月至少两次）召开村支两委会、村民小组会，说明和落实上级政策部署、商议全村重大事项，用表决和协商的形式实现了村庄内部的良性治理。（3）经济运营类协商，郝堂村内部的夕阳红、绿源公司等集体经济组织经常召开会议，决议集体经济事宜，公司对村固定资产和政府兴建的公共设施进行管理和运营，账目定期向全村群众公开，赢得了群众的信赖。（4）村庄生活类协商，就是在基础设施建设、举办文明户评选、春晚等集体活动方面，通常采用协商的办法开展工作，征求群众意见，保证公共服务符合群众需求，提高群众参与村集体生活的积极性、参与度。（5）社团活动类协商，就是落户在郝堂村的乡村建设协作者中心、大学生创业中心等社团经常召开会议，商议自身运作发展和与村其他组织合作事宜。比如，一直以第三方的身份出现的乡村建设协作者中心，通过协商的方式发挥着自己的作用——一方面他们寻找村庄建设需要的项目，另外一方面也寻找合适对接的相关政府单位。郝堂协商民主的实践带来的是郝堂的建设与发展，在改变农村物质生活和精神面貌的过程中，坚持密切联系群众，充分发动群众，通过民主协商把分散的人心凝聚起来，让农民组织起来、合作起来，成为乡村建设的主体。

四、推进社会主义协商民主广泛多层制度化发展

要把社会主义协商民主落到实处，使其从内涵丰富的政治理论转化为生动鲜活的政治实践，必须进一步加强有关制度创新、机制创新、工作创新和实践创新，不断扩大协商主体、健全协商形式、完备协商程序、提升

协商层次、强化成果运用，不断推进协商民主广泛、多层、制度化发展。

（一）要坚定社会主义协商民主的原则方向

2017年7月，习近平总书记在省部级主要领导干部专题研讨班上指出，中国特色社会主义是改革开放以来党的全部理论和实践的主题，全党必须高举中国特色社会主义伟大旗帜，牢固树立中国特色社会主义道路自信、理论自信、制度自信、文化自信，确保党和国家事业始终沿着正确方向胜利前进。[①] 推进协商民主广泛多层制度化发展，必须牢牢把握中国特色社会主义政治发展的根本方向，坚持中国共产党领导的社会主义制度；必须牢牢把握我国经济社会发展的阶段性特征，针对人民群众对美好生活的向往提出新思路、新战略、新举措；必须牢固坚持党的领导、人民当家作主、依法治国有机统一，确保协商民主在中国特色社会主义民主政治体制的框架内有序有效进行。

（二）要确保社会主义协商民主运行规范

党的十八大以来，中共中央先后出台了《关于加强社会主义协商民主建设的意见》《关于加强城乡社区协商的意见》《关于加强政党协商的实施意见》《中国共产党统一战线工作条例》等一系列重要文件，廓清了社会主义协商民主的本质属性和基本内涵，阐明了社会主义协商民主建设的重要意义、指导思想、基本原则和渠道程序，对新形势下开展民主协商作出了全面细致的部署，形成了完整的政策体系，为完善社会主义协商民主制度和工作机制提供了政策依据，为推进社会主义协商民主制度化、规范化、程序化建设提供了政治保障。今后一个时期，要认真落实上述文件规定，针对不同渠道、不同层次、不同领域的协商，在实践探索中进一步明确协商什么、与谁协商、怎样协商、协商成果如何运用等问题，不断完善构建程序合理、环节完整的社会主义协商民主体系，不断提高协商民主的

[①] 习近平：《高举中国特色社会主义伟大旗帜　为决胜全面小康社会实现中国梦而奋斗》，载《人民日报》2017年7月28日第1版。

制度化水平，确保协商民主有制可依、有规可守、有章可循、有序可遵。

（三）要扩大社会主义协商民主的包容性

在协商渠道方面，不仅要推进人民政协的协商民主，还要推进人大、司法、行政、社会等领域的协商民主。要坚持协商议题的多元性，无论是事关国家经济社会发展的重大问题，还是涉及群众切身利益的实际问题，都须在全社会范围内广泛协商。要坚持协商程序的开放性，不仅要在决策之前开展协商，也要在决策实施过程中开展协商，以及就决策实施效果的反馈开展协商。在协商过程中，领导干部要带头发扬民主，形成知无不言、言无不尽的协商氛围，坚持真诚协商、务实协商，鼓励和支持讲真话、建诤言，理性表达诉求，务实提出建议。要坚持求同存异、体谅包容、尊重差异，提倡在协商中加强互动交流，允许不同的意见表达，在各种观点的交融碰撞中凝聚最大共识，最终实现各方面利益的最大化。

（四）要增强社会主义协商民主的实效性

协商民主实际效果的增强，一方面有赖于各协商主体不断加强政治意识、大局意识和责任意识，不断优化内部组织结构，加强组织内部协商能力建设，大力提升组织成员实践协商民主的意识、责任和能力，更好地贯彻社会主义协商民主的价值追求和精神理念，切实提高协商议政、民主议事的素质能力和水平。另一方面有赖于协商民主在内容、程序和形式上的进一步规范。要通过完善知情、沟通、反馈等各个环节，精心选择协商议题，广泛深入调研，综合运用专题调研、专项评议、网络议政、民主恳谈、居民议事等多种反映社情民意的方式，增强社会主义协商民主的实效性。此外，要按照协商于民、协商为民的要求，大力发展城乡基层协商民主，重点在城乡社区居民中开展协商，凡是涉及群众切身利益的决策都要充分听取群众意见，通过各种方式、在各个层级和方面开展社会主义协商民主实践，确保信息的上传下达和权力的公开运行。

第七章

新时代爱国统一战线推进社会主义协商民主制度化的现实与挑战

党的十九大报告指出："经过长期努力，中国特色社会主义进入了新时代，这是我国发展新的历史方位。""这个新时代，是承前启后、继往开来、在新的历史条件下继续夺取中国特色社会主义伟大胜利的时代。"① 报告表明：其一，改革开放开创的中国特色社会主义进入了新时代；其二，这个新时代继承过去，开启未来，是一个连续体，既不能忽视新时代与过往的差异，也不能割断历史，把新时代与之前的改革开放新时期对立起来。随着中国特色社会主义进入新时代，统一战线也由改革开放新时期统一战线发展成为中国特色社会主义新时代统一战线。习近平总书记在2022年中央统战工作会议上对统一战线面临的形势和任务进行全面分析，他指出："现在，统一战线面临的时和势、肩负的使命和任务发生了某些重大变化，世界百年未有之大变局加速演进，统一战线在维护国家主权、安全、发展利益上的作用更加重要。全面建设社会主义现代化国家、实现中华民族伟大复兴，统一战线在围绕中心、服务大局上的作用更加重要。我国社会结构发生深刻变化，统一战线在增强党的阶级基础、扩大党的群众基础上的作用更加重要。"② 新时代爱国统一战线面临的新形势，对推进社会主义协商民主制度化发展也提出新的挑战。

---

① 习近平：《决胜全面建成小康社会　夺取新时代中国特色社会主义伟大胜利》，人民出版社 2017 年，第 10、11 页。
② 《习近平著作选读》第 2 卷，人民出版社 2023 年版，第 2609 页。

一、新时代爱国统一战线发展的特征

(一)组成方式发生的新变化

新时代爱国统一战线实现了从传统阶层到新阶层的转型。阶级是社会革命时期统一战线的关键词和着力点,统一战线在社会革命时期以处理好无产阶级与民族资产阶级、小资产阶级之间的关系作为工作重心。新时期统一战线的着力点由阶级转向阶层。因为,随着社会主义改造的完成和社会主义建设的推进,我国民族资产阶级经过改造已经转变成为社会主义劳动者的一部分,作为小资产阶级的知识分子已经成为工人阶级的一部分,整个国家形成了以工农联盟为基础的"两阶级一阶层"的社会结构,知识分子尤其是其中的党外知识分子成为统战工作关注的社会阶层。各民主党派都已经成为各自所联系的一部分社会主义劳动者和一部分拥护社会主义的爱国者的政治联盟,都是在中国共产党领导下为社会主义服务的政治力量。市场化改革以来,我国传统社会结构持续发生变化,在以往的"两阶级一阶层"社会结构之外产生了大量新的社会阶层,而且随着现代化的推进,会产生更为多种多样的新社会阶层。这些人主体是知识分子,大多是党外人士。知识分子结构的新变化要求新时代爱国统一战线不但要关注传统阶层,更要关注新的社会阶层,统一战线的着力点由传统阶层转变为新的社会阶层。

新时代爱国统一战线实现了从单位制到社会制的转型。新中国成立初期,基于社会资源总量不足和推进现代化建设的迫切需要,我国普遍建立了单位制,统一战线也以单位为依托在单位制中展开。改革开放之后,传统的单位制遭到削弱,但统一战线按照惯性依然在单位制之中展开,单位成为统战部门开展统战工作的托底机构,单位开展的思想政治工作成为统战部门开展统战工作的基础,单位制也成为统一战线运转的基础性制度。

市场化改革之初，随着社会的发育，传统的单位制进一步削弱，但在统战领域，单位制的韧性依然存在。新时期统战的一个重要特征就是单位制统战。经过 40 多年的改革开放和社会主义现代化建设，社会经济结构的变化产生了大量新的社会阶层人士，包括新媒体出资人和新媒体从业人员、中介组织和社会组织从业人员、自由作家、自由撰稿人等自由择业知识分子群体等。《中国共产党统一战线工作条例》在统一战线的范围内，把"民营企业和外商投资企业管理技术人员""中介组织和社会组织从业人员""自由职业人员""新媒体从业人员"等统称为"新的社会阶层人士"，还要求重视党外知识分子工作，做好出国和归国留学人员统一战线工作等。这些人具有知识层次高、流动性强、思维活跃、影响面广等特点，在互联网时代具有较强的即时影响力。而且随着社会发育和社会分化，新的社会阶层人士数量不断增加。但是他们大都没有单位或没有固定单位，彻底打破了传统的单位制特征。做他们的统战工作不能再以单位制为依托，而是要在市场和社会之中通过社会化方式来做他们的工作。因而新时代爱国统一战线实现了从单位制到社会制的转型。

（二）运转载体发生的新变化

新时代爱国统一战线实现了由线下到线上的转型。改革开放初期，我国尚未出现互联网，更谈不上网络统战。1994 年我国才开始全功能接入国际互联网。二十几年来我国互联网迅速发展，根据中国互联网络信息中心发布的第 41 次《中国互联网络发展状况统计报告》，截至 2017 年 12 月，我国网民规模达 7.72 亿人，其中手机网民规模达 7.53 亿人。互联网普及率达到 55.8%，超过全球平均水平 4.1 个百分点，超过亚洲平均水平 9.1 个百分点。① 随着互联网的迅速发展和渗入人民生产生活的各个领域，建构了一种新的经济形态、社会形态和生活形态，使人们日常生活的各个领域都离不开互联网。互联网对个体的影响不但包括经济与社会生活层面，

---

① http：//www. cnnic. nct. cn/hlwfzyj/hlwxzbg/hlwtjbg/201803/t20180305_ 70249. htm，访问日期 2018-4-13。

还包括思想层面。在网络传播环境中，互联网对思想观点和价值观念的传播具有即时性、流动性、无中心性、灵活性、可扩展性和可存活性等特征，为各种思想观点的极端化表达提供了以往所不可能具有的公共空间和扁平化结构，极化了各种思想观点，推动了各种思想观点的碎片化呈现。统战人士大都是中高级知识分子，身份层次高，思维活跃，社会联系面广，信息来源渠道宽，接受新知识新事物能力强，容易受到网络深刻影响。统战人士的网络化和网络的主体化使网络成为中国共产党开展统战工作的重要场域。新时代的统战工作需要在网络上建立起以凝聚共识、形成共识价值为核心的统一战线。因而新时代的统战工作既包括线下的统战工作，也包括线上的统战工作，既有线下的统战工作场域，也有线上的统战工作场域。把线上和线下两个方面统战工作结合起来，就形成新时代的全方位统战工作。

（三）外延范围发生的新变化

新时代爱国统一战线实现了从两个范围联盟到构建人类命运共同体的转型。邓小平同志在设计改革开放新时期统一战线的工作范围时，提出了大陆范围之内的社会主义劳动者和大陆范围之外的爱国者之间联盟的两个范围联盟思想，两个范围联盟建构了以中国共产党为圆心、以爱国为半径、以社会主义现代化为最终目标的同心圆结构，这个同心圆结构既包括国内的社会主义劳动者，也包括国外热爱祖国的华侨华人等。"这样，统一战线的范围、极限大大扩大了。"① 新时代爱国统一战线在坚持两个范围联盟的基础上，把统一战线的范围进一步扩大，一是从中华民族伟大复兴的角度扩大统一战线范围。在劳动者与爱国者联盟的基础上，进一步扩大爱国者的范围，把拥护中华民族伟大复兴的爱国者也纳入统一战线范围。只要拥护中华民族伟大复兴，都可以纳入统一战线的范围，成为统一战线人士，二是从构建人类命运共同体的角度，把统一战线扩大到整个人类发

---

① 李维汉：《统一战线问题与民族问题》，中共党史出版社 2016 年，第 532 页。

展，提出了构建人类命运共同体的伟大构想。人类命运共同体超越国家、种族、文化和意识形态界限，打造人类和平、发展、正义、民主和自由等共同价值，统筹思考人类社会发展，把对话、协商、沟通、求同存异等统战原则融入国际关系建构之中，建构以人类共同发展为目标的国际统一战线，使统一战线范围扩大到全人类。

新时代爱国统一战线实现了从"请进来"到"走出去"的转型。邓小平设计新时期统一战线的时代背景是现代化和改革开放，现代化和改革开放需要资金技术人才，需要通过统一战线把港澳台和海外的资金技术人才引进来，以推动国内的改革开放和现代化建设，因而新时期统一战线的重要特征之一是"请进来"。经过改革开放四十年的发展，我国已有大量企业包括民营企业在海外投资，大量技术和人才进入海外市场，中国的资金技术人才成为全球市场中的一支重要力量。其中就包括大量统战人士或赴海外投资，或作为掌握先进技术的人才进入海外市场工作。随着统战人士进入海外市场，新时代统战工作不但要把港澳台海外的资金技术人才"请进来"，还要推动中国企业"走出去"，去海外讲好中国故事，传播中国理念和中国文化，为统战人士更好地"走出去"服务。新时代爱国统一战线实现了"请进来"与"走出去"的有机统一。2018 年 12 月中央统战部副部长戴均良在出席由欧美同学会、中国留学人才发展基金会主办的第十七届中国企业实施"走出去"战略论坛时指出，随着"一带一路"倡议的推行、中国改革开放 40 年来的新的发展，中国企业"走出去"将迎来更加广阔的前景。他要求：一是企业在"走出去"中讲好中国故事。作为成功企业家和时代贡献者，在"走出去"过程中彰显中国人民的开放品格、开放气质、开放胸襟，发展企业自身的同时，主动考虑和照顾其他国家利益，积极弘扬中国优秀传统文化，讲好中国坚持和平发展、合作共赢的故事。二是在企业"走出去"中坚持创新引领。三是充分发挥留学人员作用。鼓励留学人员发挥以才引才优势，利用自身学缘业缘关系，为中国企业广泛团结人才；发挥好智力密集优势和对外联络优势，在贸易洽谈、项目并购、海外拓展中，做中外友好交流民间大使。

（四）工作目标发生的新变化

新时代爱国统一战线实现了从爱国到强国的转型。在现代化的时代背景下，爱国是新时期是否纳入统一战线范围的一个重要衡量指标，邓小平指出："新时期统一战线，可以称为社会主义劳动者和爱国者的联盟。爱国者的范围是很宽广的，包括蒋经国在内，只要台湾归回祖国，他就做了爱国的事。"① 因而新时期的统一战线称之为爱国统一战线。爱国统一战线是改革开放初期国家追求富起来的过程中提出来的，着眼点是通过吸引外部资金和力量来推动我国的改革开放和现代化建设。中国特色社会主义进入新时代之后，我国的经济建设取得巨大成就，彻底告别短缺经济，经济总量迅速增大，已成为世界第二大经济体，货物进出口和服务贸易总额均居世界第二位，制造业增加值连续 7 年居世界第一位等②，人民生活水平有了极大改善，稳定解决了十几亿人的温饱问题，解决了中国贫穷落后的面貌，总体上实现小康。但发展不平衡不充分的问题开始凸显，随着生产力的发展和人民物质生活水平的提高，人民群众生活追求的目标和内涵也在发生变化。这表明，在新的历史起点上，我国在社会生产力水平和人民群众需求这两个方面都发生了新的重大变化。党的十九大将我国社会的主要矛盾概括为"人民日益增长的美好生活需要和不平衡不充分的发展之间的矛盾"。中国共产党在领导人民不断创造美好生活，逐步实现人民共同富裕、走向强起来的伟大事业中，需要凝聚更广泛的社会力量，不断增进中国特色社会主义的道路自信、理论自信、制度自信和文化自信，筑牢中华民族共同认同的社会基础和思想基础。习近平总书记在十九大报告中指出："要高举爱国主义、社会主义旗帜，牢牢把握大团结大联合的主题，坚持一致性和多样性统一，找到最大公约数，画出最大同心圆。"③ 同时，

---

① 《邓小平论统一战线》，中央文献出版社 1991 年版，第 158 页。
② 本社编写组：《党的十九大报告学习辅导百问》，学习出版社，党建读物出版社 2017年版，第 21 页。
③ 习近平：《决胜全面建成小康社会 夺取新时代中国特色社会主义伟大胜利》，人民出版社 2017 年版，第 39 页。

十九大报告提出了未来三十年建设社会主义现代化强国的奋斗目标。统一战线要为社会主义现代化强国建设服务，就不但要以爱国作为统战衡量指标，还要以强国作为统战衡量指标。如果把富起来与爱国统一战线匹配的话，强起来就要在爱国统一战线的基础上与强国统一战线相匹配。强国统一战线与爱国统一战线既有联系又有区别，强国统一战线以爱国统一战线为基础，包含了爱国统一战线，但是强国统一战线包含的面更广，既包括对外的"引进来"和"走出去"，又包括对内建构成熟稳定的国家治理形态，把统一战线嵌入到国家治理之中，实现国家治理体系与治理能力现代化。

新时代爱国统一战线实现了从政治到治理的转型。统一战线作为中国共产党的一大法宝，毫无疑问具有很强的政治性。毛泽东同志说过，所谓政治，就是把拥护我们的人搞得多多的，把反对我们的人搞得少少的。统战工作团结朋友，打击敌人，因而是最大的工作。改革开放以来，统一战线逐渐融入国家治理之中，成为中国共产党处理政党关系、民族关系、宗教关系、阶层关系和海内外同胞关系的政治机制。中国特色社会主义进入新时代之后，统一战线在保持自身政治性的同时，成为调整国家政治关系、保持整个国家有机平衡的政治制度和工作机制。成为新时代中国特色社会主义长期坚持的基本方略之一。尤其是随着协商民主广泛多层制度化发展，统一战线更是融入国家治理的各个层面，成为中央、地方和基层治理中不可或缺的一个政治要素，嵌入到决策、执行和监督的各个环节之中。

二、新时代爱国统一战线发展的功能指向

统一战线制度作为中国特色社会主义制度的重要组成部分，既与其他制度相互依存，又具有相对独立性，是一项立国治国的制度。统一战线制度具有如下定位与功能。

（一）团结力量和凝聚共识功能

统战工作的本质要求，是大团结大联合，解决的就是人心和力量问题。这是我们党治国理政必须花大心思、下大气力解决好的重大战略问题。这说明团结和凝聚共识是贯彻统一战线工作的始终。统一战线制度在国家治理体系中的功能定位，对统一战线工作的开展提供了成熟的规范，成为巩固和发展最广泛统一战线的重要保障。从制度角度来看，中国共产党领导的统一战线历史就是统一战线制度的发展史。100年来，统一战线理论、方针、政策不断完善，统一战线工作方法日益创新发展。有的制度通过法定程序进入国家法律体系而成为国家意志，有的制度通过党内程序成为党内法规体系的重要组成，有的制度通过统战工作部门程序成为固定化做法和规则。统一战线不仅经历了从实践深化到理论成熟的发展，更经历了从策略手段到战略制度的发展，制度化保障了统一战线能够始终发挥重要法宝作用。统一战线制度发挥着突出的凝聚共识功能。从统一战线发展的整个历史来看，各阶段的统一战线、各领域的统一战线制度均以中华民族伟大复兴为价值共识，以实现中华民族伟大复兴为最大价值公约数，以展现中华民族伟大复兴的中国方案为外部效应。统一战线制度以中华民族伟大复兴为内核，有利于尊重差异性、扩大包容性和增进一致性，不断实现全体中华儿女的大团结。

（二）促进治理和吸纳力量功能

统一战线制度在本质上属于中国特色社会主义制度的范畴，是中国特色社会主义政治制度的重要内容。政治制度是一国制度体系中具有根本性作用的制度。统一战线高度关联我国既有政治制度。中国特色社会主义政治制度的本质特征在于中国共产党的领导。而加强中国共产党的领导，在我国的一个重要制度性渠道就是统一战线的组织。因而，统一战线制度是中国共产党的领导体制的重要内容，中国国家治理体系内在地包含统一战线的内容。统一战线制度把各方面的党外力量团结在党的周围，在团结的过程中实现党的领导、完善国家治理体系、提高国家治理能力。2012 年 12 月 4 日，习近平总书记在首都各界纪念现行宪法公布施行 30 周年大会上的讲话中指出："国家的根本制度和根本任务，国家的领导核心和指导思想，工人阶级领导的、以工农联盟为基础的人民民主专政的国体，人民代表大会制度的政体，中国共产党领导的多党合作和政治协商制度、民族区域自治制度以及基层群众自治制度，爱国统一战线，社会主义法制原则，民主集中制原则，尊重和保障人权原则，等等，这些宪法确立的制度和原则，我们必须长期坚持、全面贯彻、不断发展。"①

（三）促进民主和维护稳定功能

一个国家选择和采取符合国情的政治制度，有利于维护国家政治安全，有利于形成符合国家利益和人民利益的政治发展。国家政治安全的前提是政治发展的有序性。民主事关政治权力配置这一根本问题，需要有序推进，以维护国家政治安全和政治发展。民主是否有序、有效不能以西方模式为唯一标准，同样需要符合国情和人民利益。中国特色社会主义民主坚持在党的领导下实现有序发展。政治参与事关民主的落实。亨廷顿认为，任何一种给定政体的稳定都依赖于政治参与程度和政治制度化程度之间的相互关系②。他认为，发展中国家政治不稳定的原因恰恰在于，政治参与的不断扩大超过了政治制度所能承受的限度，现有的政治制度如果不能将政治参与的要求和行动纳入制度化轨道，那么政治体系就会不稳定，从而导致动乱和冲突的出现。统一战线的制度优势可以有效调节政治参与、政治制度化与政治稳定之间的张力。中国特色社会主义民主具有鲜明的统一战线特征，中国共产党通过统一战线这一制度渠道组织党外政治力量参与政治，实现民主权利，既是人民民主专政的题中应有之义，也是满足人民参与民主政治需求的时代要求。基于统一战线制度，党外力量的民

---

① 《十八大以来重要文献选编》（上），中央文献出版社 2014 年版，第 88 页。
② 塞缪尔·P. 亨廷顿：《变化社会中的政治秩序》，王冠华、刘为等译，生活·读书·新知三联书店 1989 年版，第 73 页。

主参与可控、有序、充分，既有利于实现和维护党的领导，又有利于满足党外力量的民主需求。这种制度有利于避免像其他一些国家那样的"颜色革命"的冲击，抵制国外力量的政治渗透。可见，统一战线制度是中国民主发展的最稳妥、最可靠、最安全的成熟制度，有利于实现党的执政安全与坚持发展民主政治的统一。

（四）协调关系和扩大认同功能

中国特色国家治理实践为人类对更好社会制度的探索提供了中国方案。古往今来，困扰统治者或执政力量的一大问题就是如何处理政治生活中"一元"与"多样"的关系。如中央政权和多个地方行政单位的关系，执政党与其他多个政党的关系，主体民族与其他少数民族的关系，中央政权或执政党与多种宗教的关系，占主体的经济制度同其他多种经济制度的关系等等。尽管这种"一"与"多"的关系是历来世界绝大多数国家经常面临的问题，但是不少国家特别是发展中国家由于制度僵化或照搬西方制度而引发制度失灵或低效，往往陷入党派、民族、宗教等纷争。这些纷争的共同特征是："一元"力量无法掌握和主导国家经济社会发展秩序；"多样"力量不服从"一元"力量的领导和指挥，但也无法有序进入国家政治体系。这种处理"一"与"多"关系的困惑，在西方发达资本主义国家也不同程度地存在。中国共产党作为执政党有效实现了中国主要政治力量关系的和谐，而保证这种和谐状态的就是统一战线的制度安排。国家治理现代化的中国特色之一，就是国家治理主体构成上的"一核多元"的独特格局。统一战线制度的作用在于把政党、民族、宗教、阶层、港澳台不同领域的政治参与力量吸纳进中国国家共同体，并引导这些政治力量在有序参与中增强对中国国家共同体的认同。统一战线制度还实践了人类社会制度"一体多元"的构建思路。中国共产党领导为一体，多党合作制度、民族区域自治制度、基本经济制度、特别行政区制度等统战性制度均体现了多元特征，这种"一体多元"的制度架构是贯通中外政治文明的成果。

三、推进社会主义协商民主制度化的主要挑战

（一）党的领导与协商主体扩大参与问题

我国的政治协商是一种咨询性参与而不是程序性参与，属于执政党政策调整的范畴而不是国家法制调节的范围，还存在很多缺陷和不足。从协商主体上看，政党协商的参与主体较为单一，包括执政党和民主党派以及无党派人士。由于政党协商的精英性，所以参与人数较少，一般以地市级以上的执政党和民主党派的领导为主。政协协商参与主体较为广泛，其组织机构分布在县级以上行政单位，政协委员分布在全国各个行业，但政协协商的参与主体则突出界别性的身份，也限制协商主体的广泛性①。在中国共产党领导的多党合作和政治协商制度中，共产党是政治决策的主体，民主党派是参与者和协助者，执政党与各民主党派在协商中的地位具有不平等性，尤其在具体实践中，一些地方存在个人权威对协商造成隐形压力的情况，从而导致协商动力不足、协商形式化等问题②。德国学者托马斯·海贝勒指出："协商的内容最后要经过集中的确认，即领导人的讨论，这自然就会影响到协商过程中人们的关注程度。人们往往将这种协商看成无关紧要的，而不是提出一些实质性的问题。"③ 另外，执政的中国共产党与各民主党派在协商中地位的不平等性，还导致执政党与参政党在信息获取方面的不对称，表现为各民主党派的知情渠道狭窄、知情时间较晚、知情内容有限等。这种状况一定程度上阻碍了政治协商制度的作用和功能的

---

① 魏晓文、郭一宁：《论政党协商与政协协商的互动关系》，载《社会主义研究》2015年第 5 期。

② 张啸尘、王雪春：《统一战线的协商功能探究——协商民主的视角》，载《广西社会主义学院学报》2014 年第 6 期。

③ ［德］托马斯·海贝勒：《作为战略群体的企业家：中国私营企业家的社会与政治功能研究》，吴志成等译，中央编译出版社 2003 年版，第 187 页。

充分发挥。西方政党在国家事务上通常存在相互推诿现象，导致办事效率低下，这也为我国协商民主制度的发展带来警示，因此，如何处理党的领导与各协商主体充分参与的问题，是党的统一战线与社会主义协商民主制度化面临的一个重要问题。

（二）人民政协制度体系需要进一步完善

人民政协不仅具有统一战线的组织特性，而且作为协商民主的重要渠道和专门协商机构，是政治协商制度的组成部分。将人民政协只是作为一种功能性的政治参与，导致人民政协制度体系的缺失。而制度的缺位导致了人民政协协商民主之作用和功能的发挥受到较大阻碍①，这主要表现在：

1. 协商缺乏程序化。协商民主的基本要素之一是协商的程序化，但人民政协协商民主与我国现阶段其他协商制度一样，突出问题是协商中的随意性较大，协商缺乏程序性，对协商的内容、时间、方式等都没有明确界定，且协商过程又往往与领导者的个人偏好有较大关联，这严重制约了人民政协协商民主功能的发挥。首先，关于协商内容的规定太模糊、笼统，可操作性较差。虽然党的文件明确规定"将政治协商纳入决策程序，就国家和地方的重要问题在决策之前和决策执行过程中进行协商"，但在具体的协商实践中难以找到切实依据，对必须协商的重要问题也缺乏清晰界定。其次，协商的时间无章可循。对于协商议题一般应提前多长时间告知协商各方，使各党派有充足的时间在协商前达成党派内部共识，尚无制度性的规定。再次，协商形式不规范，没有对协商与通报进行区分。在人民政协政治协商中，不应以通报来代替协商。最后，协商的制度保障有待加强。目前的协商受领导人影响较大，协商的方向和焦点往往为领导人的偏好和注意力所左右，影响了协商作为一种民主形式的质量。

2. 协商组织结构缺乏专门化。人民政协现有的组织结构模式，不利于明晰政党间政治协商与社会利益群体间政治协商的区别。从人民政协组织

---

① 施翔、陈作玲：《人民政协中的协商民主及协商制度完善》，载《黑龙江社会科学》2007 年第 2 期。

的构成来看，包括党派构成、社会界别构成以及各种特殊身份构成，组织结构缺乏专门化与清晰化。不同类型的民主协商有不同的运作机理，中共与民主党派之间的协商侧重于协调政治利益和政治影响力的合理分配，政府与社会利益群体之间的协商侧重于权力和利益交换的公平合理，社会利益群体之间的协商则侧重于不同群体间利益的协调与公平。在当代中国，由于社会利益分化加剧，利益结构更加多元复杂，需要多个组织承担起各方面利益表达的功能，因为单一的利益表达机制容易导致利益表达的不公平、不公正。但在现行人民政协协商民主机制中，人民政协还只是民意表达机构，而不是政策综合机构，它本身不具备利益分配和利益整合的权力与功能。

3. 民众的参与度不够。协商民主的实质是实现和推进公民有序的政治参与。人民政协协商民主应将政策利益的相关者纳入参与决策的过程中，体现保护少数的民主原则，为各党派团体和社会各界代表人士政治参与提供制度保障。政治协商的参与者分别联系和代表着不同群体，包括各党派、各人民团体、社会各界及少数民族等，通过人民政协这一平台实现政治协商、民主监督、参政议政的职能，又使政治协商具有了一定的代议性质。人民政协政治协商的参与度与参与方式还有较大拓展空间。

总之，人民政协协商民主化、专门化、程序化的缺乏，阻碍了其协商民主功能的充分实现。只有进一步改善人民政协协商民主中存在的上述问题，积极鼓励群众参与到协商过程中，才能真正焕发其活力。

（三）推进协商民主发展的路径有待健全

有效的方式和路径不仅能够促进统一战线和社会主义协商民主的发展，也能激励全社会力量共同参与到推进协商民主发展的建设中来。过去，中国共产党开展协商民主工作主要是通过各级统战部门和政协组织，民主党派、社会团体和群众组织接受统战工作部门的统一安排，缺乏推动协商民主的主观能动性。但从发展的眼光来看，统一战线工作与协商民主制度化不仅要适应国际环境的变化，还要面对国内阶层结构分化以及社会群体利益存在矛盾的现实①。因此，单一的统战工作模式虽然在过去具有较高效率，但已难以适应当今国内外环境的变化。随着民主协商事务日益复杂，仅仅依靠执政党的力量越来越难以支撑，必须充分调动其他各种社会力量参与协商民主的积极性。在统一战线发展与协商民主制度化建设过程中，民主协商的方式和方法有待改进，民主化、制度化建设需要进一步加强。完善社会主义协商民主发展的方式和路径，不仅有利于巩固中国共产党在协商民主建设中的领导地位，而且能够提高各种社会力量和社会组织参与协商民主进程的积极性，从而形成合力共同推进决策的民主化与科学化。

（四）协商质量与决策效率之间平衡问题

协商具有民主属性，民主意味着某种形式的公共协商②。在民主协商过程中，意见范围是一个不断扩大的过程，而协商的结果则反映了不同群体的利益。但在实践中，一些地方党政部门对于协商民主的认识不够，往往将其视为可有可无的形式。当然，在某些要求快速决策和行动的情境下，可能不具备花费大量时间进行辩论和协商的条件，因此有人对民主协商在决策中的可行性提出了质疑，认为在当前剧烈变化的社会中民主协商难以适应决策的需要。如何充分发挥协商民主的功能，在协商质量与决策效率之间找到平衡点，仍是一个有待探索的问题。

总之，统一战线发展与协商民主制度化建设是一个渐进探索的过程，在此过程中，正确处理中国共产党领导与各协商主体充分参与的关系，健全人民政协制度体系，实现民主协商的程序化以及协商组织结构的专门化，提高民众的参与度，优化推进协商民主的方式和路径等，都是亟待解决的问题。只有解决好上述问题，才能更好地促进统一战线与社会主义协商民主制度化的发展与完善。

---

① 刘杰：《协商民主的中国特色与统一战线的保障功能》，载《上海市社会主义学院学报》2013年第5期。

② 张啸尘、王雪春：《统一战线的协商功能探究——协商民主的视角》，载《广西社会主义学院学报》2014年第6期。

第八章

新时代爱国统一战线推进社会主义协商民主制度化的创新思路

统一战线通过联系社会各阶层和各人民团体，能够扩展民主的范围和渠道，保障协商主体的平等地位，缓解不同主体间的矛盾，力求达成协商共识，是我国社会主义协商民主的优势所在，是社会主义协商民主制度化建设的重点领域。加强统一战线建设和社会主义协商民主制度化创新，充分发挥统一战线在社会主义协商民主中的重要作用，对于完善我国社会主义民主政治具有重要意义。在此过程中，我们应严格遵循统一战线与社会主义协商民主制度化创新的原则，充分利用现有制度资源，探索社会主义协商民主制度化的实现路径，促进统一战线与社会主义协商民主制度的融合，用制度来保障统一战线在社会主义协商民主中的重要作用。

一、社会主义协商民主制度化创新的基本原则

（一）坚持党的领导与形成政治共识

党的领导是中国特色社会主义最本质的特征。中国共产党是中国工人阶级的先锋队，同时是中国人民和中华民族的先锋队，代表中国先进生产力的发展要求，代表中国先进文化的前进方向，代表中国最广大人民的根本利益。党的先锋队性质和广泛的群众基础，是其担当领导中国特色社会主义事业重任的根本原因。正如邓小平指出："在中国这样的大国，要把

几亿人口的思想和力量统一起来建设社会主义，没有一个由具有高度觉悟性、纪律性和自我牺牲精神的党员组成的能够真正代表和团结人民群众的党，没有这样一个党的统一领导，是不可能设想的，那就只会四分五裂，一事无成。这是全国各族人民在长期的奋斗实践中深刻认识到的真理。我们人民的团结，社会的安定，民主的发展，国家的统一，都要靠党的领导。"① 统一战线作为党的总路线总政策的一部分，发挥着凝聚人心、汇聚力量的政治优势，能够不断增强党的阶级基础，扩大党的群众基础，巩固党的执政地位。为加强党的领导，必须善于把党的政治原则、政治方向、重大方针和政策转化为广大统一战线成员的政治共识，使之自觉地团结在党的周围。协商民主作为我国社会主义民主政治的特有形式和独特优势，能够保障党的领导与人民民主相结合，充分发挥党总揽全局、协调各方的领导核心作用。因此，必须通过构建程序合理、环节完整的协商民主体系，最大限度地包容和吸纳各种利益诉求，更好地保障人民当家作主的民主权利，让人民群众不仅能够自主地参加投票和选举，而且能够经常地参与讨论公共事务，这不仅有利于党和政府的科学民主决策，而且能够保证党领导人民有效地治理国家。

在推进统一战线发展与社会主义协商民主制度化建设的过程中，首先要坚持党的领导地位，坚定不移地走中国特色社会主义政治发展道路。党的领导是我国社会主义最本质的特征，是统一战线事业发展的根本保证。中国共产党是统一战线的组织者和领导者，是统一战线的核心和支柱，没有中国共产党的坚强领导，就不会有巩固和广泛的统一战线。党的十九大报告指出，协商民主是实现党的领导的重要方式，稳步推进社会主义协商民主制度化建设的关键在于党的领导。中国共产党的领导地位是在长期革命斗争中逐步形成的，是中国历史发展的必然选择。在革命、建设和改革实践中，中国共产党对民主的不懈追求是协商民主从实践层面上升到制度形态并形成理论体系的直接原因。早在民主革命时期，中国共产党就首创

---

① 《邓小平文选》第 2 卷，人民出版社 1994 年版，第 341-342 页。

了政党协商的民主形式，领导发展了统一战线。在社会主义建设时期，中国共产党把马克思主义统一战线理论与中国具体实际相结合，领导人民建立了政治协商制度。在改革开放新时期，协商民主在党的领导下得到进一步丰富发展，建立起政府与社会对话协商制度，使协商民主在中国大地上获得发展。

坚持党的领导与民主协商是统一的，要在平等的基础上充分保障各协商主体的民主权利，充分尊重各协商主体的意见和建议，在集思广益的基础上实现民主决策和科学决策①，形成政治共识。政治共识是我国社会主义民主政治制度的重要基础，是维系社会政治稳定的基础，也是统一战线的目标。由于社会分工、利益分配、思想认识的不同，当今中国社会存在着不同的社会阶层、利益群体，从而导致某些歧见与冲突。在冲突严重、歧见过大的情况下，如果没有一个化解冲突与歧见的制度性渠道，形成不了相应的政治共识，就会造成社会的不稳定，甚至出现社会动荡。协商民主作为一种广泛的政治参与和利益调节机制，能够满足不同社会群体进行各自诉求、利益的表达，并通过参与国家事务，参与经济、社会和文化事业，提高他们相应的社会责任感和公民意识，有利于凝聚人们的思想政治共识，能够消除人们的思想认识分歧，减少社会上的不满心理和情绪，疏导非理性认识，增强理性认识。当前，在我国为全面建成小康社会而奋斗的新形势下，面对复杂的国际形势和繁重的国内改革发展任务，必须找到最大公约数，达成最大思想政治共识，引导广大群众共同致力于中国特色社会主义事业，实现中华民族伟大复兴的中国梦。

为贯彻政治共识原则，在统一战线发展中，首先要正确处理一致性和多样性的关系，坚持求同存异。一致性是在共同思想政治基础上的一致，多样性是利益多元、思想多样的反映。随着我国社会阶层的不断分化，各阶层、各利益主体之间的矛盾和冲突在不断扩大，面对这种新形势，统一战线要善于把联盟内各种关系协调好，把各种力量团结起来，在广泛吸纳

---

① 高建、佟德志：《协商民主》，天津人民出版社2010年版，第61页。

和包容不同观点主张的基础上，通过求同存异达成政治共识，实现社会整合，化消极因素为积极因素，创造一个"和而不同"的良好社会政治环境。

在社会主义协商民主发展中，是要发挥各种协商渠道的优势，做到有事好商量，众人的事由众人商量，在广泛商量的过程中充分发扬民主、集思广益、统一思想、凝聚共识。社会主义协商民主是在中国共产党领导下，人民内部各方面围绕改革发展稳定重大问题和涉及群众切身利益的实际问题，在决策之前和决策实施之中开展广泛协商、努力形成共识的民主形式。社会主义协商民主以其协商主体的广泛性、多样性，为形成政治共识提供了广泛的群众基础。社会主义协商民主鼓励包容、参与、倾听、尊重和理解，有利于化解分歧和冲突，并通过广泛、多样的协商渠道，为不同类别的协商主体充分参与国家政治生活、经济生活、社会生活和文化生活提供有效途径。

（二）秉承人民民主、求同存异、平等包容的精神

人民民主是社会主义的生命，是社会主义政治制度的本质要求，也是党的统一战线和社会主义协商民主的内在要求。统一战线和社会主义协商民主都是我国社会主义民主政治建设的重要内容，服务于人民民主和人民当家作主。为贯彻人民民主原则，在统一战线发展中，必须充分发挥其广泛性、多元性、包容性、开放性的优势，不断扩大人民民主的群众基础；必须充分发挥其作为党联系群众的纽带的作用，不断扩大群众有序的政治参与。党领导的统一战线是一个包容性广泛的政治联盟，不仅是我国政党制度的重要组成部分，而且是我国民主政治建设的重要组成部分，是统一战线内部各利益主体有序和有效政治参与的基本途径。

统一战线把不同立场、不同阶层、不同地域的社会群体纳入同一个团结阵线，体现了对个体权利的尊重和对个体差异的包容，寻求共同利益的最大化，力求画出最大同心圆。这也恰与社会主义协商民主的内在要求相契合。在民主协商过程中，每一个人都可以有效运用自己的文化资源，使具有不同社会地位和文化背景的个人或群体理解彼此的差异和经验，让个人或群体超越狭隘的自私心态和本位主义，发展出对社会更为全面的理解①。协商民主的出发点和落脚点是实现人民民主，是人民民主的重要实现形式之一，彰显了人民民主的真实性和广泛性。

协商民主通过表达、对话、沟通、商量等形式来体现民意，汇集民智。为确保每个人都有平等参与协商和影响他人的机会，就必须促使每个人都能积极参与到相互讨论的过程，使每个人都能发挥其论证和说服他人的能力，而不是受制于权力和其他资源。"协商民主是指自由和平等的公民通过公共协商进行决策的民主形式。"② 协商民主顺畅运行的一个重要原则，就是平等对话。除了强调程序上的平等，协商民主也强调实质上的平等，确保每个人都有平等展现自己政治影响力的机会，或者说是平等的政治影响力。换言之，在民主协商的过程中，每个参与者不是基于政治、经济、教育等资源的不对称而形成最好的决定，而是基于辩论和论证的力量，使他人愿意改变自己的偏好和主张。在平等协商的过程中，同时还要借鉴中国传统文化中"和"的思想，坚持求同存异的原则，明确协商中各利益主体的诉求，尊重分歧，寻求可能达成一致的方案。

总之，社会主义协商民主制度化创新必须秉承人民民主、求同存异、平等包容的精神，通过不同群体、不同层次的平等对话和多方论证，最终达到求同存异、和而不同，在缩小分歧、包容差异的同时尊重每个个体的权利，避免激烈的利益摩擦；在找到解决问题分歧的突破口的同时，减少人们的怨气和不满，保证统一战线的巩固和协商活动的有序开展。在社会主义协商民主建设中，首先要充分发挥其广泛多层制度化的优势，为人民内部不同利益主体的有序政治参与提供制度平台，从而更好地实现人民当家作主的权利。从社会主义协商民主的协商渠道来看，有政党协商、人大协商、政府协商、政协协商、人民团体协商、基层协商、社会组织协商

---

① 陈俊宏：《邻避（NIMBY）症候群，专家政治与民主审议》，载《东吴大学学报》1999 年第 10 期。

② 周国富：《论人民政协协商民主》，载《中共浙江省委党校学报》2010 年第 6 期。

等；从协商类型看，有政治协商、立法协商、行政协商、民主协商、社会协商、基层协商等；从协商方式看，有提案、会议、座谈、论证、听证、公示、评估、咨询、网络等多种方式。充分发挥这些渠道、类型和方式的作用，将大大促进人民民主的实现。其次要坚持协商于决策之前和决策实施之中，充分保障广大人民群众民主决策、民主管理、民主监督的权利。在人民内部各方面广泛商量的过程，就是发扬民主、集思广益的过程，就是统一思想、凝聚共识的过程，就是科学决策、民主决策的过程，就是实现人民当家作主的过程。正如习近平总书记所指出的："在中国社会主义制度下，有事好商量，众人的事情由众人商量，找到全社会意愿和要求的最大公约数，是人民民主的真谛。"

（三）既要立足本国国情，又要借鉴国外先进经验

作为一种理论，协商民主是西方民主理论发展过程中的一个环节，它针对竞争性选举民主的弊端提出了改良建议，在西方学者看来，协商民主是代议制民主和竞争民主的补充和发展。但是西方协商民主理论发展的背景和制度条件与我国大不相同，因而协商民主理论的内容要求也不同，但作为推进民主进程的一种理论学说，二者既有各自的特殊性，也有某些耦合之处。

目前我国人口数量庞大，发展很不平衡，又处于改革发展的关键时期和矛盾多发期，因而更需要统一战线发挥组织优势，进行全局性统领，凝聚人心，汇集民意，通过协商对话的方式解决各种矛盾，让公众切实参与到公共事务的决策中，提高决策的合法性和执行力。纵观我国协商民主的发展，可以发现它不仅具有深厚的文化传统、扎实的基层实践基础和丰富的政治制度资源，还可以适当借鉴国外先进制度和理论，以扩充和完善我国统一战线和社会主义协商民主理论。但需注意的是，我国社会主义协商民主发展在借鉴国外先进经验时，不能盲目照搬西方协商民主理论和实践，不能抱有与国外协商民主"接轨"的心态，而需认清西方协商民主的本质，正确理解我国社会主义协商民主的概念和运行实质。

社会主义协商民主的发展必须立足于我国国情，"只有以我国实际为研究起点，提出具有主体性、原创性的理论观点，构建具有自身特质的学科体系、学术体系、话语体系，我国哲学社会科学才能形成自己的特色和优势"。这里需要强调的是，立足本国国情、尊重传统并不是说要闭门造车，不与外界交流，相反，"强调民族性并不是要排斥其他国家的学术研究成果，而是要在比较、对照、批判、吸收、升华的基础上，使民族性更加符合当代中国和当今世界的发展要求"①。我国社会主义协商民主制度化建设是一个开放的进程，在此过程中既要吸取西方协商民主的精华与经验，更要结合我国当前的民主进程、经济发展水平、政治体制改革、政治文化等，既尊重传统，又要博采众长、推陈出新，在协商实践中不断探索符合中国国情的协商民主模式，形成具有本国特色的协商方式，更好地推进统一战线和社会主义协商民主制度化的创新发展。

（四）保证有法可依，坚持依法协商

民主和法治是现代社会的两个基本特征，也是我国政治文明建设的基本目标与内容。民主与法治相辅相成、相互促进，二者缺一不可。坚持依法协商，是我国"依法治国，建设社会主义法治国家"方略在民主发展领域的体现。统一战线的发展和社会主义协商民主制度化创新的实现，需要通过具体的制度和形式来保障，而这些具体制度和形式则需在法治的路径中发挥作用，依照法治原则来规范化运行。

法治是社会主义民主政治的内在要求和重要标志。邓小平曾经指出，"为了保障人民民主，必须加强法制。必须使民主制度化、法律化"。党的十五大提出了"依法治国，建设社会主义法治国家"的目标，并把依法治国提高到"党领导人民治理国家的基本方略"的高度。党的十八届四中全会决议进一步明确指出："全面推进依法治国，总目标是建设中国特色社会主义法治体系，建设社会主义法治国家。"社会主义民主与法治是相互

---

① 黄宗智：《认识中国——走向从实践出发的社会科学》，载《当代中国史研究》2005年第4期。

依赖、相互促进的，没有充分的社会主义的民主，就不可能有完备的社会主义法治。社会主义民主保障全体人民享有管理国家和社会事务的广泛权利，社会主义法治保障以法的形式对这些权利予以确认，所以，社会主义法治是社会主义民主的保障。习近平总书记在庆祝中国人民政治协商会议成立 65 周年大会讲话中指出：完善社会主义协商民主制度"必须构建程序合理、环节完整的社会主义协商民主体系，确保协商民主有制可依、有规可守、有章可循、有序可遵"①。统一战线和社会主义协商民主的创新发展，需要有相关法律、制度来保障，依照相关政策、法律和规定有序推进。党的十八届四中全会通过的《关于全面推进依法治国若干重大问题的决定》指出："制度化、规范化、程序化是社会主义民主政治的根本保障。"社会主义协商民主的制度化建设同样需要在法治框架下进行，法治是协商民主制度化建设的重要原则和保障，使协商民主制度化建设具有合法性和权威性，更具可操作性。依法协商，实现制度建设与法治建设的内在统一，是统一战线与社会主义协商民主制度化发展的内在要求。

当前，建设中国特色社会主义法治体系和社会主义法治国家，是中国共产党领导人民推进中国特色社会主义事业发展的主要目标之一。在此过程中，必须遵循马克思主义法治理论，建立起完备的法律规范体系、高效的法治实施体系、严密的法治监督体系、有力的法治保障体系，坚持依法治国、依法执政、依法行政共同推进，坚持法治国家、法治政府、法治社会一体建设，实现科学立法、严格执法、公正司法、全民守法，促进国家治理体系和治理能力现代化。为贯彻法治原则，在统一战线发展中，首先要通过科学合理的利益观念来引导统战范围内各方面的力量，共同致力于中国特色社会主义建设事业。中国特色社会主义事业是统战范围内各方面力量的共同利益和根本利益所在，只有通过科学合理的利益观念引导，才能巩固统一战线的基础，壮大统一战线的力量，团结一切可以团结的力量共同致力于中华民族伟大复兴。其次要依法扩大统一战线调整重大关系的

---

① 《十八大以来重要文献选编》（中），中央文献出版社 2016 年版，第 77 页。

领域和范围。例如，在政党关系方面，应把宪法中的原则规定、共产党与各民主党派在长期合作共事中形成的重要原则、政策等，逐步法律化、法治化；在宗教关系方面，针对国际宗教极端势力对我国的渗透以及互联网迅速发展带来的新问题，应不断完善有关法规。再次，必须以程序建设为重点，推动统战工作不断规范化、制度化。在基本制度建立后，如果没有良好的程序，就很难保证有良好的决策。最后要发挥好统战组织和对象的监督功能。在我国政治和法律监督体系中，统一战线组织和统战对象的监督是一种特别的政治监督和社会监督，具有其他监督方式不可替代的优越性和功能。只有不断巩固和壮大统一战线，才能不断增强其监督的力度和效果。

在社会主义协商民主发展中，一是要深入开展立法协商，通过发挥其民主协商主渠道的作用，不断推进科学立法、民主立法。二是逐步构建程序合理、环节完整的协商民主体系，推进协商民主广泛多层制度化发展。三是按照协商于民、协商为民的要求，建立健全基层协商民主协调联动机制，在解决基层群众实际困难和化解矛盾纠纷的同时，提高民众的民主意识和民主参与。四是继续探索规范政党协商的形式和保障机制，制定有关民主协商的党内法规。

二、社会主义协商民主制度化创新的基础平台

（一）社会主义民主制度

我国社会主义民主的基础是人民民主专政。坚持人民民主专政，首先要坚持国家一切权力属于人民，保证人民依照宪法和法律通过各种形式和途径管理国家事务，管理经济、文化和社会事业，保证人民当家作主。社会主义民主制度为统一战线的发展提供了坚实基础，也是社会主义协商民主发展和制度化创新的坚实基础。新中国成立后，中国共产党领导人民探

索并建立了人民代表大会制度、多党合作和政治协商制度、基层群众自治制度等民主实现形式，社会主义民主建设始终朝着人民当家做主的目标前进。尤其在我国社会主义现代化建设进程中，社会主义民主的内涵不断丰富发展，为协商民主制度化创新提供了有力支撑。

党的十六大提出了建设社会主义政治文明的思想，把民主制度建设提升到社会主义政治文明的高度，为社会主义协商民主的发展提供了契机。党的十八大报告指出，我国的人民民主不断扩大，民主制度更加完善，民主形式更加丰富，人权得到切实尊重和保障。社会主义民主制度保障了人民群众自由平等的政治权利，赋予了人民群众参与国家事务的主体地位，增强了人民群众参与决策的能力，提升了人民群众的政治素养。党的十九大报告指出："我国社会主义民主是维护人民根本利益的最广泛、最真实、最管用的民主。发展社会主义民主政治就是要体现人民意志、保障人民权益、激发人民创造活力，用制度体系保证人民当家作主。"社会主义协商民主对参与主体的广泛性、参与能力以及协商程序的规范性、公开性、公平性等，都提出了更高要求，而完善健全的社会主义民主制度不仅能够提高人民群众的主人翁意识和协商能力，也能够满足统一战线和社会主义协商民主制度化发展的要求，巩固和拓展统一战线，为推进协商民主制度化创新提供强有力的制度保障。

（二）多党合作和政治协商制度

多党合作和政治协商在推进我国民主进程中处于十分重要的位置。如何加强党派合作，继承和发扬中国共产党领导的多党合作的优良传统，增强共产党的执政能力，提高执政的水平，成为当前我国政治体制改革的一个重要方面。人民政协作为爱国统一战线的重要组织，是社会主义协商民主的重要载体和实现形式，在我国革命和建设历程中发挥了很大作用。中国共产党领导的多党合作和政治协商制度，从统一战线的一种形式发展成为我国一项基本政治制度，在我国社会主义民主政治发展进程中具有里程碑意义。社会主义协商民主是实现共产党对民主党派领导、促进多党派团结合作的重要形式，而多党合作和政治协商也为社会主义协商民主提供了基本场域，保障了政党协商的有效开展。

从现实实践来看，我国多党合作和政治协商的水平不断提高，为统一战线巩固和协商民主制度化创新提供了重要基础。当前我国政治协商的主体和内容都具有多样性、包容性，各级人民政协会议和组织机构中都有各党派、团体、界别以及新社会阶层等社会力量参与，针对国家和经济社会发展中的重大方针政策和重要问题有序进行民主协商，听取民意、汇集民智，充分体现了其统一战线性质和协商民主本质。中国共产党通过与民主党派的直接协商，与民主党派及各界代表人士在人民政协的协商，以及有关的会议制度和经常性工作，为社会主义协商民主制度化发展奠定了重要基础。面对当前社会主义协商民主制度化的要求，我们仍需坚定不移地推进多党合作，优化党际关系，提高多党合作和政治协商的制度化水平，坚持重大问题协商于决策之前和决策执行过程中，运用多种形式充分听取民主党派和各界代表人士的见解和意见，使共产党的主张充分体现各方面的智慧①。

人民政协作为协商民主的重要渠道，既要包括与精英的协商，同时也要容纳大众的社会协商，成为公民有序进行政治参与的平台，这是历史赋予人民政协的、在发展社会主义协商民主中的重要使命和责任②。人民政协作为统一战线发挥协商民主功能的主要制度化平台，具有人大协商、政府协商、人民团体协商、社会组织协商等其他协商平台和渠道不可替代的独特优势和重要作用，可以凝聚各方智慧与力量，进而达成广泛的共识。具体来讲：人民政协因固有的协商性使其制度弹性更加突出，可以整合较为广泛的协商主体、提供更加灵活的协商渠道、吸纳更加多样的协商意见。同时，人民政协则因其体制内的制度层级而使民主协商更加规范有

---

① 朱勤军：《当代中国协商民主制度化发展的战略和路径》，载《中国政协理论研究》2014 年第 2 期。

② 朱勤军：《当代中国协商民主制度化发展的战略和路径》，载《中国政协理论研究》2014 年第 2 期。

效。从制度功能角度来看，人民政协作为统一战线发挥政治保障功能的平台，在加强协商民主建设过程中具有两项功能：一是在政府与公民之间发挥桥梁和纽带作用的中介功能，为公民参与民主协商提供更多的沟通机会；二是将政协本身作为民主协商的重要平台的表达性功能，在人民政协的各种机构和活动中表达利益诉求，发出自身呼声。

人民政协要充分发挥推动协商民主建设的重要渠道和平台功能，除了使更多的代表性人士在政协平台上表达利益诉求之外，而且更需要采取切实有效的措施对非体制内政治精英、新社会阶层、普通群众参与民主协商的迫切愿望和现实要求提供广泛的渠道来尽量满足。其中，将非体制内的政治精英和新成长起来的新社会阶层代表人士纳入人民政协民主协商渠道，是加强民主协商建设的重点。此外，为巩固人民政协作为协商民主渠道这一坚实基础，人民政协还必须通过各种沟通方式和协商渠道，对普通群众的民主协商要求予以主动积极回应。

当前，为进一步保障协商活动顺利开展，推进协商民主制度化，需要健全和完善人民政协协商制度，加强人民政协的协商职能，密切国家层面与社会大众的联系，畅通和拓宽协商渠道，保障协商民主活动有序进行。同时还要健全和完善多党合作机制，促进党派之间的交流，消除协商障碍，保障政党协商的顺利进行，巩固和加强爱国统一战线，推进统一战线和社会主义协商民主制度化建设。

（三）中国特色社会主义民主理论与实践的丰富发展

我国社会主义协商民主具有实践探索先行、制度建设跟进、政治成效显著的特点，它发轫于统一战线，形成于协商建立新中国，发展于多党合作，完善于政治协商，目前已成为中国特色社会主义政治制度的重要组成部分①。中国共产党关于社会主义民主政治建设的新认识、新阐释和新思考，为社会主义协商民主理论创新、实践探索和制度建设奠定了基础，为

---

① 孙德海、方世南：《论中国特色协商民主理论与话语体系建构》，载《马克思主义研究》2015 年第 9 期。

统一战线和协商民主制度创新提供了丰富素材和资源。中国共产党立足我国历史传统与现实国情，在吸收借鉴世界各国民主政治发展的积极成果的基础上，积极探索具有中国特色的社会主义民主理论与机制，把协商民主机制作为实现社会主义民主的重要途径和方法，体现出西方协商民主机制无法比拟的独特作用和价值。在我国，对于民主的两种实现形式——选举民主和协商民主，不仅有理论上的深刻认识，也有实践上的丰富经验，从基层治理领域到国家治理层面，都探索出了丰富的实践形式。

在国家治理层面，人民代表大会制度和人民政协制度在实践中不断发展和完善。人民代表大会制度的民主实践主要表现为人大代表联络处、代表述职、人大信箱、评议制度、立法听证制度等，尤其是立法听证制度，在立法过程中直接公开地听取社会意见，广纳民意，扩大公民有序政治参与。在人民政协的实践中，主要有专题协商、对口协商、界别协商、提案办理协商等民主协商形式。在社会治理层面主要体现为基层协商，特别是随着我国经济社会的快速发展，基层民主政治的创新取得了越来越多的理论成果、制度成果和实践成果①。这些理论与实践的创新，为统一战线发展和社会主义协商民主制度化建设提供了现实路径。

（四）相关的国家政策

党的十八大明确提出社会主义协商民主是我国人民民主的重要形式，并对统一战线工作提出了新要求，把统一战线纳入社会主义协商民主制度化建设之中，促进了二者的融合发展。统一战线是党的总路线总政策的重要组成部分，是党凝心聚力、攻坚克难、夺取胜利的重要法宝。随着中国特色社会主义事业的发展，新的社会阶层和利益群体不断增加，党的统一战线也不断发展壮大，统一战线理论和实践不断丰富发展。

2015 年 4 月中共中央政治局会议审议通过了《中国共产党统一战线工作条例（试行）》和 2020 年 11 月中共中央发布的《中国共产党统一战线

---

① 张平：《社会主义协商民主研究》，群言出版社 2015 年版，第 67 页。

工作条例》，这是中国共产党关于统一战线工作的第一部党内法规，有利于加强统战工作的科学化和法制化建设。在2015年5月召开的中央统战工作会议上，习近平总书记发表的重要讲话成为统一战线事业发展的纲领性文件，体现了对社会主义协商民主理论创新发展的要求。随着国内外形势及党的任务的变化，统一战线的责任和任务也随之变化，变化越大越要把统一战线发展好，把统战工作开展好。《中国共产党统一战线工作条例》明确了统一战线服务"五位一体"总体布局和"四个全面"战略布局的发展方向以及各领域统战工作的方针政策，完善了统一战线基础理论，深化了加强党对统战工作领导的职责要求，规范了统战部门履行职责、发挥作用的要求。2016年1月，习近平总书记在会见各民主党派中央和全国工商联负责人以及无党派人士代表时进一步强调，我国发展航船要抵达全面小康社会的彼岸，既需要中国共产党为这艘巨轮掌好舵，也需要中国共产党和广大统一战线成员一起划好桨。2018年1月全国统战部长会议又对统战工作提出了新的总体要求："把握新时代爱国统一战线的新机遇，坚决贯彻落实党中央关于统一战线的各项决策部署，大兴调查研究之风，努力开创统一战线各领域工作新局面。"统一战线是一致性和多样性的统一体，而一致性和多样性是不断变化的。在特定时期制定适合实际的统一战线方略，通过协商对话、平等合作的方式凝聚社会大众的力量，维护最广大群众的利益。

改革开放以来，我国逐步将推进协商民主置于重要地位，协商民主制度也从最初的协商对话制度、人民政协制度逐步向广泛性、多层次性发展，从分散向整合发展。2006年3月中共中央发布的《关于加强人民政协工作的意见》提出，要认真搞好人民政协的政治协商，积极推进人民政协的民主监督，深入开展人民政协的参政议政，切实抓好人民政协的自身建设，从而为新世纪新阶段人民政协事业的发展指明了方向。2015年中共中央相继发布了《关于加强人民政协协商民主建设的实施意见》《关于加强城乡社区协商的意见》《关于加强政党协商的实施意见》，对协商制度建设进行了部署和规划，大大推进了社会主义协商民主制度的建设和发展。

2016 年 3 月《国民经济和社会发展第十三个五年规划纲要（草案）》指出，要加强协商民主制度建设，构建程序合理、环节完整的协商民主体系，开展形式多样的基层民主协商，推进基层协商制度化。2017 年 10 月党的十九大也强调，要加强协商民主制度建设，形成完整的制度程序和参与实践，保证人民在日常政治生活中有广泛持续深入参与的权利。2018 年 3 月通过的《中国人民政治协商会议章程修正案》对发展社会主义民主政治具有重大意义，首次把习近平新时代中国特色社会主义思想确立为人民政协的指导思想。总之，党和政府对统一战线和社会主义协商民主的发展极为重视，从宏观布局到具体制度设计都制定了相应政策文件，为推进统一战线发展和社会主义协商民主制度化建设提供了重要的理论和政策保障。

三、社会主义协商民主制度化创新的具体途径

（一）优化统一战线布局，扩大协商的范围

追溯统一战线和协商民主的发展历史可以发现，这两种制度形式早在新民主主义革命时期就已形成，对我党团结全国大众、凝聚社会力量、赢得革命胜利发挥了重要作用。但是从当前的实践来看，统一战线和协商民主仍存在一些不足，无法应对当前复杂的社会形势。新时期协商民主的开展范围和实践领域已大大超出统一战线和人民政协的覆盖领域，延伸到国家与社会、执政党与参政党、政府与群众、中央与地方、人民团体与群众、群众与群众等各方面，形成了人大立法协商、国家政权机关行政协商、政协组织和党派团体的民主参政协商、基层组织和社会组织的社会协商等多种形式。随着改革开放和社会主义市场经济的深入发展，我国的新社会阶层不断涌现和发展，广大人民群众的思想和利益也表现出更加多元化的特点，这对党的统一战线工作提出了新挑战，要求优化统一战线布

局，扩大民主协商范围，更广泛地集中民智、凝聚民心、汇聚民力。因此统一战线工作应不断适应社会主义协商民主发展的要求，不断开拓新的工作领域①。

协商主体是协商民主实践中的主动性要素，可以通过协商表达自己的利益诉求，实现自身利益，但民主党派的基层成员、社会各阶层的普通人士等尚未被纳入协商范围。为使参与协商的代表更具广泛性，意见反映更全面，尤其在一些重要问题和涉及民众切身利益的问题上，避免在协商过程中忽视阶层或群体大多数人的意见与诉求。因此建议依据不同的标准对协商主体和客体进行细化，改进政协委员的构成，增加民众对社会协商的参与，尊重弱势群体的利益关切，围绕重大问题和涉及民众切身利益的问题并围绕政府中心工作来优化统一战线布局，扩大民主协商的参与度。

统一战线发展和社会主义协商民主制度建设需要不断健全和完善，统一战线在社会主义协商民主制度化中的地位需要不断优化，这是统一战线发展和社会主义协商民主制度化建设的重点，关系到社会主义民主政治和和谐社会的发展。统一战线范围的扩大，要呼应民众不断增强的民主意识，把更多群体、更多群众纳入利益表达和政策议程，让统一战线更好成为沟通不同社会群体的纽带和桥梁。同时还要使国家权力机关的民主协商与基层群众的民主协商有效衔接，促进二者间的良性互动，通过加强基层统战工作调动广大人民群众有序参与协商的热情，对其利益诉求给予最大限度的满足，实现统一战线主体由"精英化"向"大众化"的转变，不断扩大社会主义协商民主的范围。

（二）调动民众积极性，拓展协商的渠道

社会主义协商民主归根结底是为了推进人民民主。统一战线的主体是人民，统一战线成员遍布我国各社会领域、各方面、各阶层、各地区，他们积极参与国家经济、政治、社会和文化事业的管理，是社会主义民主政

---

① 朱红梅、薛婉雯：《统一战线：中国协商民主实现的有效途径》，载《广东省社会主义学院学报》2014 年第 4 期。

治的体现者、参与者和实践者，对健全社会主义协商民主制度、推进社会主义协商民主发展具有独特优势。在我国 1.2 亿知识分子中，非党知识分子占四分之三；在律师、会计师、评估师等专业人士中，四分之三是非党人士；在精英荟萃的两院院士中，有 15% 以上是非党院士①。统一战线就是要把这些不同党派、不同阶层、不同行业的人才汇集起来，纳入对国家事务的管理之中，正如周恩来同志曾指出的："党与民主党派、民主人士的团结合作，就是统一战线。不仅民主革命时期如此，社会主义革命和社会主义建设时期也如此。"② 尊重个体意见，重视个人发展，集聚各行各业人才，倾听各方面意见，与广大统一战线成员进行充分沟通，不断建立健全国家治理体系，提高治理能力，保障政府决策的科学性和民主性，是新时代爱国统一战线的光荣使命。统一战线不仅要便于民众表达自己的利益诉求，而且要在鼓励民众积极参与民主协商的同时，重视培养其协商能力，确保协商过程科学有效。因此提高民众协商能力，提高其参政议政意识，增强其参与的积极性，对于汇集民意、凝聚力量办大事具有重要意义，对统一战线的发展至关重要。

中国共产党领导的统一战线是社会主义协商民主发展的基本场域，应通过牢固树立"以人为本"的统战理念，来提升社会主义协商民主当中各个协商主体积极主动参与协商的意识，从而提高协商的实际效果。统一战线不仅是中国共产党实现不同时期任务和目标的战略策略，更是中国特色社会主义社会建立与持续发展的重要手段和方式，其中"以人为本"是其价值所在。中国共产党领导的统一战线应充分考虑和照顾广大统战工作对象的具体利益诉求，在平等协商、积极讨论、真诚交流、体谅包容中尽量促进共识的达成与利益的最大化。在新时代背景下，由于我国所有制形式更加多样、社会阶层结构更加多样、社会思想观念更加多样，导致在我国协商民主具体实践中，各协商主体的协商意愿、协商动机、协商能力等方

---

① 张献生：《发挥统一战线在协商民主中的重要作用》，载《中国统一战线》2014 年第 2 期。

② 《周恩来选集》下卷，人民出版社 1984 年版，第 335 页。

面存在一定差异，特别是部分宗教性、民族性团体与国家间存在世界观、人生观和价值观等方面的巨大差异和偏见，成为制约协商民主进一步发展的桎梏与藩篱，而统一战线正是破除和解决这一障碍的重要途径。因此，中国共产党领导的统一战线必须始终牢固树立"以人为本"的统战理念，提高各协商主体参与民主协商的积极性，为协商民主的持续健康发展营造良好氛围与奠定坚实基础。①

为充分调动公众参与民主协商的积极性，还需要进一步畅通协商渠道，扩大协商主体范围，拓展有效的协商途径。2006 年 11 月中共中央发布了《关于巩固和壮大新世纪新阶段统一战线的意见》，强调"照顾同盟者利益是巩固和壮大统一战线的重要原则，也是坚持以人为本、实现党的领导的重要条件"，要"努力畅通统一战线成员反映意见和要求的渠道，建立健全照顾同盟者利益的机制"②。为此，应着力构建统一战线的各种协商议政平台，开展常规化协商议政活动，举办各种专题论坛，为社会各方面人士有序进行政治参与提供制度化渠道。在基层，应充分利用基层协商渠道逐步加强群众的参与和监督，在提高其参政议政主人翁意识的同时，让广大群众能够在重大问题和涉及自身切身利益的问题上建言献策，并通过建立民意表达平台、疏通民意表达渠道进一步增强政府工作的透明性和开放性。尤其在信息互联网时代，民意表达更便捷，有关公共事务和政府决策的重要信息可以及时在网上公布，让民众在信息网络平台上获取信息、表达意见。协商议题公开化是适应当下信息技术快速发展的必然要求，为民众参政议政提供了便捷的渠道，便于民众及时了解政府的议题内容。

互联网发展带来的信息公开化和透明化，对我国社会主义协商民主制度创新也提出了新要求。运用统一战线的工作网络和机制扩大参政平台，

① 参见张艳娥：《统一战线：中国协商民主发展的基本场域》，载《江苏省社会主义学院学报》2008 年第 3 期。

② 中共中央文献研究室：《十六大以来重要文献选编》（下），中央文献出版社 2008 年版，第 581—582 页。

拓宽参政渠道，吸引更多社会团体和代表人士参与协商对话、听政咨询，有助于提高协商议政的规范化、制度化、程序化水平，保障各领域、各方面成员协商议政的有序开展。统一战线在长期发展中同社会各界建立的密切关系和便捷渠道，为协商民主的开展提供了有利条件。

（三）整合社会公众利益，化解协商中的冲突

统一战线是我党执政兴国的重要法宝，能够促进最广泛的大团结、大联合，把各党派、各阶层所联系的广大群众团结在党的周围。统一战线具有联系广泛、凝聚民心、整合力量的优势，有利于从多角度、多层次、多形式和多渠道充分表达各方面的诉求，调动各方面的主动性、积极性和创造性，协调各种社会关系，化解矛盾冲突，为社会主义协商民主的发展提供良好氛围。为充分发挥统一战线的对话协商功能，可建立各种形式的社会协商对话制度，搭建各种形式的协商对话平台，保证协商主体地位的平等性，并在此基础上整合社会利益，化解协商者之间的冲突和矛盾。尤其要利用好统一战线在协调"五大关系"方面的优势，因为"正确认识和处理这五个方面的重大关系，保持和促进这五个方面重大关系和谐，事关中国特色社会主义事业全局，事关构建社会主义和谐社会进程，事关党和国家兴旺发达和长治久安"[1]。

社会主义协商民主作为党的群众路线在政治领域的重要体现，其要旨是扩大人民群众的有序政治参与，密切党与人民群众的血肉联系。目前我国社会结构的多元化发展催生了民众社会认同的差异和有序政治参与的困难，容易引发各种社会冲突。社会主义协商民主可以整合民众的利益，协调各种利益关系，保障民众的利益诉求，化解各种社会危机。例如，政治协商、听证会、民主恳谈会等，都对化解冲突、协调利益关系、促进公共利益实现发挥着重要作用。统一战线与各党派、各民族、各宗教、各阶层有着广泛联系，具有强大的组织优势，对促进社会主义协商民主发展至关

---

[1] 《胡锦涛文选》第 2 卷，人民出版社 2016 年版，第 471 页。

重要。只有充分发挥统一战线的作用，广泛吸纳不同群体、党派、阶层的群众参与进来，才能更好地了解公众诉求，整合公众利益，提高协商决策的质量和效力，规避潜在的社会冲突。

（四）凝聚社会各方力量，促成协商的共识

统一战线始终秉承民主、合作、包容的精神和求同存异、合作共赢的基本原则，在民主协商中既重视协商结果又重视协商过程，既尊重多数人意愿又照顾少数人利益，既坚持求同又尊重差异，在我国各个历史发展时期都与党的总要求和总任务保持高度一致。统一战线理论的不断创新发展，极大地推动了新时期爱国统一战线的壮大和巩固，激发了广大群众为中华民族伟大复兴而奋斗的积极性和主动性。统一战线是依靠广泛的群众基础和社会基础而组成的政治联盟，这决定它具有其他任何政治联盟或组织都无法具备的资源优势，这一优势为推进我国社会有效治理、开展多层次民主协商、密切党与各方面群众的联系创造了良好条件。统一战线对象的多样化要求在民主协商过程中坚持求同存异，在不影响国家利益和社会稳定的前提下尊重个体差异，维护和保障社会大众的切身利益，减小利益分歧，最大限度地促成协商共识的达成，提高协商决策的合法性和执行力。

依托党的统一战线，充分发挥民主协商的优势，促使形成与选举民主相辅相成的协商民主模式，是社会主义协商民主制度化建设的重要环节。习近平总书记在庆祝中国人民政治协商会议成立 65 周年大会上强调指出："社会主义协商民主，是中国社会主义民主政治的特有形式和独特优势，是中国共产党的群众路线在政治领域的重要体现。""实行人民民主，保证人民当家作主，要求我们在治国理政时在人民内部各方面进行广泛商量。""在中国社会主义制度下，有事好商量，众人的事情由众人商量，找到全社会意愿和要求的最大公约数，是人民民主的真谛。""我们要坚持有事多商量，遇事多商量，做事多商量，商量得越多越深入越好。""推进社会主义协商民主广泛多层制度化发展。"在党的十九大上，习近平总书记再次

强调："要推进协商民主广泛、多层、制度化发展，统筹推进政党协商、人大协商、政府协商、政协协商、人民团体协商、基层政协以及社会组织协商。加强协商民主制度建设，形成完整的制度程序和参与实践，保证人民在日常政治生活中有广泛持续深入参与的权利。"当前，协商民主在我国已逐渐从国家层面发展到基层，从政治生活扩展到社会生活，从党的实践上升为国家意志，深刻地影响着我国社会主义民主政治的发展。

结 语

新时代推进统一战线与社会主义协商民主制度化的融合发展

统一战线与社会主义协商民主都是共产党领导推进社会主义革命、现代化建设、实现人民民主的政治优势和特有形式，两者既有区别，又有相互联系、互相促进。从历史的发展看，统一战线是社会主义协商民主的实践源头和政治前提，并为社会主义协商民主提供了政治制度平台。社会主义协商民主为统一战线嵌入国家制度和治理体系提供了重要平台，进一步拓展了统一战线的发展空间，使统一战线、多党合作和政治协商向广泛多层制度化发展。新时代是全面建设社会主义现代化强国的时代，是全国各族人民团结奋斗、不断创造美好生活、逐步实现全体人民共同富裕的时代，是全体中华儿女勠力同心、奋力实现中华民族伟大复兴中国梦的时代。完成新时代的伟大任务，需要全体中华民族的共同努力奋斗，也需要统一战线与社会主义协商民主互相联系，相互促进，共同发展。人民政协作为协商民主的专门机构和最广泛的统一战线组织，是我国政治生活中发扬民主的重要形式，在统一战线和协商民主发展中具有重要地位和作用。中国共产党作为统一战线的组织者和领导者，同时也是社会主义协商民主制度的建构者，统领着协商民主在各个层面和领域的执行与落实。既要坚持和巩固党的领导，又要在制度建构中对各协商主体一视同仁，切实保障各协商主体平等参与和表达的权利，促进统一战线发展和协商民主制度化的融合发展。

一、推进历史经验与新时代实践相融合

统一战线和协商民主贯穿于中国革命与建设的全部实践，并在革命与建设实践中不断发展，不仅发挥了巨大的历史作用，而且积累了丰富的历史经验。中国人民政治协商会议制度在我国社会主义民主发展史上具有重要地位。早在1948年，中共中央发布"五一口号"，向各民主党派发出了召开新政治协商会议、建立民主联合政府的主张和号召，得到各民主党派的积极响应，为中国人民政治协商会议的召开奠定了基础。1954年第一届全国人民代表大会召开后，毛泽东明确指出，人民代表大会的代表性固然很广泛，但人民政协的代表性更加广泛，人民政协仍然需要继续存在。改革开放以后，历经各种政治运动冲击的国家建设更需要广泛动员全社会力量积极参加，统一战线理论与政策重新凸显其重要性。邓小平同志把新时期爱国统一战线概括为"最广泛的政治联盟"，充分显示了它的巨大包容性。进入新时代，习近平总书记进一步指出："要高举爱国主义、社会主义旗帜，牢牢把握大团结大联合的主题，坚持一致性和多样性统一，找到最大公约数，画出最大同心圆。"① 党的十八届三中全会明确指出，要充分发挥统一战线在协商民主中的重要作用，紧紧围绕统战工作中心职能，牢牢把握政治协商核心要义，推进协商民主制度化发展。

统一战线与协商民主制度化发展是一个不断创新、不断被赋予新内容的过程。当今，统一战线和协商民主制度化发展应在继承历史传统和经验教训的基础上，根据新出现的问题和形势的新变化，结合新时期的社会特点不断进行调整改进，不断进行制度化建构和创新。例如，党的十八大以来，党中央形成了治国理政的新思想，党的十八届三中全会通过的《全面深化改革若干重大问题的决定》提出：全面深化改革的总目标是完善和发

---

① 习近平：《决胜全面建成小康社会　夺取新时代中国特色社会主义伟大胜利》，人民出版社2017年版，第39页。

展中国特色社会主义制度，推进国家治理体系和治理能力现代化。党的十九大报告、十九届四中全会通过的《中共中央关于坚持和完善中国特色社会主义制度 推进国家治理体系和治理能力现代化若干重大问题的决定》，是中国特色社会主义制度自信的重要体现，是推进国家治理体系和治理能力现代化的行动纲领，《决定》把统一战线与社会主义协商民主放在人民民主部分进行部署，统一战线与人民代表大会制度、共产党领导的多党合作和政治协商制度、民族区域自治制度、基层群众自治制度并列，使统一战线上升到国家制度的范畴，体现了统一战线作为国家治理的独特政治优势。从实践层面来讲，就需要进一步研究、解决统一战线、社会主义协商民主在国家治理体系中的治理效能转化问题。在此过程中，我们必须坚持中国共产党的领导核心地位不动摇，坚持多党合作和政治协商、社会主义协商民主不动摇，不断加强同各民主党派、社会阶层、社会团体等的密切联系和民主协商，不断巩固统一战线、完善中国新型政党制度，为更好地发展社会主义协商民主创造良好条件。

二、推进统一战线与多形态协商民主实践相融合

统一战线是中国革命、建设和改革事业不断取得胜利的重要法宝，协商民主是实现国家治理能力和治理体系现代化的重要途径。协商民主既是我国人民民主的形式之一，也是我国的一项重要政治制度，它与统一战线是辩证统一的关系，二者都以民主为旨归，在我国都有着深厚的历史和现实依据。可以说，协商民主是统一战线的具体实践形式和实质内容，二者在协商治理体系中都发挥着非常重要的作用。

统一战线把国家、社会、个人等不同层面的事务管理纳入一个共同框架中，发挥着宏观把控、总揽全局的作用。社会主义协商民主作为国家的一项重要政治制度，同样存在于我国政治生活的各个领域中，体现着多层次、多方位的政治关系，涉及国家政权内部关系、政党关系、国家与社会

的关系、社会内部关系等。协商民主的发展需要依托现有制度，或者说需要将其"嵌入"到现有制度中，并在推进制度完善的过程中实现其自身发展。例如，在国家制度层面，协商民主应主要以人民代表大会制度为依托，在人民代表大会制度中嵌入协商民主，在立法和公共政策制定与执行过程中充分开展民主协商。在政治协商层面，应主要依托人民政协、多党合作和政治协商制度，通过政治协商会议等方式开展民主协商。在社会层面，协商民主存在的领域则更广泛，特别在基层治理中，应以群众自治制度为主要载体开展基层协商。多种形态的协商民主制度相辅相成、相互促进，构成一个紧密联系的民主系统和制度整体。正如党的十八届三中全会指出，发挥统一战线在协商民主中的重要作用，紧紧围绕统战工作中心职能，牢牢把握政治协商核心要义，推进协商民主制度化的发展。统一战线与社会主义协商民主相互联系、相互促进的关系，内在要求统一战线在具体工作层面上，运用好多形态协商民主的实践，同理，多形态协商民主实践的有序开展也必须有机地嵌入到统一战线工作格局中，切实应用到公共事务的决策过程中，促进统一战线与社会主义协商民主制度良性互动、相得益彰、相互融合，全面推进其制度化建构和创新。

三、推进社会整合和国家治理相融合

习近平总书记指出："统战工作的本质要求是大团结大联合，解决的就是人心和力量问题。这是我们党治国理政必须花大心思、下大气力解决好的重大战略问题。"[1] 新时代爱国统一战线更好地发挥统一战线在增强政治认同、整合社会力量、扩大政治参与等方面功能，从而实现构筑新的政治力量共同体[2]。统一战线的组织特性及其在我国政治架构制度的地位，

---

[1] 《十八大以来重要文献选编》（中），中央文献出版社，2016年版，第556页。
[2] 李俊：《新时代爱国统一战线"最大政治"功能的思考》，《科学社会主义》2019年第5期。

使之具备了成为一个能够连接公、私、自愿部门的体制化阵地的天然优势，从而获得了强大的社会整合力。有效的社会整合是国家治理的内在要求和体现，在国家治理体系中，统一战线、社会主义协商民主都有各自的优势，两者互相联系、相互促进，共同推进社会整合和国家治理。

为了进一步促进统一战线在国家治理中发挥整合社会利益、化解协商冲突与矛盾的作用，必须做好统一战线与社会主义协商民主的有效对接，根据协商实际不断改进民主协商的方式方法，推动协商民主更广泛、多层和制度化发展，从而形成合力，既能有效保证执政党在协商民主建设中的领导地位，又能激励各种社会力量和社会组织共同参与协商民主进程的积极性，不断丰富和完善国家治理体系提高统一战线在推进国家治理能力现代化的水平。

一是对尽可能广泛的社会政治资源进行有效整合，激励海内外华夏儿女共同参与到中国的协商民主进程当中。在国际国内政治环境复杂多变的当下，中国共产党要通过统一战线不断推进协商民主建设，务必处理好两个关键性问题：一方面，中国共产党要切实发挥好统一战线中政治领导作用，主动通过不断建立完善与协商民主相关的各项制度特别是统一战线制度，来积极调整社会关系、化解协商冲突，统筹兼顾参与民主协商各协商主体的意见建议和利益诉求；另一方面，中国共产党在统一战线长期发展的顶层设计上，不仅要清醒地认识到当前推进协商民主建设进程当中面临的困难和挑战，而且要进一步提出和制订解决方案，既要指出加强协商民主建设的重要意义和远景目标，又要重视当前推进协商民主建设过程中面临的各种问题，并要加强宣传和舆论引导，使社会各界能够树立和增强协商民主信心，把一切积极因素和可能力量充分争取和凝聚到协商民主建设事业当中。

二是创新统一战线工作理念，以共同关心的问题为民主协商的主题。根据当下我国实际国情和协商民主发展的具体要求，积极探索创新统一战线推进协商民主发展的新方法新路径。在党的十八大上提出的协商民主，反映了中国共产党对中国政治发展道路的新思考，这就为统一战线服务党和国家的中心工作提出了新要求，那就是在全面总结和深入研究统一战线发展规律的基础上，更新统一战线工作理念，创新统一战线工作方式，拓宽统一战线工作视野，切实把社会各阶层普遍关心的问题作为民主协商的重点，凝聚全社会力量共同推动协商民主建设，从而尽可能避免和化解协商过程中的冲突。

三是夯实和扩大统一战线的群众基础，以强大的凝聚力化解民主协商矛盾。随着改革开放的深入发展，我国经济、政治、文化、社会等方面均发生深刻变化，各领域的矛盾和冲突日益凸显与加剧。比如，在经济方面贫富差距越发明显，不同社会群体的具体利益差异不断加大；在政治方面，随着人民民主意识的增强，其政治参与愿望日益强烈，给政治整合提出了新的挑战；在思想文化方面，多元的思想文化深入影响着广大人民的价值取向。在社会结构方面，各种具有自主权的社会组织陆续产生并日益发展壮大，但还缺乏有效联系的方式和手段。因此，在新时代，必须有效地整合各种社会力量与资源，为夯实中国共产党发展协商民主的群众基础注入动力，从而在民主协商之前就将可能面临的矛盾与冲突降到最低或是有效化解。

四、推进顶层设计和基层协商实践相融合

社会主义协商民主制度的建构需要在我国基本政治制度的现有框架下进行，以中国共产党领导的多党合作和政治协商制度为基础，发挥统一战线的组织优势，以人民政协为主要平台，以基层协商为重要领域。目前我国已形成以农村村委会自治、城市社区自治和企业职工代表大会为主要内容的基层民主自治体系，民主协商是基层民主实践中常用的形式，如民主恳谈会、民情直通车、便民服务窗、居民论坛、乡村论坛、社区协商会、社区议事会、村民议事会、民主听证会等。据统计，全国直接参与基层群众自治的农村人口达到 6 亿，城镇居民超过 3 亿。各地普遍建立以村

（居）民会议和村（居）民代表会议为主要载体的民主决策的组织形式，35%的村每年召开村民会议，57%的村每年召开一次以上村民代表会议，涉及村（居）民利益的重大事项，基本由村（居）民讨论决定。农村普遍建立村民委员会、村民理财小组、村务监督委员会等组织。城市普遍建立社区居民委员会，64%的社区建立协商议事委员会，22%的社区建立业主委员会，社区服务志愿者组织达 12.8 万个，服务性、公益性、互助性社会组织和专业合作组织不断发展。城乡居民通过这些遍布城乡社区的基层群众性自治组织参与协商，积极开展民主监督、民主决策和民主管理活动，实现自我管理、自我教育、自我服务。① 总之，基层民主协商极大地调动了广大群众的政治参与热情，提高了其民主意识和能力，密切了公共部门与人民群众的联系，有助于地方治理的有序进行和国家公共政策有效性的提升，是党的群众路线在基层政治领域的重要体现，是保持党与人民群众血肉联系的重要渠道。

在我国，随着基层协商民主实践的不断发展，许多协商形式已非常规范，民主协商的成效非常显著且各具特色，例如，温岭的"民主恳谈会"、济南市槐荫区的"商量"平台、信阳的基层民主示范点等。基层协商民主实践的探索和发展，对我国社会主义协商民主制度化构建具有重要意义。进入新时代，提升国家治理水平和治理效能，今后应在巩固和发展新时代爱国统一战线的同时，充分汲取基层协商民主的经验和智慧，并在顶层制度设计中不断加以完善和优化，实现基层协商民主实践与顶层制度设计的融合，促进顶层制度设计更加贴近现实实践。通过顶层制度设计与基层协商实践的相互融合，使实践的经验和成果在顶层制度设计中得以体现，从而不断创新统一战线发展和社会主义协商民主制度化建构，使之在更大范围内有效发挥作用。

---

① 顾朝曦：《加强城乡社区协商·深化基层群众自治》，人民网 http：//dangjian. people. com. cn/n/2015/0916/c117092-27594297. html。

参考文献

一、经典著作类

1. 《习近平著作选读》第 1-2 卷，人民出版社 2024 年版。

2. 《习近平谈治国理政》，外文出版社 2014 年版。

3. 《习近平谈治国理政（第 2 卷），外文出版社 2017 年版。

4. 《马克思恩格斯选集》第 1-4 卷，人民出版社 2012 年版。

5. 《马克思恩格斯全集》第 1 卷，人民出版社 2002 年版。

6. 《马克思恩格斯全集》第 2 卷，人民出版社 2005 年版。

7. 《马克思恩格斯全集》第 44 卷，人民出版社 1982 年版。

8. 《资本论》第 1 卷，人民出版社 2008 年版。

9. 《列宁选集》第 1-4 卷，人民出版社 2012 年版。

10. 《列宁全集》第 10 卷，人民出版社 1990 年版。

11. 《列宁全集》第 28 卷，人民出版社 1990 年版。

12. 《毛泽东选集》第 1-4 卷，人民出版社 1991 年版。

13. 《毛泽东选集》第 5 卷，人民出版社 1977 年版。

14. 《毛泽东文集》第 1-7 卷，人民出版社 2001 年版。

15. 《建国以来毛泽东文稿》第 4 册，中央文献出版社 1990 年版。

16. 《毛泽东书信选集》，中央文献出版社 2003 年版。

17. 《周恩来选集》上、下卷，人民出版社 1984 年版。

18. 《周恩来统一战线文选》，人民出版社 1984 年版。

19. 《刘少奇选集》下卷，人民出版社 1985 年版。

20. 《建国以来刘少奇文稿》第 1 册，中央文献出版社 2005 年版。

21. 《建国以来刘少奇文稿》第 4 册，中央文献出版社 2005 年版。

22. 《邓小平文选》第 1—3 卷，人民出版社 1994 年版。

23. 《李维汉选集》，人民出版社 1987 年版。

24. 《张闻天文集》第 1—3 卷，中共党史出版社 2012 年版。

25. 《王稼祥选集》，人民出版社 1989 年版。

26. 《林伯渠文集》，华艺出版社 1996 年版。

27. 《董必武选集》，人民出版社 1985 年版。

28. 《董必武政治法律文集》，法律出版社 1986 年版。

29. 《李大钊全集》第 3 卷，人民出版社 2013 年版。

30. 《陈独秀文集》第 2 卷，人民出版社 2013 年版。

31. 《陈独秀文章选编》上卷，三联书店 1984 年版。

32. 《陈独秀著作选》第 1 卷，上海人民出版社 1993 年版。

33. 《蔡和森文集》上卷，人民出版社 2013 年版。

34. 《邓中夏文集》，人民出版社 1983 年版。

35. 《瞿秋白文集（政治理论编）》第 1 卷，人民出版社 2013 年版。

二、文献资料汇编类

36. 《十九大以来重要文献选编》（上），中央文献出版社 2019 年版。

37. 《十九大以来重要文献选编》（中），中央文献出版社 2021 年版。

38. 中共中央文献研究室：《十三大以来重要文献选编》（上），中央文献出版社 2011 年版。

39. 中共中央文献研究室：《十四大以来重要文献选编》（上），中央文献出版社 2011 年版。

40. 中共中央文献研究室：《十六大以来重要文献选编》（下），中央文献出版社 2008 年版。

41. 中共中央文献研究室：《十八大以来重要文献选编》（上），中央文献出版社 2014 年版。

42. 中共中央文献研究室：《十八大以来重要文献选编》（中），中央文献出版社 2016 年版。

43. 中共中央文献研究室：《十八大以来重要文献选编》（下），中央文献出版社 2018 年版。

44. 中共中央文献研究室：《建党以来重要文献选编（1921—1949）》第 1-21 册，中央文献出版社 2011 年版。

45. 中共中央文献研究室：《建国以来重要文献选编》第 1-15 册，中央文献出版社 2011 年版。

46. 中共中央文献研究室：《共和国走过的路：建国以来重要文献专题选集（1949—1952）》，中央文献出版社 1991 年版。

47. 中央档案馆：《中共中央文件选集》第 1-18 册，中共中央党校出版社 1989—1993 年版。

48. 中共中央统战部、中共中央文献研究室：《新时期统一战线文献选编》，中共中央党校出版社 1985 年版。

49. 中共中央统战部、中共中央文献研究室：《新时期统一战线文献选编（续编）》，中共中央党校出版社 1997 年版。

50. 中央统战部、中央档案馆：《中共中央抗日民族统一战线文件选编》（下），档案出版社 1986 年版。

51. 中共中央统战部、中央档案馆：《中共中央解放战争时期统一战线文件选编》，档案出版社 1988 年版。

52. 中共中央统战部研究室：《历次全国统战工作会议概况和文献》，档案出版社 1988 年版。

53. 中共中央统战部研究室：《历次全国统战工作会议概况和文献（1988—1998）》，华文出版社 1998 年版。

54. 中共中央党史研究室第一研究部：《共产国际、联共（布）与中国革命档案资料丛书》第 18 册，中共党史出版社 2012 年版。

55. 全国人大常委会办公厅、中共中央文献研究室：《人民代表大会制度重要文献选编》（一），中国民主法制出版社、中央文献出版社 2015 年版。

56. 中国人民政治协商会议全国委员会：《老一代革命家论人民政协》，中央文献出版社 1997 年版。

57. 《人民政协重要文献选编》上、中、下，中央文献出版社、中国文史出版社 2009 年版。

58. 全国政协研究室：《中国人民政协全书》上卷，中国文史出版社 1999 年版。

59. 中国民主同盟总部编：《人民民主统一战线参考文件》，1952 年刊印。

60. 中国民主同盟中央文史资料委员会：《中国民主同盟历史文献（1941—1949）》，文史资料出版社 1983 年版。

61. 中国民主同盟中央文史委员会：《中国民主同盟历史文献（1949—1988）》（上），文物出版社 1991 年版。

62. 中国社会科学院近代史研究所：《共产国际有关中国革命的文献资料》第 3 辑，中国社会科学出版社 1990 年版。

63. 中国社会科学院近代史研究所：《陕甘宁边区参议会文献汇辑》，知识产权出版社 2013 年版。

64. 中共一大会址纪念馆：《中共一大代表早期文稿选编》（上），上海人民出版社 2011 年版。

65. 中共中央直属机关党校：《中国特色社会主义理论体系原著选编》，中共中央党校出版社 2013 年版。

66. 陕西省档案馆、陕西省社会科学院：《陕甘宁边区政府文件选编》第 1 辑，档案出版社 1986 年版。

67. 陕西省档案馆、陕西省社会科学院：《陕甘宁边区政府文件选编》第 8 辑，档案出版社 1987 年版。

68. 陕西省档案馆、陕西省社会科学院：《陕甘宁边区政府文件选编》第 9 辑，档案出版社 1990 年版。

69. 陕甘宁边区政权建设编辑组：《陕甘宁边区参议会资料选辑》，中共中央党校科研办公室 1985 年版。

70. 西北五省区编纂领导小组、中央档案馆：《陕甘宁边区抗日民主根据地（文献卷）》上、下，中共党史资料出版社 1990 年版。

71. 《延安民主模式研究》课题组：《延安民主模式研究资料选编》，西北大学出版社 2004 年版。

72. 江西省档案馆、中共江西省委党校党史教研室：《中央革命根据地史料选编》下册，江西人民出版社 1982 年版。

73. 江西省委党史研究室、赣州市委党史工作办公室、龙岩市委党史研究室：《中央革命根据地历史资料文库·政权系统》第 6-8 册，江西人民出版社、中央文献出版社 2013 年版。

74. 江西省档案馆等：《中央革命根据地史料选编》下册，江西人民出版社 1982 年版。

75. 中共江西省委党史资料征集委员会、中共江西省委党史研究室：《中央苏区闽赣省》，1990 年刊印。

76. 中共江西省委党史资料征集委员会、中共江西省党史研究室：《江西党史资料（中央苏区江西省）》第 14 辑，1990 年刊印。

77. 福建省三明、建阳档案馆，江西省抚州、上饶档案馆：《闽赣苏区文件资料选编》，1983 年刊印。

78. 古田会议纪念馆：《闽西革命史文献资料（1933 年 1 月—1934 年 12 月）》第 8 辑，2006 年刊印。

三、著作类

79. 王沪宁：《政治的逻辑——马克思主义政治学原理》，上海人民出版社 2004 年版。

80. 薄一波：《若干重大决策与事件的回顾》下卷，中共中央党校出版社 1993 年版。

81. 陈家刚：《协商民主与国家治理——中国深化改革的新路向新解读》，中央编译出版社 2014 年版。

82. 陈家刚：《协商与协商民主》，中央文献出版社 2015 年版。

83. 陈扬勇：《建设新中国的蓝图》，社会科学文献出版社 2013 年版。

84. 邓野：《联合政府与一党训政（修订本）》，社会科学文献出版社 2011 年版。

85. 杜文焕、刘德喜：《共产国际和中国革命关系研究》，江苏人民出版社 1991 年版。

86. 高建、佟德志：《协商民主》，天津人民出版社 2010 年版。

87. 高建中编著：《中国人民政治协商会议成立纪实》，当代中国出版社 2002 年版。

88. 耿云志编撰：《五四风云人物文萃：胡适》，人民日报出版社 1999 年版。

89. 韩冬梅：《西方协商民主理论》，中国社会科学出版社 2008 年版。

90. 韩福国：《基层协商民主》，中央文献出版社 2015 年版。

91. 韩延龙、常光儒编：《中国新民主主义革命时期根据地法制文献选编》第 1 卷，中国社会科学出版社 1981 年版。

92. 何定华主编：《中国人民政协史》，武汉出版社 1989 年版。

93. 何俊志：《从苏维埃到人民代表大会制——中国共产党关于现代代议制的构想与实践》，复旦大学出版社 2011 年版。

94. 胡乔木：《胡乔木回忆毛泽东》，人民出版社 2003 年版。

95. 胡绳主编：《中国共产党的七十年》，中共党史出版社 1991 年版。

96. 黄道炫：《中央苏区的革命（1933—1934）》，社会科学文献出版社 2015 年版。

97. 黄克诚：《黄克诚自述》，人民出版社 1995 年版。

98. 黄铸：《建构中国统一战线理论的学术话语体系》，人民日报出版社 2010 年版。

99. 焦光辉：《探索：经济体制的演变与博弈》，陕西出版传媒集团、陕西人民出版社 2014 年版。

100. 克柔编：《张东荪学术文化随笔》，中国青年出版社 2000 年版。

101. 李贺林、左宪民：《中国特色协商民主研究》，中共中央党校出版社 2008 年版。

102. 李君如：《协商民主在中国》，人民出版社 2014 年版。

103. 李维汉：《回忆与研究》上，中共党史出版社 1986 年版。

104. 李维汉：《回忆与研究》下，中共党史出版社 2013 年版。

105. 李维汉：《统一战线问题与民族问题》，人民出版社 1981 年版。

106. 李泽厚：《中国现代思想史论》，三联书店 2008 年版。

107. 梁启超：《中国历史研究法》，上海古籍出版社 1998 年版。

108. 林尚立：《统一战线与国家建设》，上海人民出版社 2008 年版。

109. 林尚立：《中国共产党与国家建设》，天津人民出版社 2009 年版。

110. 林尚立：《建构民主——中国的理论、战略与议程》，复旦大学出版社 2012 年版。

111. 李俊、蔡宇宏：《新时期统一战线制度研究》，华文出版社 2008 年版。

112. 逢先知、金冲及主编：《毛泽东传（1949—1976）》上，中央文献出版社 2003 年版。

113. 秦立海：《民主联合政府与政治协商会议：1944—1949 年的中国政治》，人民出版社 2008 年版。

114. 石光树编：《迎来曙光的盛会——新政治协商会议亲历记》，中国文史出版社 1987 年版。

115. 施雪华主编：《政治科学原理》，中山大学出版社 2001 年版。

116. 王定国等编：《谢觉哉论民主与法制》，法律出版社 1996 年版。

117. 本书编写组：《宪法和宪法修正案学习问答》，中国民主法制出版社 2004 年版。

118. 王进、齐鹏飞、曹光哲主编：《毛泽东大辞典》，广西人民出版社、漓江出版社 1992 年版。

119. 王小鸿：《多党合作思想史》，中共中央党校出版社 2007 年版。

120. 王旭宽：《中央苏区苏维埃政府研究》，国家行政学院出版社、新疆生产建设兵团出版社 2014 年版。

121. 肖存良：《中国政治协商制度研究》，上海人民出版社 2013 年版。

122. 肖存良、林尚立：《中国共产党与国家建设——以统一战线为视角》，复旦大学出版社 2013 年版。

123. 萧冬连：《国步艰难：中国社会主义路径的五次选择》，社会科学文献出版社 2013 年版。

124. 肖居孝：《中央苏区司法工作文献资料选编》，中国发展出版社 2015 年版。

125. 许睢宁：《李维汉统一战线思想与实践研究》，人民出版社 2014 年版。

126. 徐行编著：《新中国行政体制的初创——周恩来与中央政府筹建管理述论》，当代中国出版社 2013 年版。

127. 叶小文主编：《画出最大的同心圆——习近平中央统战工作会议重要讲话精神学习讲座》，中共中央党校出版社 2015 年版。

128. 于刚：《中国各民主党派》，中国文史出版社 1987 年版。

129. 于小英：《协商民主与国家治理研究》，中央编译出版社 2015 年版。

130. 张凤阳、张一兵：《政治哲学关键词》，江苏人民出版社 2006 年版。

131. 张静如主编：《中国共产党历届代表大会：一大到十八大》，河北人民出版社 2012 年版。

132. 张平：《社会主义协商民主研究》，群言出版社 2015 年版。

133. 张宪文、张玉法主编：《中华民国专题史》第 7 卷，南京大学出版社 2015 年版。

134. 章征科：《知识分子与近代中国民主政治演进》，安徽师范大学出版社 2017 年版。

135. 赵明义主编：《科学社会主义》，山东大学出版社 2011 年版。

136. 郑异凡：《新经济政策的俄国》，人民出版社 2013 年版。

137. 朱晓明、甄小英主编：《周恩来统一战线思想与实践》，华文出版社 2006 年版。

138. 朱训、郑万通主编：《中国人民政协全书》上卷，中国文史出版社 1999 年版。

139. 朱志敏：《五四民主观念研究》，北京师范大学出版社 1996 年版。

140. 朱执信：《朱执信集（增订本）》下，中华书局 2013 年版。

141. ［苏］C. A. 达林：《中国回忆录（1921—1927）》，中国社会科学出版社 1981 年版。

142. ［德］托马斯·海贝勒：《作为战略群体的企业家：中国私营企业家的社会与政治功能研究》，吴志成等译，中央编译出版社 2003 年版。

143. ［美］詹姆斯·博曼、威廉·雷吉：《协商民主理论性与政治》，陈家刚译，中央编译出版社 2006 年版。

144. 中共中央文献研究室：《毛泽东年谱（1949—1976）》，中央文献出版社 2013 年版。

145. 中共中央文献研究室：《周恩来年谱（1898—1949）》（修订本），中央文献出版社 1998 年版。

146. 中共中央文献研究室：《刘少奇年谱（1898—1969）》上卷，中央文献出版社 1996 年版。

147. 中共中央文献研究室：《朱德年谱（新编本）》（中），中央文献出版社 2006 年版。

148. 中共中央文献研究室：《邓小平年谱（1975—1997）》（上、下），中央文献出版社 2004 年版。

149. 中共中央文献研究室：《任弼时年谱》，中央文献出版社 2004 年版。

150. 中共中央文献研究室：《陈云年谱（1905—1995）》（上卷），中央文献出版社 2000 年版。

151. 十八大报告文件起草组：《十八大报告辅导读本》，人民出版社 2012 年版。

152. 中共中央宣传部：《习近平新时代中国特色社会主义思想三十讲》，学习出版社 2018 年版。

153. 中央档案馆：《共和国的雏形——华北人民政府》，西苑出版社2000年版。

154. 中共中央党史研究室第一研究部：《中国共产党第七次代表大会研究》，上海人民出版社2006年版。

155. 中共中央党史研究室：《中国共产党历史》第一卷（上、下册），中共党史出版社2011年版。

156. 中共中央党史研究室：《中国共产党历史》第二卷（上册），中共党史出版社2011年版。

157. 中共中央编译局研究室：《五四时期期刊介绍》第1集，人民出版社1958年版。

158. 政协第一届全体会议秘书处：《中国人民政治协商会议第一届全体会议纪念刊》，人民出版社1999年版。

159. 政协文史资料编辑委员会：《五星红旗从这里升起》，文史资料出版社1984年版。

160. 中国民主建国会：《共同纲领学习资料》第2辑，1952年刊印。

161. 中共延安地委统战部、中共中央统战部研究所：《抗日战争时期陕甘宁边区统一战线和三三制》，陕西人民出版社1989年版。

162. 中共延安市委统战部：《延安时期统一战线研究》，华文出版社2010年版。

163. 中国抗日战争史学会等：《抗战时期的陕甘宁边区》，北京出版社1995年版。

164. 南方局党史资料征集小组：《南方局党史资料·大事记》，重庆出版社1986年版。

165. 中国人民政治协商会议湖南省委员会文史资料研究委员会：《湖南文史资料》第33辑，湖南人民出版社1989年版。

四、报刊文章类

166.《各国劳农界的势力》，载《每周评论》1919年4月第16号。

167. 《〈觉悟〉的宣言》，载《觉悟》1920 年 1 月第 1 期。

168. 《关于中国少年运动的纲要》，载《先驱》1922 年 4 月第 5 号。

169. 《中国社会主义青年团为"二七"大残杀宣言》，载《先驱》1923 年 5 月第 17 号。

170. 《开展新区工作中反对非阶级路线和罗明路线机会主义的斗争》，载《红旗周报》1933 年 8 月第 68 期。

171. 《边区议会改为边区参议会》，载《新中华报》1938 年 11 月 30 日。

172. 《实行民主挽救危局，只有召开国是会议成立联合政府》，载《新华日报》1944 年 9 月 25 日。

173. 《民主东北参观团参观回来致书毛主席陈述感想》，载《人民日报》1949 年 6 月 27 日。

174. 《人民民主专政的机构》，载《人民日报》1949 年 9 月 2 日。

175. 《我国党外知识分子数量已达 8986 万人》，载《共产党员》2011 年第 17 期。

176. 《中共中央颁发〈关于巩固和壮大新世纪新阶段统一战线的意见〉》，载《人民日报》2006 年 11 月 29 日。

177. 《中共中央关于坚持和完善中国共产党领导的多党合作和政治协商制度的意见》，载《人民日报》1990 年 2 月 8 日。

178. 《中国共产党统一战线工作条例（试行）》，载《人民日报》2015 年 9 月 23 日。

179. 毕朝文：《统一战线在基层协商民主中的作用研究》，载《黑龙江省社会主义学院学报》2018 年第 1 期。

180. 蔡宇宏：《统一战线是社会主义协商民主的内生性要素》，载《当代世界社会主义问题》2017 年第 3 期。

181. 曹任远：《社会主义与吾国社会之改造》，载《新群》1919 年第 1 卷第 1 期。

182. 柴宝勇：《社会主义协商民主的概念辨析》，载《社会主义研究》

2015 年第 5 期。

183. 陈东林：《毛泽东的新"阶级斗争"论断与"文化大革命"的起因和特点》，载《中共党史研究》2000 年第 6 期。

184. 陈独秀：《对于现在中国政治问题的我见》，载《东方杂志》1922 年 8 月第 19 卷第 15 号。

185. 陈家刚：《协商民主：概念、要素与价值》，载《中共天津市委党校学报》2005 年第 3 期。

186. 陈家刚：《关于社会主义协商民主制度建设的思考》，载《中共天津市委党校学报》2014 年第 5 期。

187. 陈俊宏：《邻避（NIMBY）症候群，专家政治与民主审议》，载《东吴大学学报》1999 年第 10 期。

188. 陈铭枢：《加强政权机关的统战工作来庆祝伟大的第二届国庆节》，载《现代佛学》1951 年第 2 卷第 2 期。

189. 楚龙强：《协商民主、统一战线与公共决策》，载《学习与实践》2008 年第 1 期。

190. 董佳：《抗战时期根据地民主政治的构建与当代中国民主的起源》，载《中共党史研究》2015 年第 3 期。

191. 董朝霞：《价值观视域下协商民主与统一战线的内在逻辑初探》，载《党政研究》2016 年第 2 期。

192. 段凡：《建国以来公权力及其体制的历史变化与现实启示》，载《上海交通大学学报（哲学社会科学版）》2016 年第 6 期。

193. 傅斯年：《〈新潮〉之回顾与前瞻》，载《新潮》1919 年 10 月第 2 卷第 1 期。

194. 高曙东：《试论李维汉对我国多党合作的理论贡献》，载《中央社会主义学院学报》1997 年第 9 期。

195. 葛歆：《统一战线在社会主义协商民主中的重要作用研究》，载《天津市社会主义学院学报》2015 年第 3 期。

196. 管怀伦：《试论列宁集中制的理论体系和制度结构——对布尔什

维克版本民主集中制原生形态的理论考察》，载《马克思主义研究》2005年第4期。

197. 胡均伟、王智：《协商民主视域中统一战线的历史与逻辑》，载《中共四川省委党校学报》2014年第2期。

198. 黄丽萍：《统一战线在社会治理中的协商民主功能研究》，载《上海市社会主义学院学报》2016年第3期。

199. 黄正林：《地权、佃权、民众动员与减租运动——以陕甘宁边区减租减息运动为中心》，载《抗日战争研究》2010年第2期。

200. 黄宗智：《认识中国——走向从实践出发的社会科学》，载《当代中国史研究》2005年第4期。

201. 季陶：《上海的社会改造》，载《星期评论》1919年7月第5号。

202. 李格：《"中国人民解放联合会"述论》，载《近代史研究》1996年第5期。

203. 李格：《人民政协在第一届全国人大召开前后职能和组织的变化》，载《中共党史研究》2009年第9期。

204. 李桂华：《1959—1962年各民主党派的"神仙会"述论》，载《当代中国史研究》2015年第2期。

205. 李俊：《新形势下统一战线功能的多维思考》，载《信阳师范学院学报（哲学社会科学版）》2012年第2期。

206. 李俊：《统一战线是中国特色社会主义协商民主发展的政治基础》，载《学海》2017年第5期。

207. 李俊：《论人民团体的民主协商功能》，载《中州学刊》2014年第9期。

208. 李俊、蔡宇宏：《统一战线制度在现有政治资源中的功能分析》，载《马克思主义与现实》2007年第4期。

209. 李君如：《中国共产党的协商民主及其与统一战线、选举民主的关系》，载《中共天津市委党校学报》2015年第3期。

210. 李蕊：《人大协商：内涵、理论与要素》，载《经济社会体制比较》2018 年第 4 期。

211. 李慎之：《毛泽东是什么时候决定引蛇出洞的》，载《炎黄春秋》1999 年第 1 期。

212. 李淑萍：《充分发挥统一战线在协商民主中的重要作用》，载《中央社会主义学院学报》2014 年第 1 期。

213. 李淑萍：《统一战线与协商民主广泛多层制度化发展浅议》，载《广东省社会主义学院学报》2015 年第 1 期。

214. 李维汉：《毛泽东思想指导下的中国统一战线》，载《红旗》1983 年第 24 期。

215. 林尚立：《协商民主对中国国家建设的价值》，载《红旗文稿》2015 年第 9 期。

216. 刘杰：《协商民主的中国特色与统一战线的保障功能》，载《上海市社会主义学院学报》2013 年第 5 期。

217. 路笃盛：《发挥统一战线作用提升社会主义协商民主制度化水平》，载《中央社会主义学院学报》2014 年第 6 期。

218. 鲁法芹、蒋锐：《五四时期民主革命派对马克思阶级观点的解读》，载《党政研究》2015 年第 3 期。

219. 鲁法芹、赵彩燕：《论作为国体的统一战线》，载《当代世界社会主义问题》2014 年第 1 期。

220. 马奔、程海漫、李珍珍：《从分散到整合：协商民主体系的构建》，载《中共中央党校学报》2017 年第 2 期。

221. 马一德：《论协商民主在宪法体制与法治中国建设中的作用》，载《中国社会科学》2014 年第 11 期。

222. 莫岳云：《李维汉与中国共产党领导的多党合作制》，载《求索》1996 年第 2 期。

223. 潘公展：《近代社会主义及其批评》，载《东方杂志》1921 年第 18 卷第 4 号。

224. 潘利红：《李维汉和建国初期党的知识分子政策》，载《学术研究》2001 年第 6 期。

225. 浦兴祖：《中国的社会主义代议民主共和制》，载《文汇报》2004 年 9 月 12 日。

226. 乔谦：《浅议中国特色协商民主》，载《中共济南市委党校学报》2008 年第 2 期。

227. 瞿秋白：《共产主义之人间化》，载《晨报》1921 年 6 月 23 日。

228. 施翔、陈作玲：《人民政协中的协商民主及协商制度完善》，载《黑龙江社会科学》2007 年第 2 期。

229. 宋黎明：《李维汉对我国政党制度的形成和确立的贡献》，载《福建社会主义学院学报》2003 年第 2 期。

230. 苏盾：《解放战争时期中共取舍"三三制"政策的历史考察》，载《中共党史研究》2013 年第 6 期。

231. 苏红军：《协商民主：推进爱国统一战线的有效机制》，载《中央社会主义学院学报》2013 年第 4 期。

232. 孙德海、方世南：《论中国特色协商民主理论与话语体系建构》，载《马克思主义研究》2015 年第 9 期。

233. 王建民：《"议行合一"政体论解析》，载《江汉论坛》2002 年第 6 期。

234. 王军、阎治才：《对中国共产党"国防政府"主张的探讨》，载《理论探讨》2007 年第 2 期。

235. 王也扬：《历史地看待毛泽东的新民主主义论及其变化》，载《中共党史研究》2001 年第 3 期。

236. 王义保：《中国特色多党合作和政治协商制度发展 30 年》，载《山东社会科学》2008 年第 9 期。

237. 王占阳：《论统一战线的历史变迁》，载《中国延安干部学院学报》2010 年第 4 期。

238. 武汉市社会主义学院课题组：《论统一战线在协商民主中的重要作用》，载《中央社会主义学院学报》2015 年第 1 期。

239. 无懈：《我们为什么主张共产主义》，载《共产党》1921 年 5 月第 4 号。

240. 肖存良：《社会革命时期中国统一战线的社会内生性》，载《上海市社会主义学院学报》2009 年第 5 期。

241. 熊茜：《人民团体协商概念的界定及其解读》，载《黑龙江省社会主义学院学报》2018 年第 2 期。

242. 徐锋：《刍议政党协商与中国式协商民主》，载《中央社会主义学院学报》2013 年第 3 期。

243. 徐玉凤：《抗战初期共产国际与中共抗日民族统一战线策略再研究》，载《中共党史研究》2014 年第 9 期。

244. 杨超：《试论转型期利益关系的协调与政治稳定》，载《毛泽东邓小平理论研究》2004 年第 4 期。

245. 杨端六：《归国杂感》，载《太平洋》1920 年 8 月第 2 卷第 6 号。

246. 一湖：《中国士大夫阶级的罪恶》，载《每周评论》1919 年 5 月第 18 号。

247. 恽代英：《民治运动》，载《东方杂志》1922 年 9 月第 19 卷第 18 号。

248. 曾朝夕：《共产国际与中华苏维埃共和国政权建设》，载《西南交通大学学报（社会科学版）》2003 年第 1 期。

249. 占善钦：《论抗战后期中国共产党政权诉求的演变》，载《抗日战争研究》2009 年第 3 期。

250. 张东荪：《第三种文明》，载《解放与改造》1919 年 9 月第 1 卷第 1 号。

251. 张献生：《发挥统一战线在协商民主中的重要作用》，载《中国统一战线》2014 年第 2 期。

252. 张啸尘、王雪春：《统一战线的协商功能探究——协商民主的视角》，载《广西社会主义学院学报》2014 年第 6 期。

253. 张宇、刘伟忠：《论社会主义协商民主的基本内涵及其构成要素》，载《理论与改革》2016 年第 2 期。

254. 赵崇华：《中国共产党在大革命时期对政权问题的探索》，载《四川大学学报（哲学社会科学版）》2006 年第 2 期。

255. 郑师渠：《中共建立"民主的联合战线"与中国思想界的两场论争（1922—1924）》，载《历史研究》2013 年第 4 期。

256. 周国富：《论人民政协协商民主》，载《中共浙江省委党校学报》2010 年第 6 期。

257. 周述杰、朱小宝：《统一战线学学科建设研究综述》，载《湖南社会主义学院学报》2014 年第 6 期。

258. 朱红梅、薛婉雯：《统一战线：中国协商民主实现的有效途径》，载《广东省社会主义学院学报》2014 年第 4 期。

259. 朱勤军：《当代中国协商民主制度化发展的战略和路径》，载《中国政协理论研究》2014 年第 2 期。

260. 中华人民共和国国务院新闻办公室：《中国的政党制度》，载《光明日报》2007 年 11 月 16 日。

261. ［澳］约翰·德雷泽克：《不同领域的协商民主》，王大林译，载《浙江大学学报（人文社科版）》2005 年第 3 期。

附录：项目阶段性成果目录

1. 李俊：《新时代推进马克思主义大众化的新思考》，载《中州学刊》（CSSCI 来源期刊）2019 年 2 期。

2. 李俊：《炎黄文化与民族认同》，载《光明日报》，2019 年 6 月 1 日第 11 版。

3. 李俊：新时代统一战线"最大政治"功能的思考》，载《科学社会主义》（CSSCI 来源期刊）2019 年 5 期。

4. 李俊：《党的统一战线同盟者主体视角的历史演变》，载《当代世界社会主义问题》（CSSCI 来源期刊）2019 年 4 期。

5. 李俊：《人民政协推进国家治理现代化的重要作用》，载《理论视野》（CSSCI 来源期刊）2020 年 8 期。

6. 李俊：《中国语境下统一战线话语表达形态的百年演进》，载《统一战线学研究》2020 年 5 期。

7. 李俊：《炎黄文化与中华民族命运共同体的构建》，载《河南社会科学》（CSSCI 扩展版）2020 年 9 期。

8. 李俊：《统一战线的现代化国家建设逻辑及其优势》，载《社会主义研究》（CSSCI 来源期刊）2021 年 5 期。

9. 李俊：《发挥统战法宝作用，推动民族伟大复兴》，载《团结报》，2021 年 11 月 2 日第 8 版。

10. 李俊：《中国共产党统一战线的历史发展、成功经验及其启示》，载《南都学坛》2022 年 3 期。

11. 李俊：《统一战线变革社会空间的理论逻辑、实践方式和现实启示》，载《统一战线学研究》2022 年 4 期。

12. 李俊：《全过程人民民主的理论逻辑、内在优势与实践路径》，载《青海社会科学》（CSSCI 来源期刊）2023 年 1 期。

13. 李俊：《统战视域下新乡贤参与乡村治理探析》，载《决策科学》2023 年 2 期。

14. 李俊：《试析炎黄文化的育人价值建》，载《学校党建与思想教育》（CSSCI 扩展版）2023 年 18 期。

15. 李俊：《论人民团体的民主协商功能》，载《中州学刊》（CSSCI 来源期刊）2014 年 9 期。

16. 李俊：《科学社会主义学科性质及其研究对象刍议》，载《社会主义研究》（CSSCI 来源期刊）2015 年 1 期。

17. 李俊：《社会主义协商民主与政治文明建设学术研讨会综述》，载《当代世界社会主义问题》（CSSCI 来源期刊）2015 年 4 期。

18. 李俊：《统一战线是中国特色社会主义协商民主发展的政治基础》，载《学海》（CSSCI 来源期刊）2017 年第 5 期。

19. 李俊：《高校思想政治工作必须精准用力，因事而化因时而进因势而新》，载《光明日报》2017 年 10 月 21 日。

20. 李俊：《把握中国特色社会主义新时代历史方位的四个维度》，载《信阳师范学院学报》2018 年第 1 期。

21. 李俊：《社会主义协商民主内生性的统一战线视角》，载《统一战线学研究》2018 年 6 期。

22. 李俊、蒋锐、唐国战：《关于把社会主义协商民主制度列入我国基本政治制度的思考》，载《当代世界社会主义问题》（CSSCI 来源期刊）2016 年第 2 期。

23. 韩志宏、李俊：《新时代党的统一战线思想的哲学底蕴》，载《中州学刊》（CSSCI 来源期刊）2018 年第 9 期。

24. 蔡宇宏：《统一战线是社会主义协商民主的内属性要素》，载《当代世界社会主义问题》（CSSCI 来源期刊）2017 年第 3 期。

25. 蒋锐：《中国特色社会主义政党制度的理论和实践基础》，载《统一战线学研究》2017 年第 1 期。

26. 蒋锐、鲁法芹：《统一战线：我国民主政治发展的独特优势》，载《重庆社会主义学院学报》2016 年第 2 期。

27. 蒋锐、鲁法芹：《对统一战线作为我党重要法宝的再认识》，载《中央社会主义学院学报》2016 年第 4 期。

28. 鲁法芹、蒋锐：《民主革命时期毛泽东的统一战线国体观》，载《当代世界社会主义问题》（CSSCI 来源期刊）2016 年第 1 期。

29. 郭士民、蒋锐：《达成政治共识的障碍与突破路径》，载《山东大学学报（哲学社会科学版）》（CSSCI 来源期刊）2017 年第 3 期。

30. 钟丽丽、蒋锐：《克罗斯兰"后资本主义"论》，载《当代世界社会主义问题》（CSSCI 来源期刊）2017 年第 2 期。

31. 傅辰晨、蒋锐：《上世纪三四十年代中国民生主义计划经济思潮述评》，载《浙江学刊》（CSSCI 来源期刊）2018 年第 1 期。

32. 陈飞、崔桂田：《越南法治文化建设的现状及态势》，载《当代世界社会主义问题》（CSSCI 来源期刊）2015 年第 3 期。

33. 聂大富：《"适应论"与"崩溃论"之争》，载《当代世界社会主义问题》（CSSCI 来源期刊）2016 年第 4 期。

34. 史苏、蒋锐：《统一战线法宝功能实现的主要组织形式和新定位新使命——人民政协 70 年历史进路》，载《理论探讨》（CSSCI 来源期刊）2019 年第 4 期。

后　记

　　呈现在读者面前的《统一战线的发展与社会主义协商民主制度化建设》是李俊、蒋锐同志共同主持完成的教育部人文社会科学重点研究基地重大项目"统一战线的发展与社会主义协商民主制度化建设"（项目批号：14JJD810016）的最终成果。党的十八大报告首次明确提出了"社会主义协商民主"的概念，充分肯定协商民主是社会主义民主的重要形式。党的十八届三中全会通过的《中共中央关于全面深化改革若干重要问题的决定》进一步明确提出："协商民主是我国社会主义民主政治的特有形式和独特优势，是党的群众路线在政治领域的重要体现"，必须充分"发挥统一战线在协商民主中的重要作用"。为了深刻理解和把握"社会主义协商民主是我国社会主义民主政治的特有形式和独特优势"，科学回答中国的协商民主不同于西方协商民主，是扎根于中国大地的内生性民主。我们认为从统一战线的视角研究我国的协商民主，是符合中国特色社会主义民主政治发展的实践，契合了党的十八大以来党和国家关于党的建设和民主政治建设的新目标和新要求。我们这一想法得到山东大学王建民教授、崔桂田教授的认可和鼓励，他们极力支持我们申报教育部人文社会科学重点研究基地重大项目，并组织有关专家在一起进行研讨、论证。2014 年 7 月，项目获得批准和资助。

　　项目立项以来，我们深感责任重大，担心其研究不够深刻、对问题的论述出现两张皮的现象。这是因为，统一战线和社会主义协商民主都是重大的理论问题，更是中国社会政治生活中的现实问题；"社会主义协商民主"概念提出的时间不长,其理论研究的积累相对不足,社会主义协商民主制度化建设都还处在不断的探索、发展和完善过程中。因此,在项目论证、撰写过程中,我们注重发挥团队的作用、注重吸收相关专家的意见。先后在信阳师范大学召开项目开题座谈会、在山东大学当代社会主义研究所举办项目推进会、在青岛社会主义学院召开项目结项研讨会。经过四年多的研究,形成这部20多万字的最终研究成果。项目也于2020年3月16日获准结项,结项证书号(JJD2020002)。实事求是地讲,尽管我们课题组的同仁们进行深入研讨,在收集资料、撰写过程中尽了最大努力,但研究成果难免还有不尽如人意,存在一些薄弱环节和纰漏之处。比如,在分析、探讨如何不断推进社会主义协商民主广泛、多层、制度化发展方面,实证分析、典型案例分析还不够。从国家治理的角度分析新时代爱国统一战线与社会主义协商民主内在性还需进一步深化等。总之,缺点和不足在所难免,敬请专家、学者批评指正。

本课题是在李俊、蒋锐的主持下由课题组集体完成的,主持人承担课题的整体设计、修改、统稿工作,祁中山参与部分书稿的修改工作。各章的具体承担者分别是:第一章,李俊;第二章,蒋锐、鲁法芹;第三章,李俊、蔡宇宏;第四章,马奔、祁中山;第五章,蒋锐、马奔;第六章,李俊、马奔;第七章,蒋锐、李俊、鲁法芹;第八章,蒋锐、韩志宏;结语,蒋锐、李俊。在课题的研究过程中,山东大学当代社会主义研究所、信阳师范大学社科处、信阳师范大学当代马克思主义研究所、河南省统战理论研究基地的领导和同仁给予了不少支持和帮助,特别是王建民教授、崔桂田教授为课题所付出的无私劳动。我们还要真诚感谢徐光春主任对本书的关心与支持,并在工作繁忙中亲自为书作序!感谢中国统一战线杂志社总编辑章建敏、中央社会主义学院李金河教授、国家行政学院许耀桐教授、中央编译局陈家刚研究员、华中师范大学唐鸣教授和龙静云教授、复旦大学肖存良教授、浙江财经大学华正学教授、重庆社会主义学院林华山、广西师范大学钟瑞添教授、河南省委统战部梁险峰副部长、河南省社科院李太淼教授、山东大学吕连仁教授、山东大学当代社会主义研究所金淑霞老师、信阳师范大学唐国战教授等多位领导、同仁的指导和关心！感谢人民日报出版社曹腾老师、高亮老师为本书出版所付出的辛劳！在课题的研究和写作过程中，我们参考、吸收了学界前辈与同仁们许多相关研究成果和文献，从中吸取了不少有价值的思想或观点。尽管相关著作大都列入本书的参考书目，论文也在注释中标明，但由于篇幅所限，时间仓促，难免会出现引用中的个别遗漏现象。在此谨致衷心的感谢和诚挚的谢意！